Anfänge in Berlin
Beginnings in Berlin

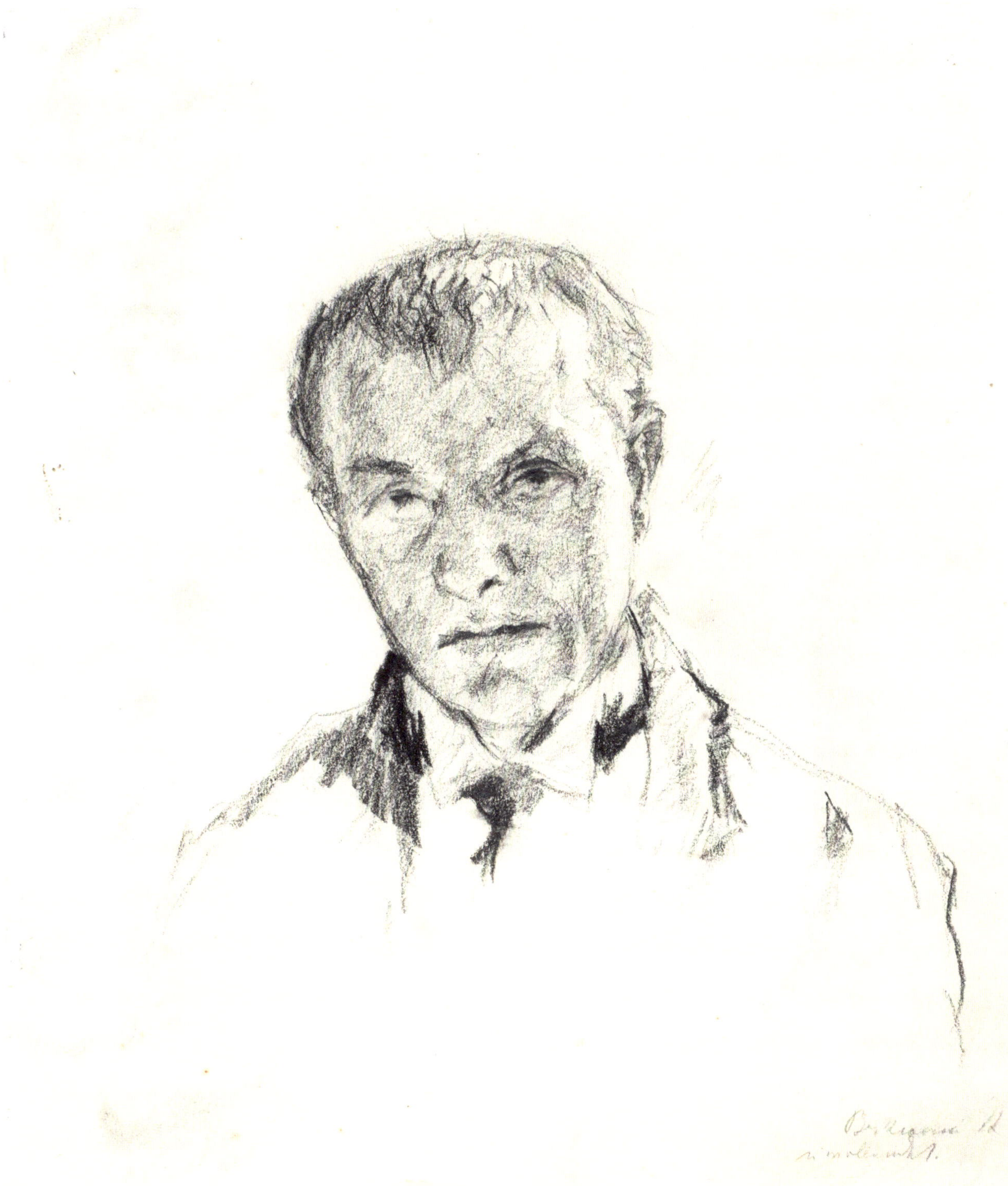

Kat. 1, siehe S. 101
Cat. 1, see p. 119

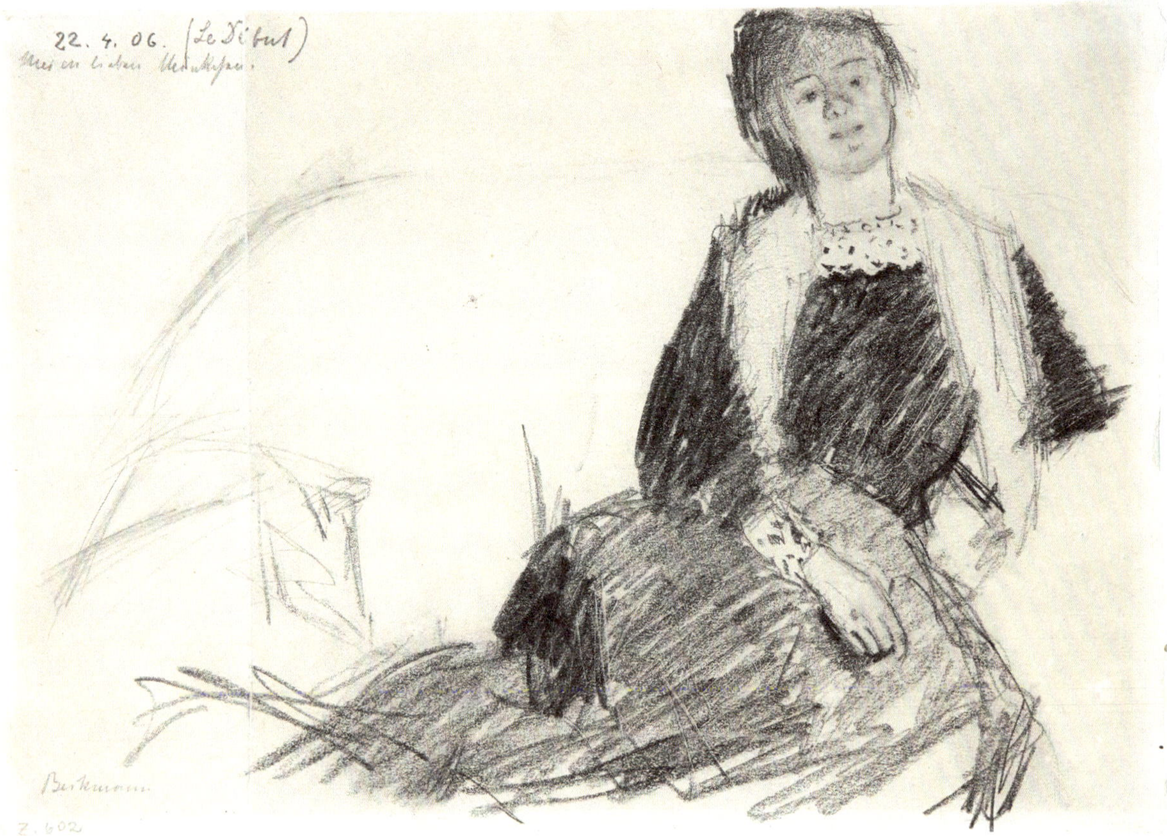

2

Kat. 2, siehe S. 101
Cat. 2, see p. 119

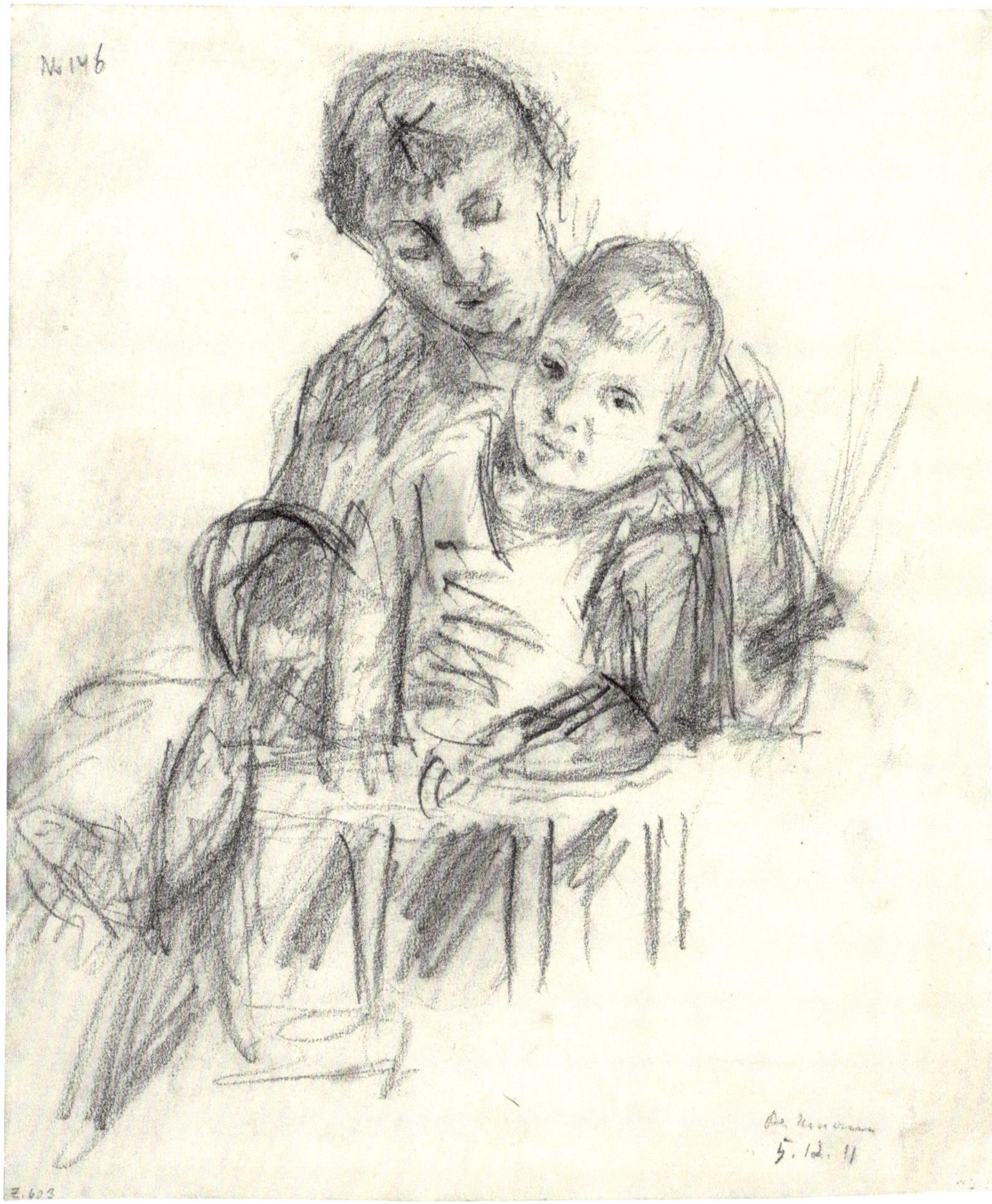

Kat. 3, siehe S. 101
Cat. 3, see p. 119

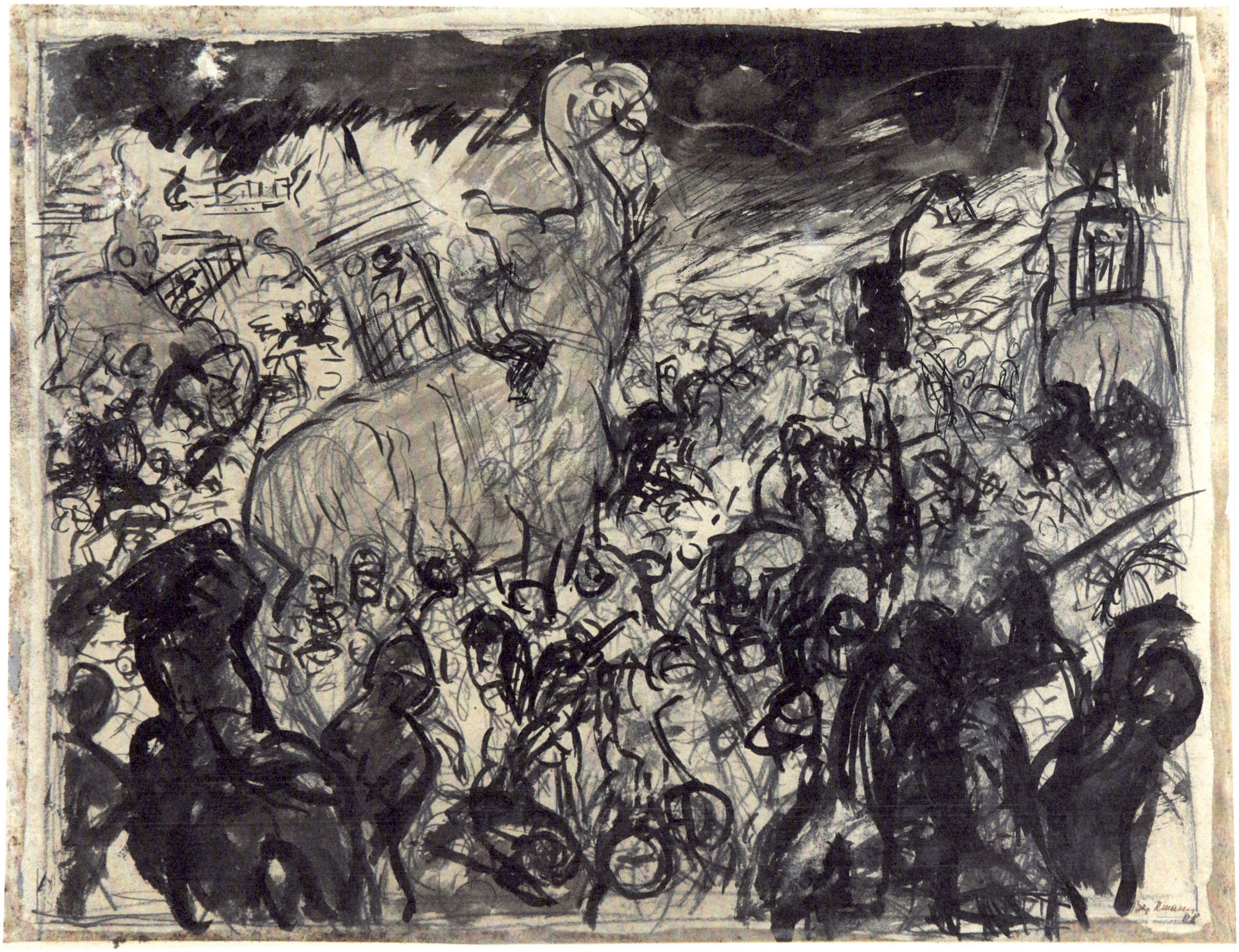

4

Kat. 4, siehe S. 102
Cat. 4, see p. 120

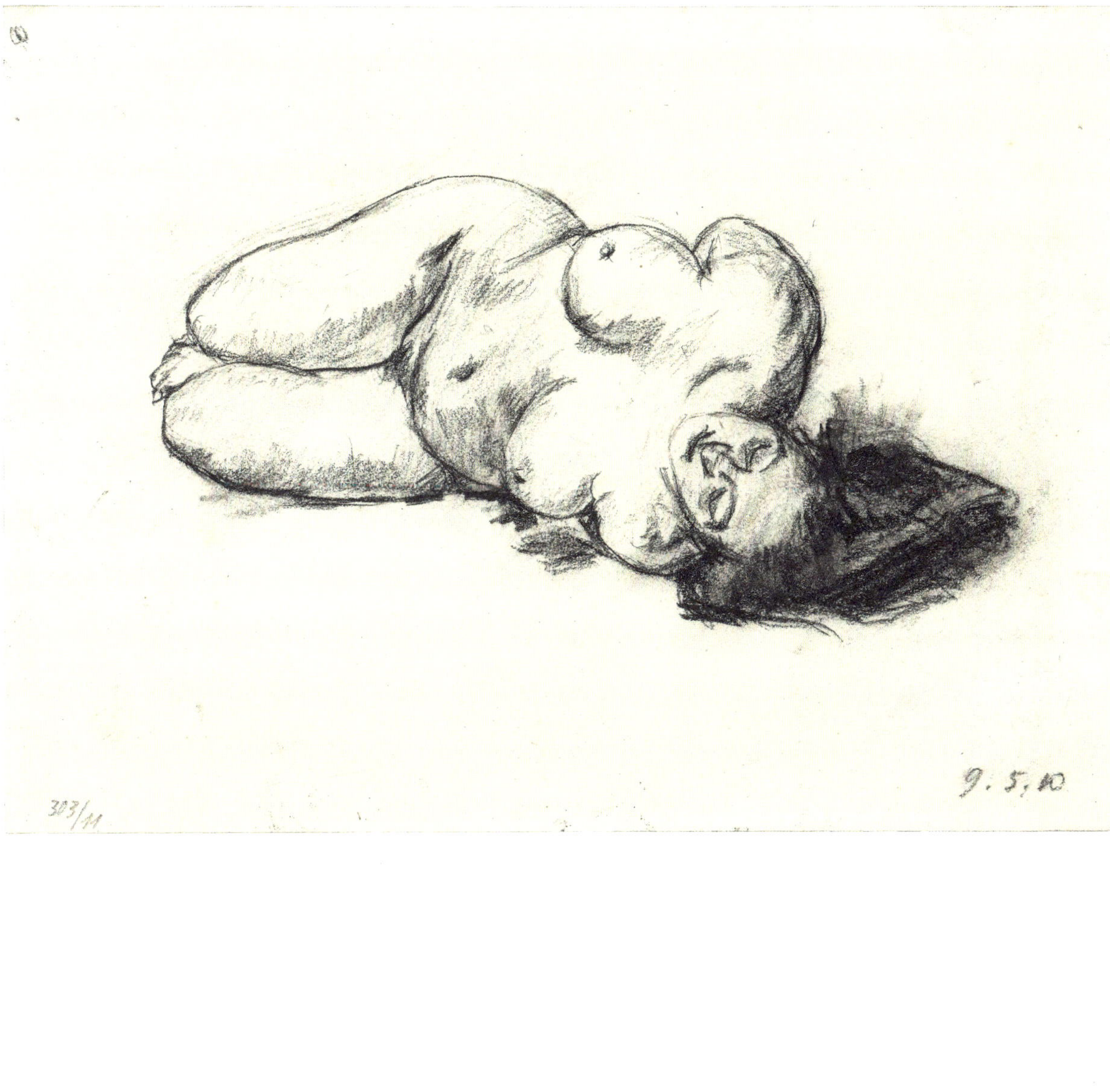

Kat. 5, siehe S. 102
Cat. 5, see p. 120

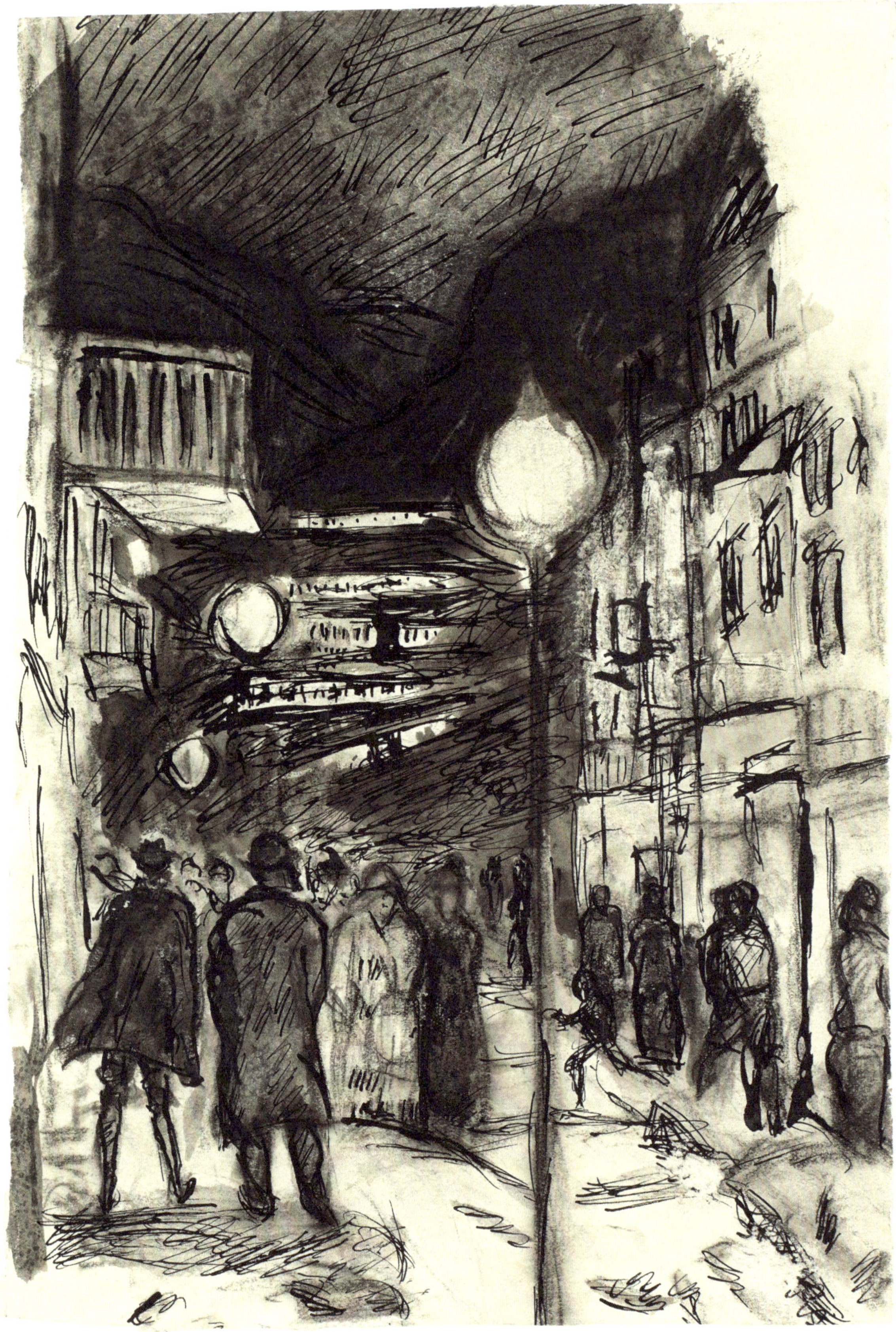

6

Kat. 6, siehe S. 102
Cat. 6, see p. 120

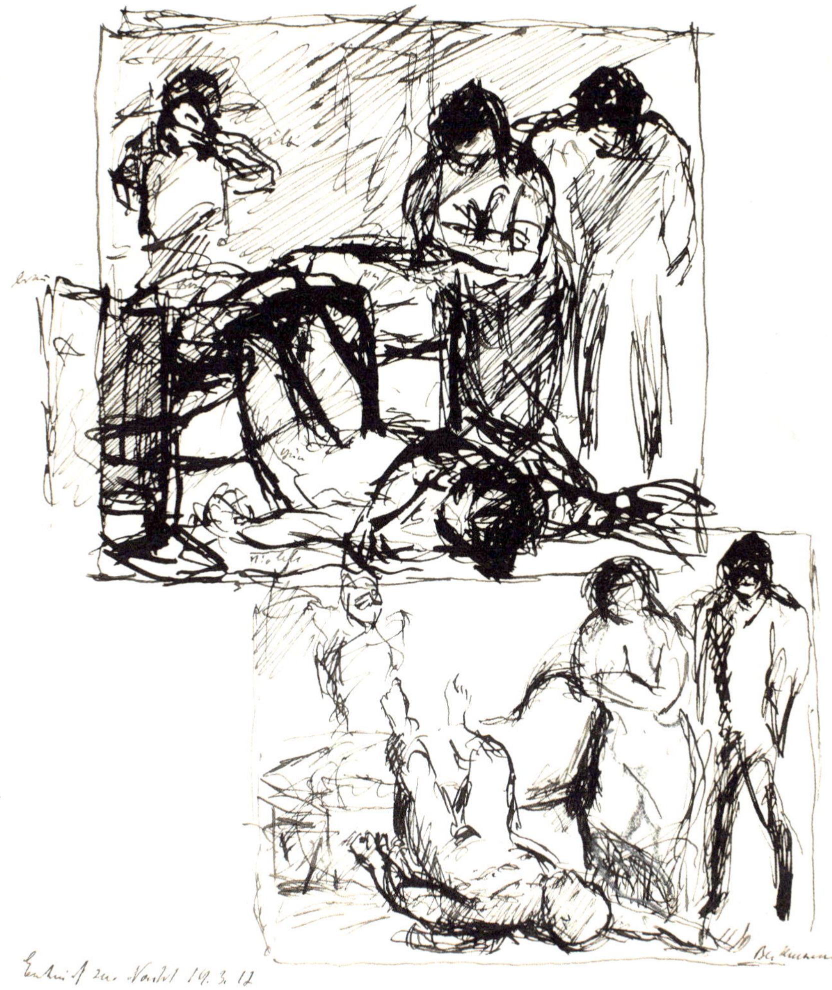

Kat. 7, siehe S. 102
Cat. 7, see p. 120

Der Künstler im Krieg
The Artist in the War

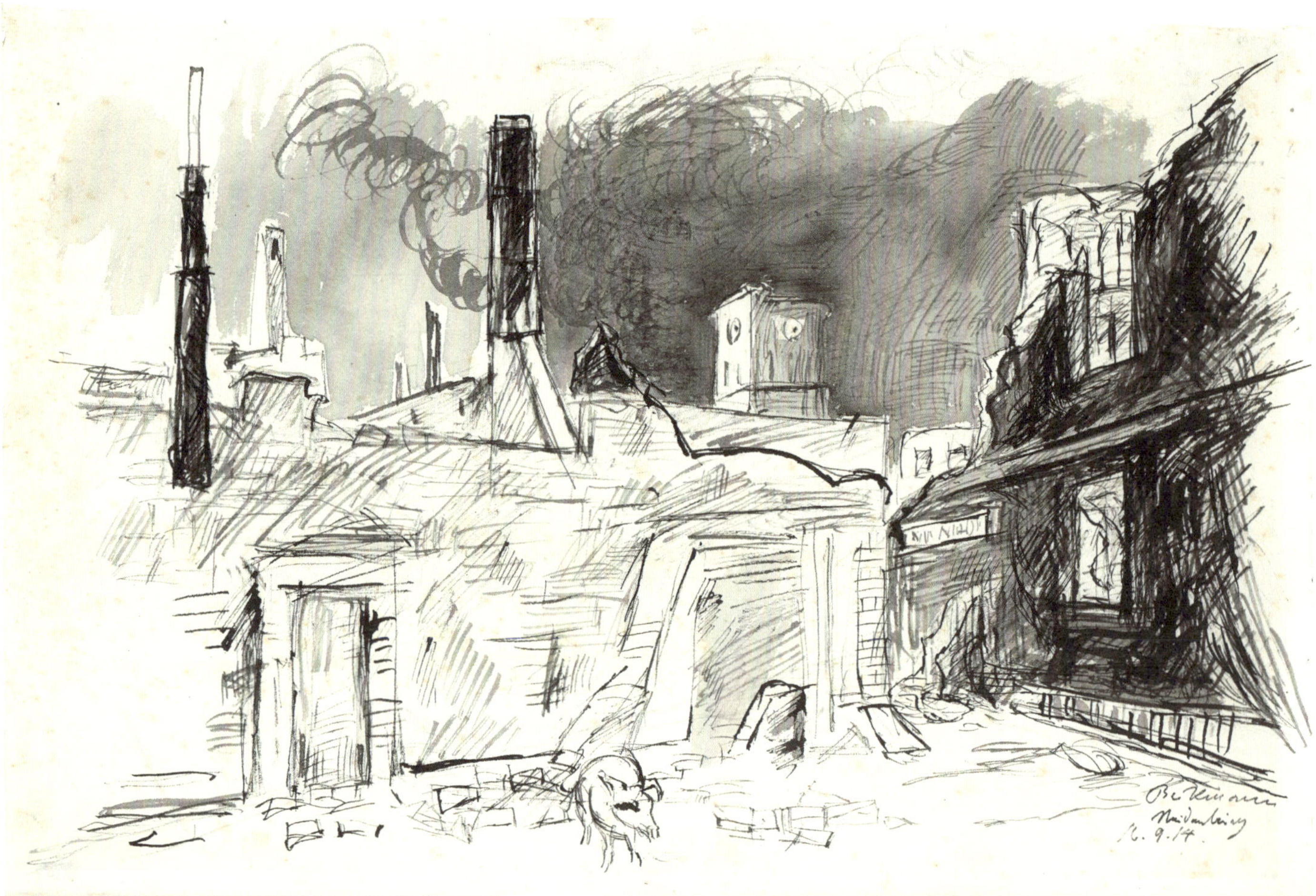

Kat. 8, siehe S. 103
Cat. 8, see p. 121

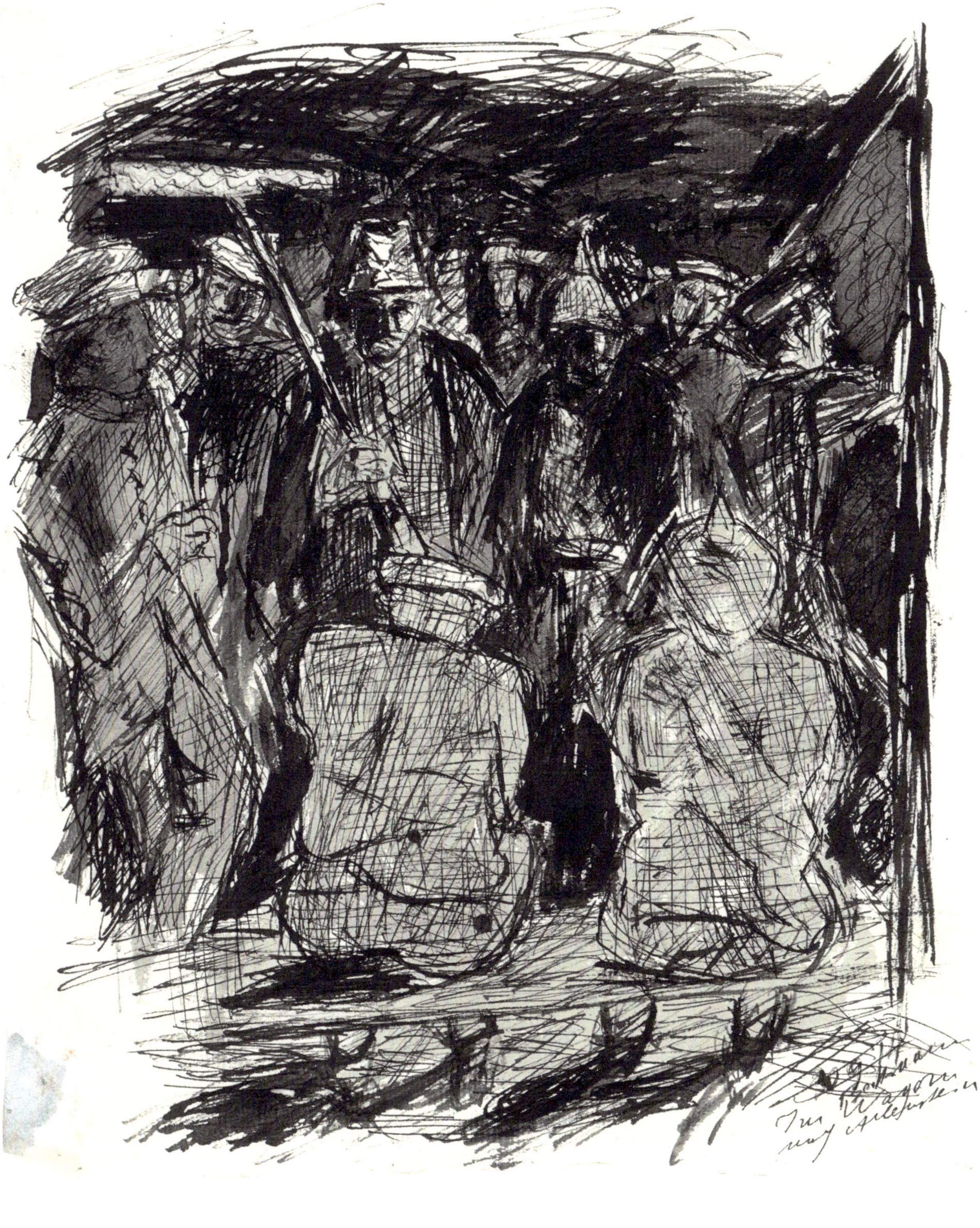

Kat. 9, siehe S. 103
Cat. 9, see p. 121

9

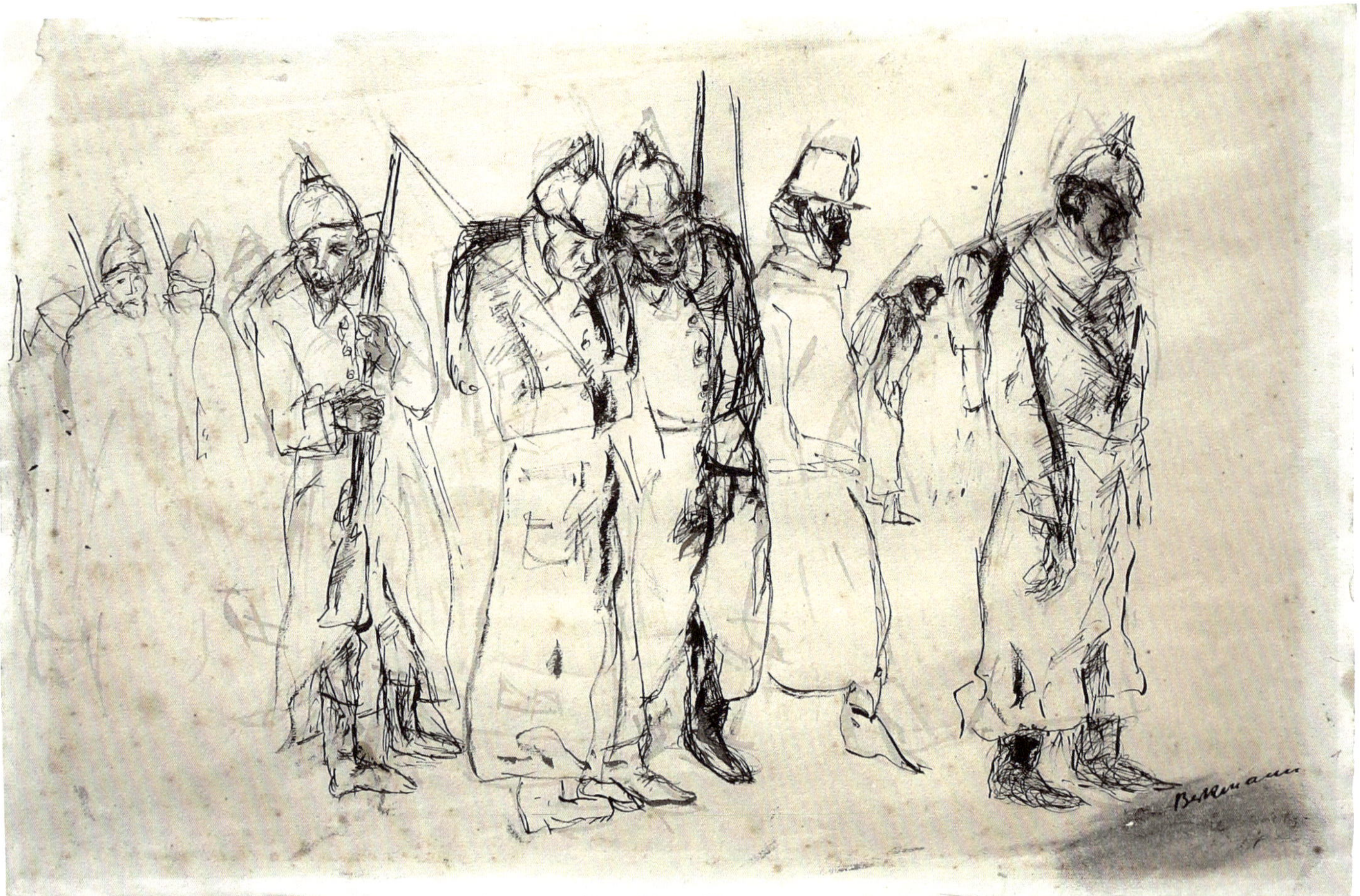

10

Kat. 10, siehe S. 104
Cat. 10, see p. 122

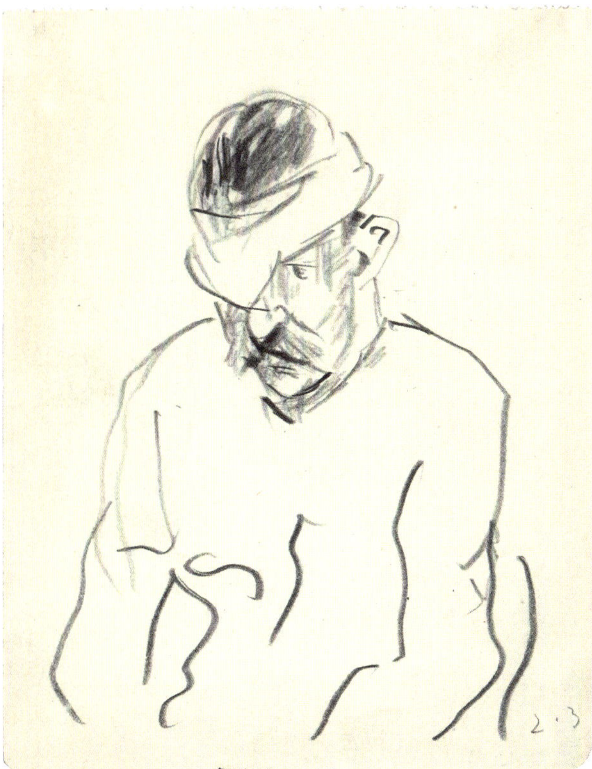

Kat. 11, siehe S. 104
Cat. 11, see p. 122

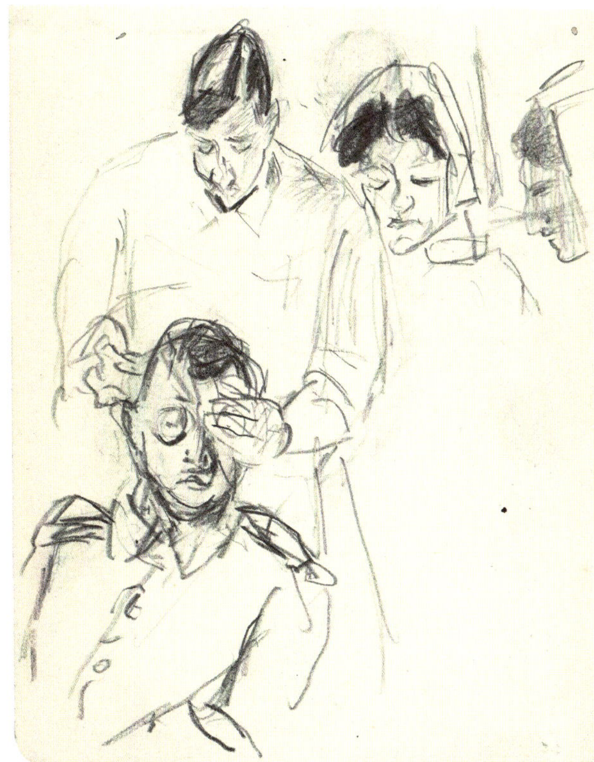

Kat. 12, siehe S. 104
Cat. 12, see p. 122

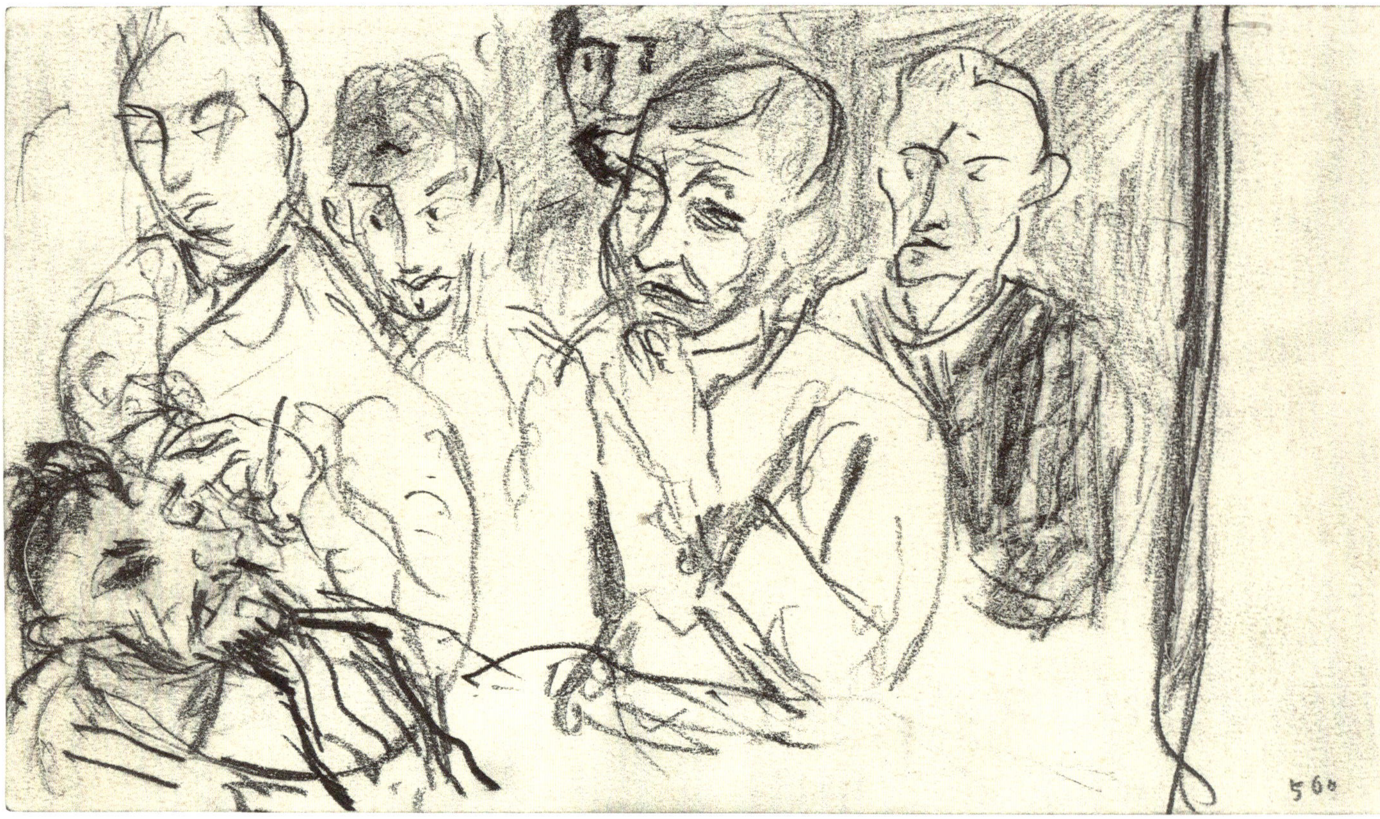

12

Kat. 13, siehe S. 104
Cat. 13, see p. 122

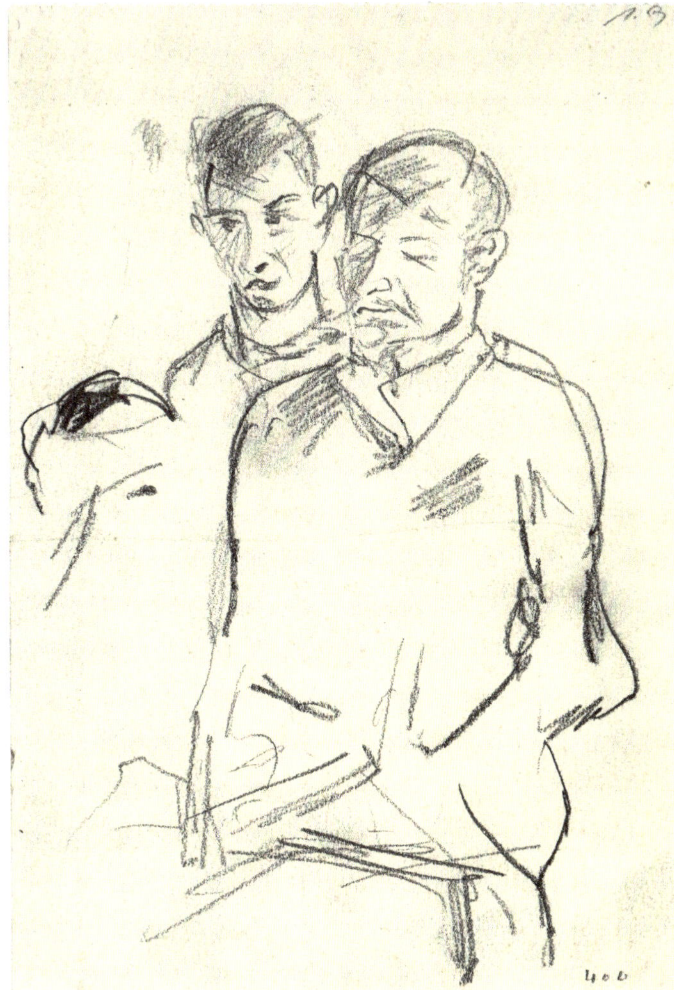

Kat. 14, siehe S. 104
Cat. 14, see p. 122

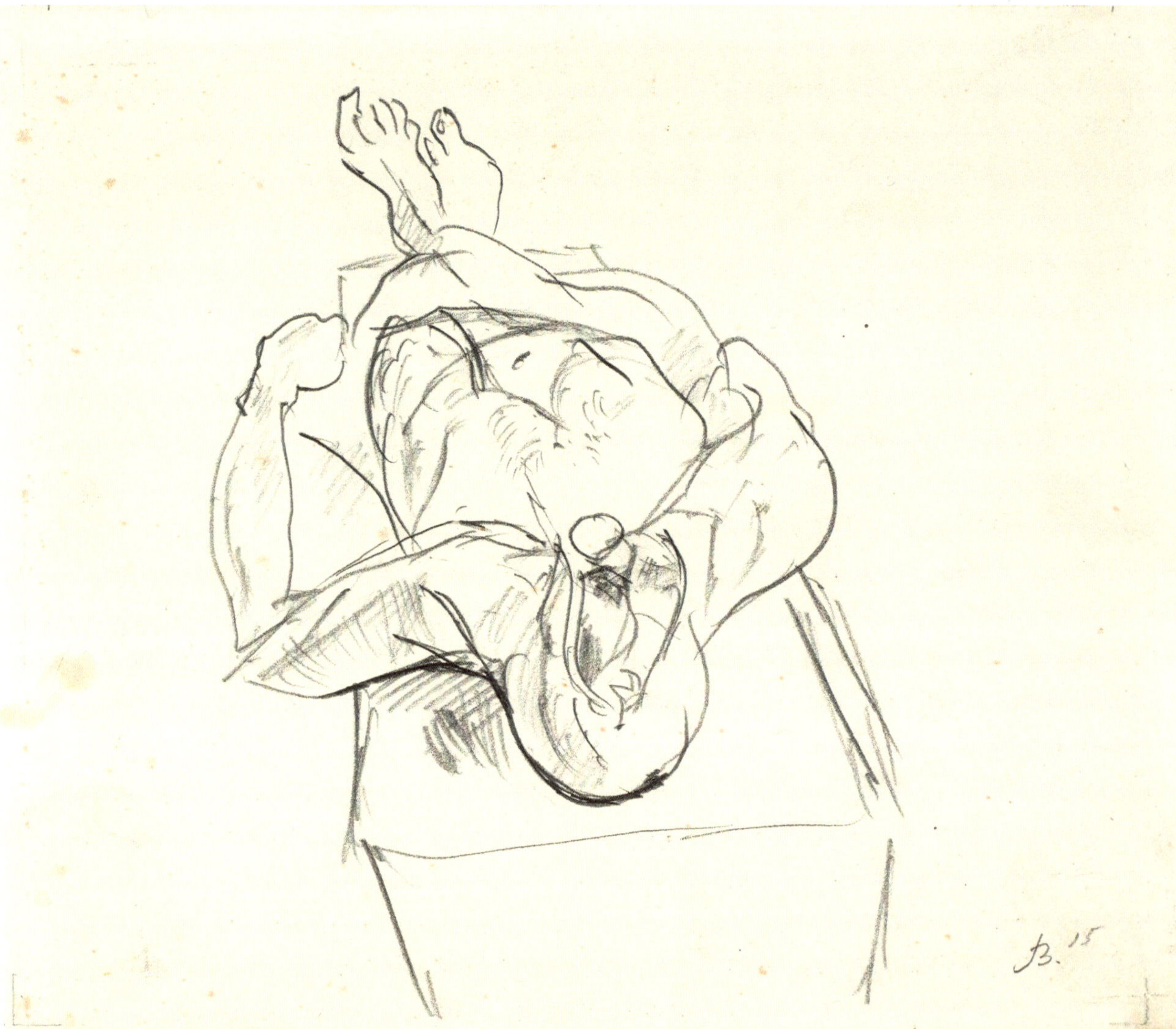

Kat. 15, siehe S. 104
Cat. 15, see p. 122

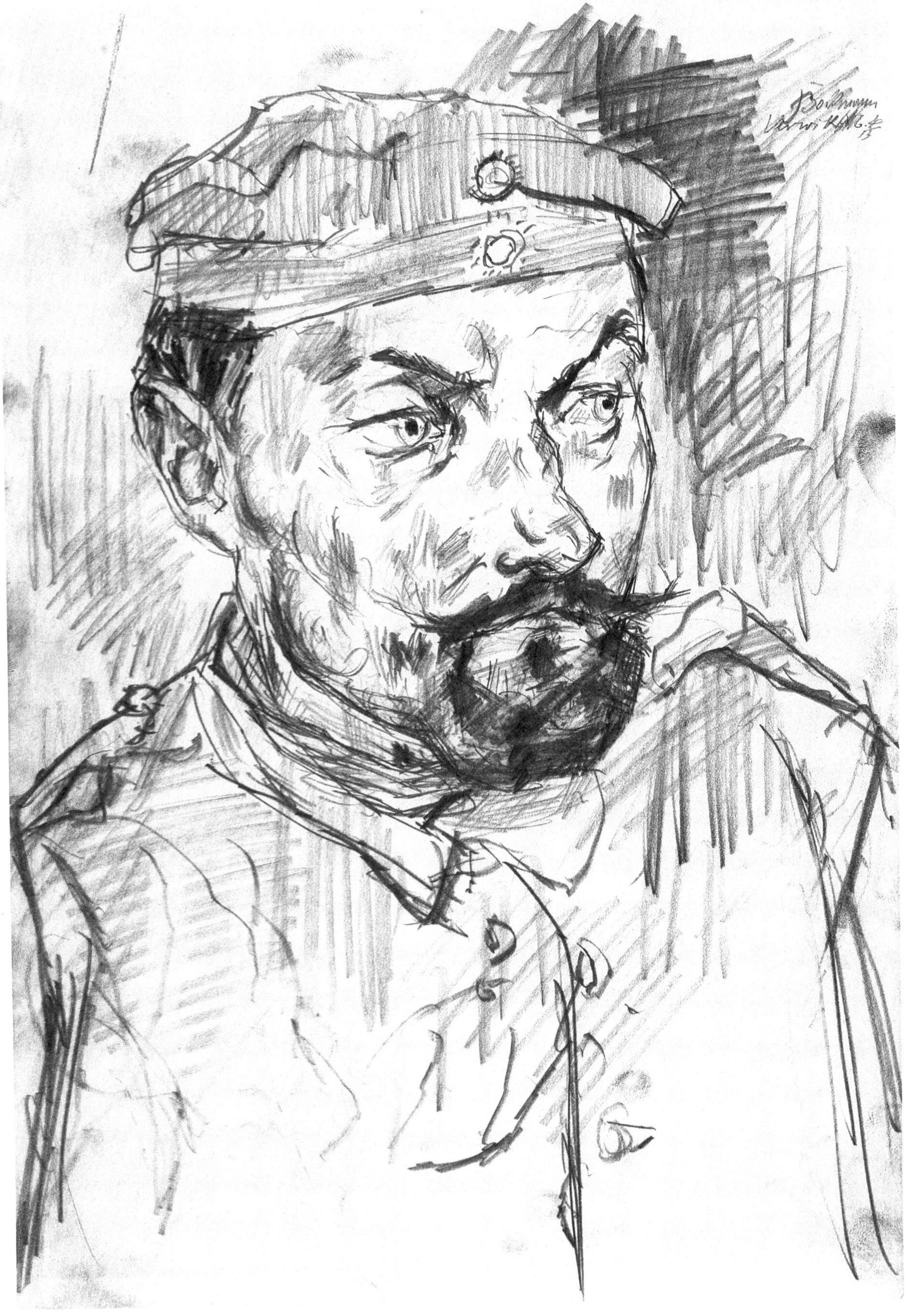

Kat. 16, siehe S. 104
Cat. 16, see p. 122

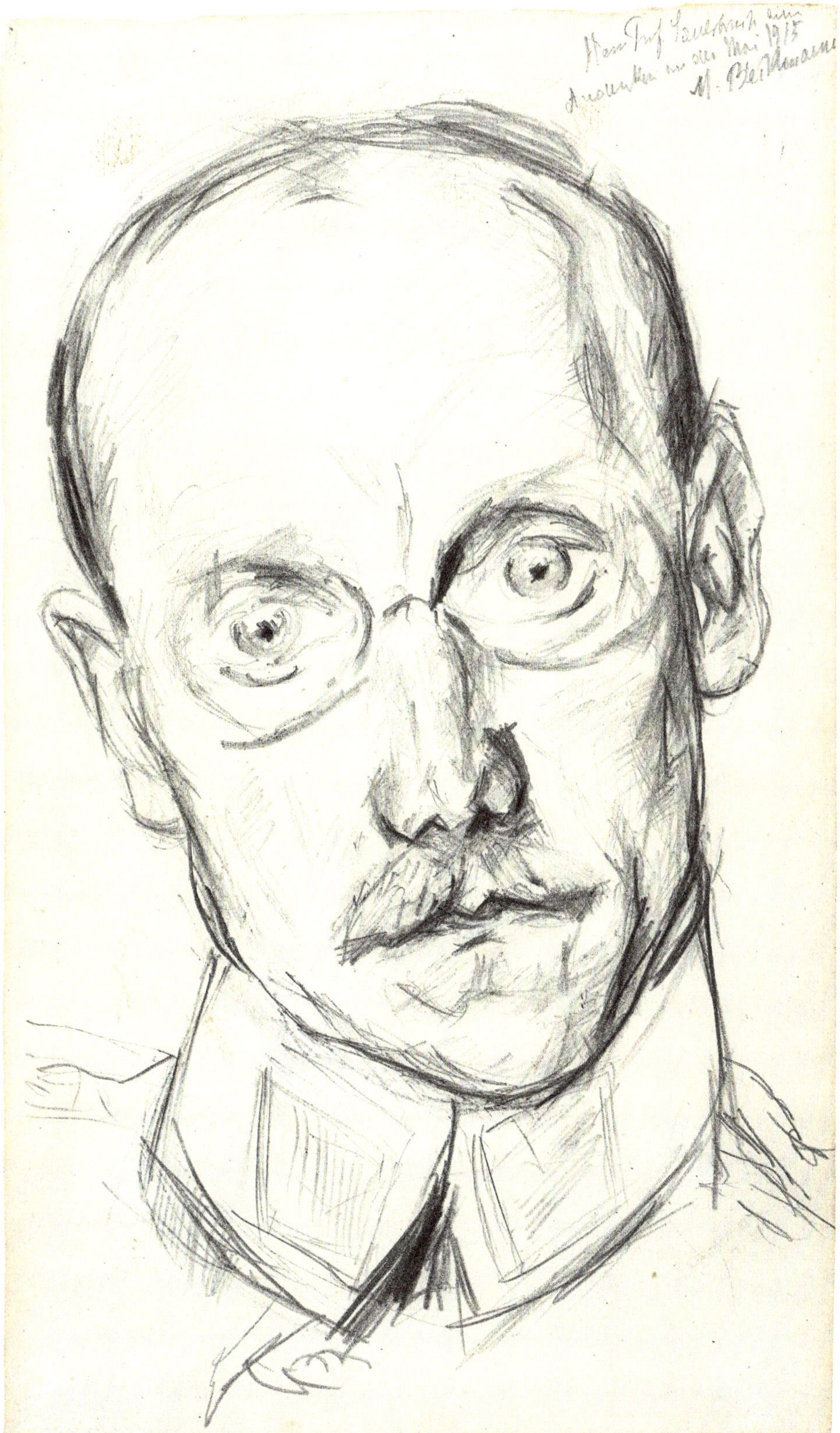

Kat. 17, siehe S. 104
Cat. 17, see p. 122

17

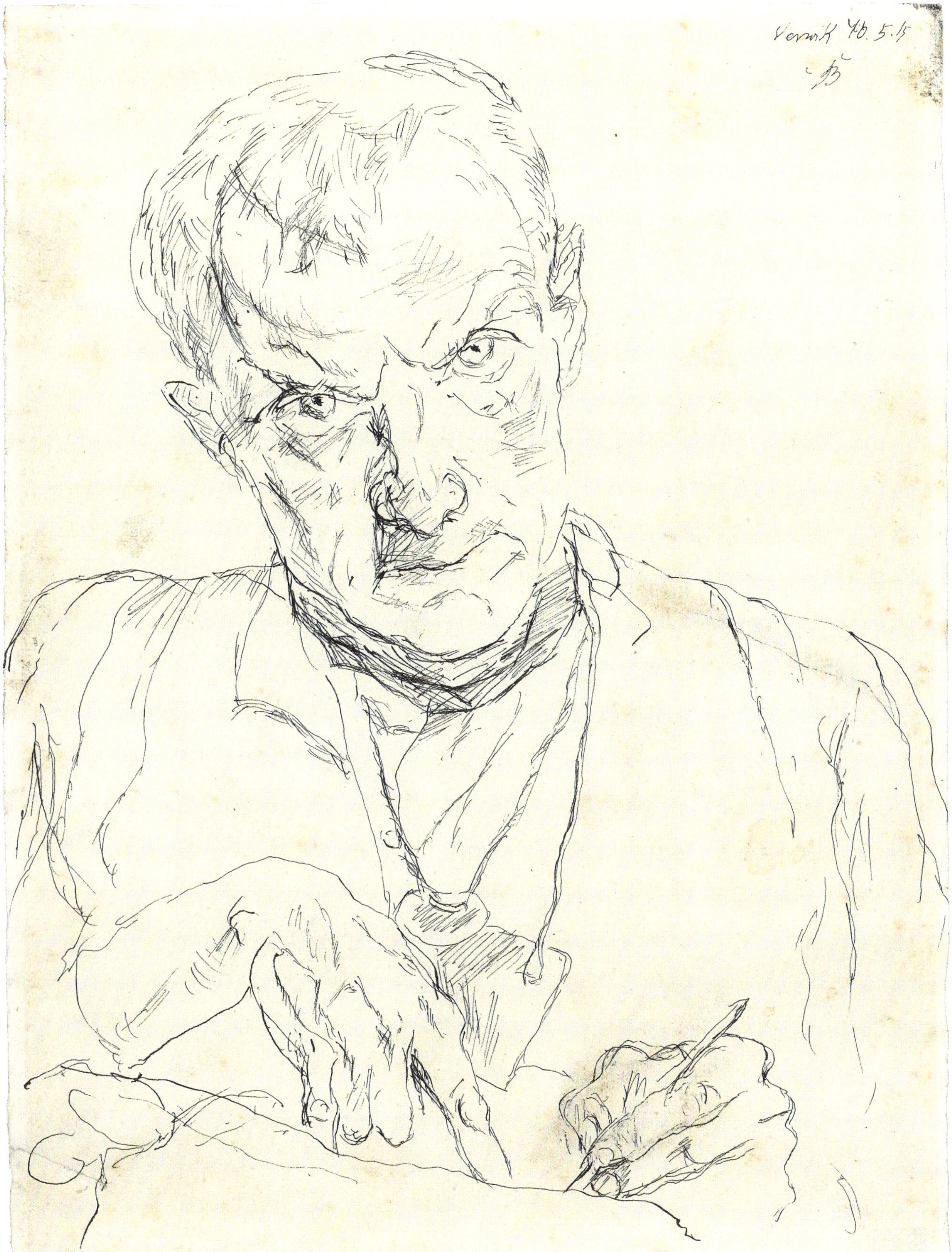

Kat. 18, siehe S. 104
Cat. 18, see p. 122

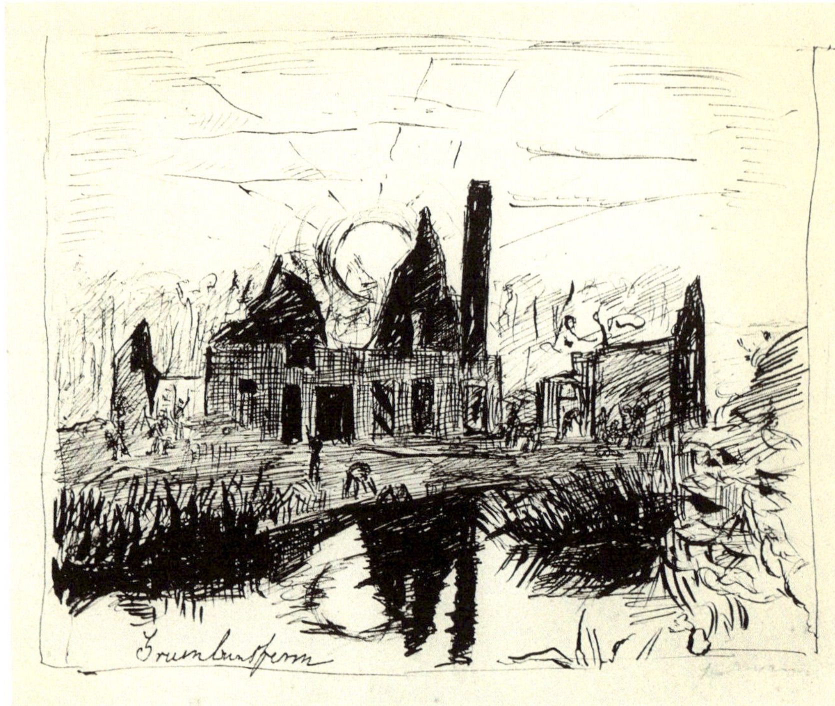

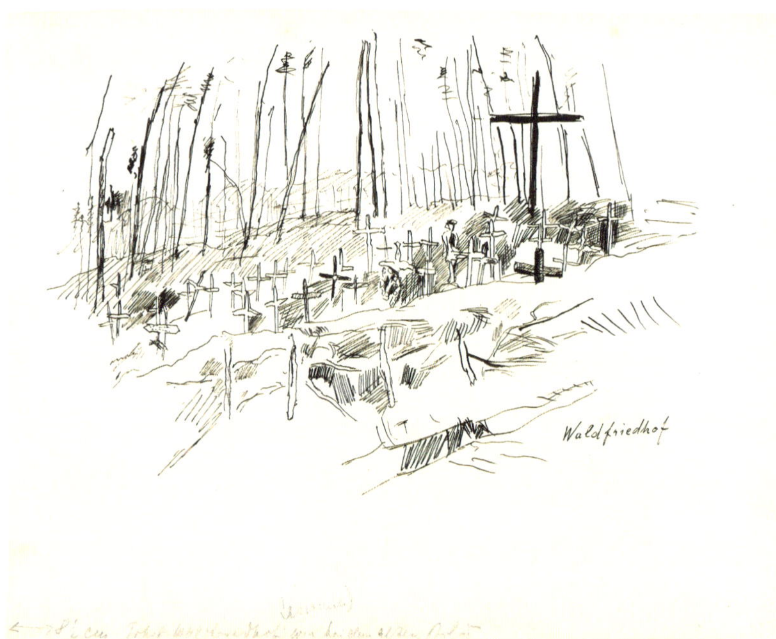

Kat. 19, siehe S. 105
Cat. 19, see p. 123

Kat. 20, siehe S. 105
Cat. 20, see p. 123

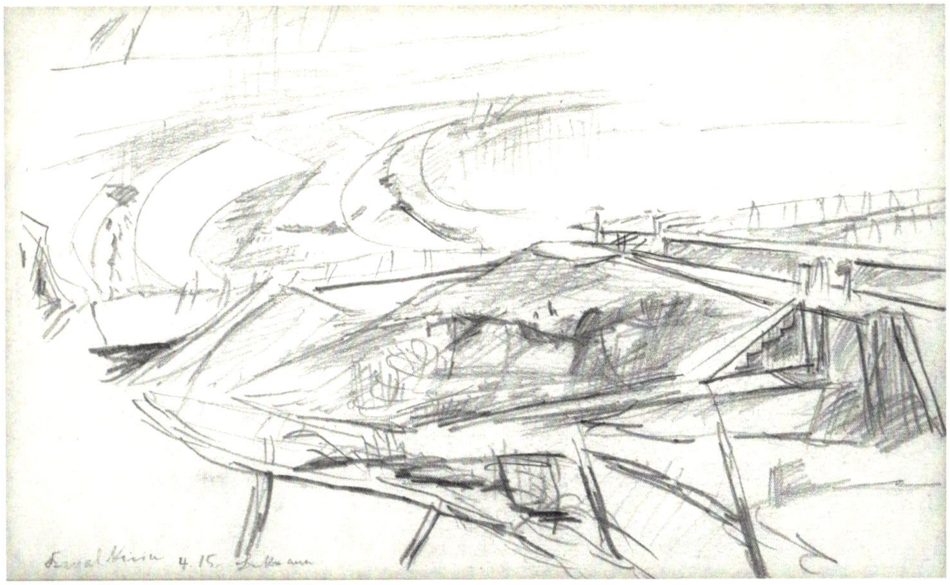

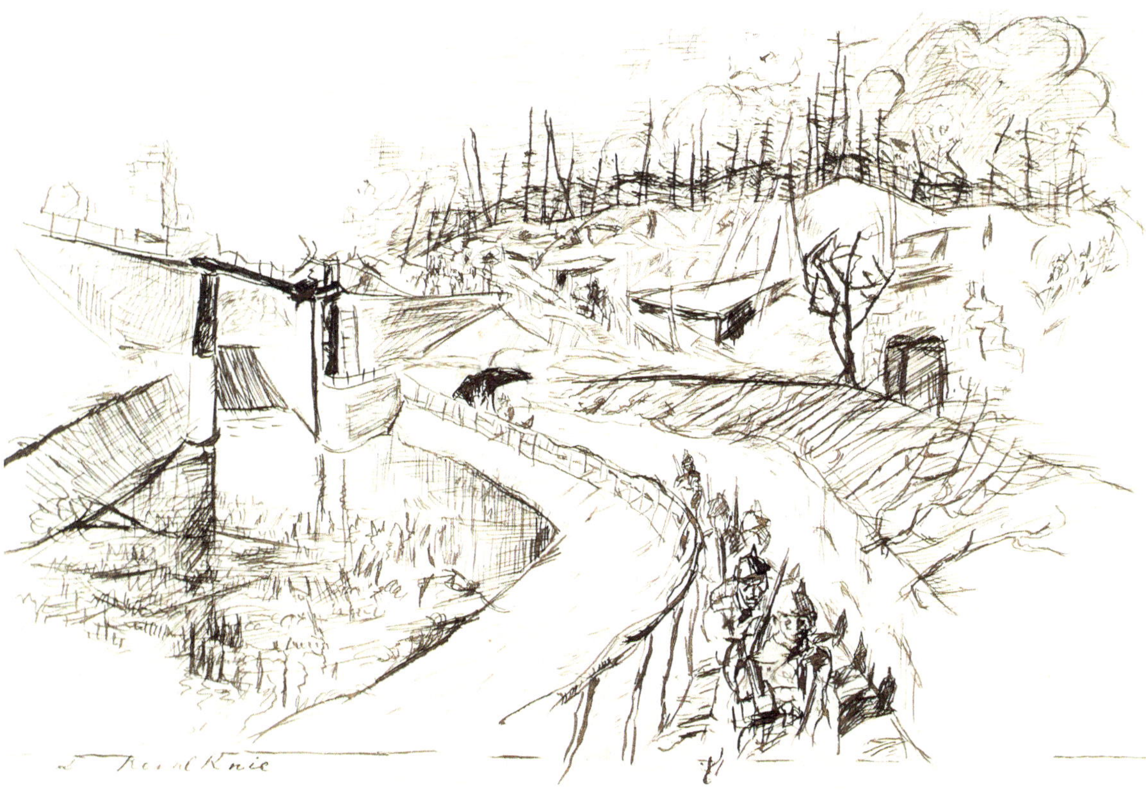

Kat. 21, siehe S. 105
Cat. 21, see p. 123

Kat. 22, siehe S. 105
Cat. 22, see p. 123

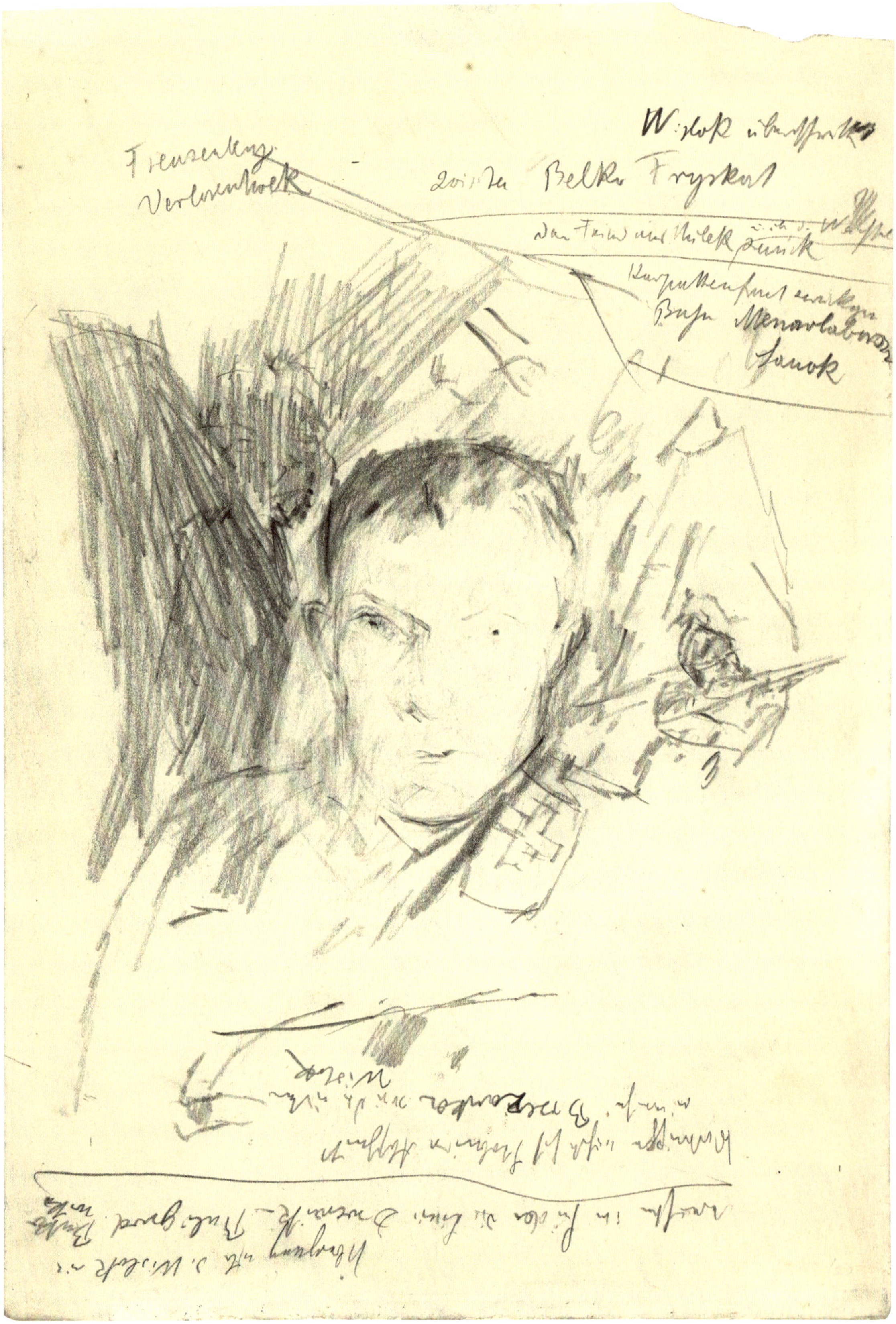

Kat. 23, siehe S. 105
Cat. 23, see p. 123

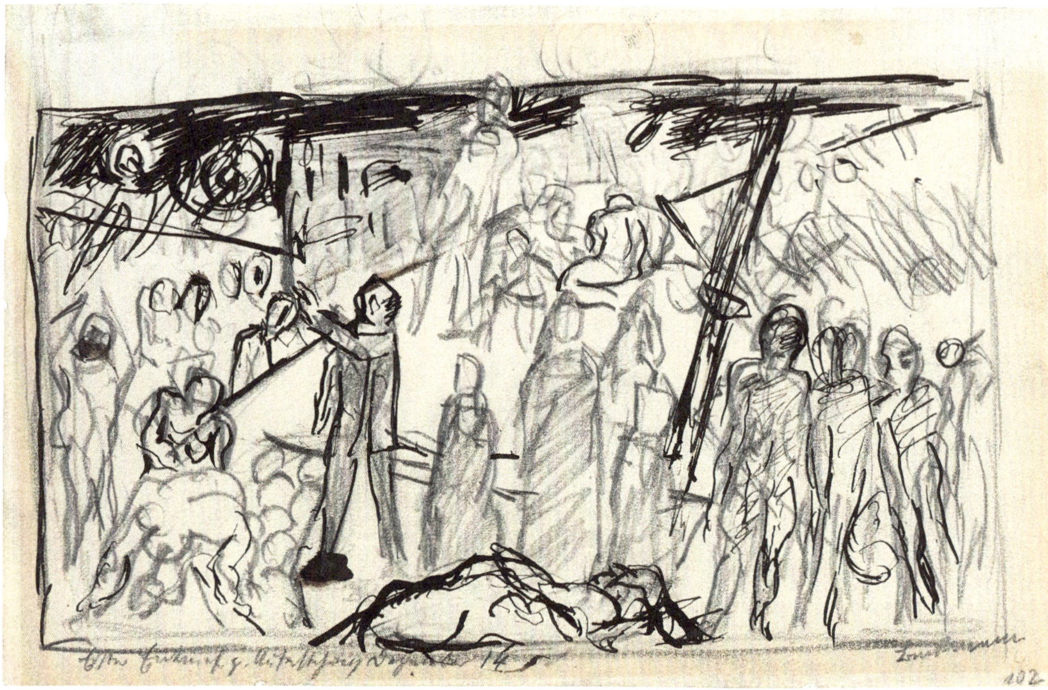

24

Kat. 24, siehe S. 105
Cat. 24, see p. 123

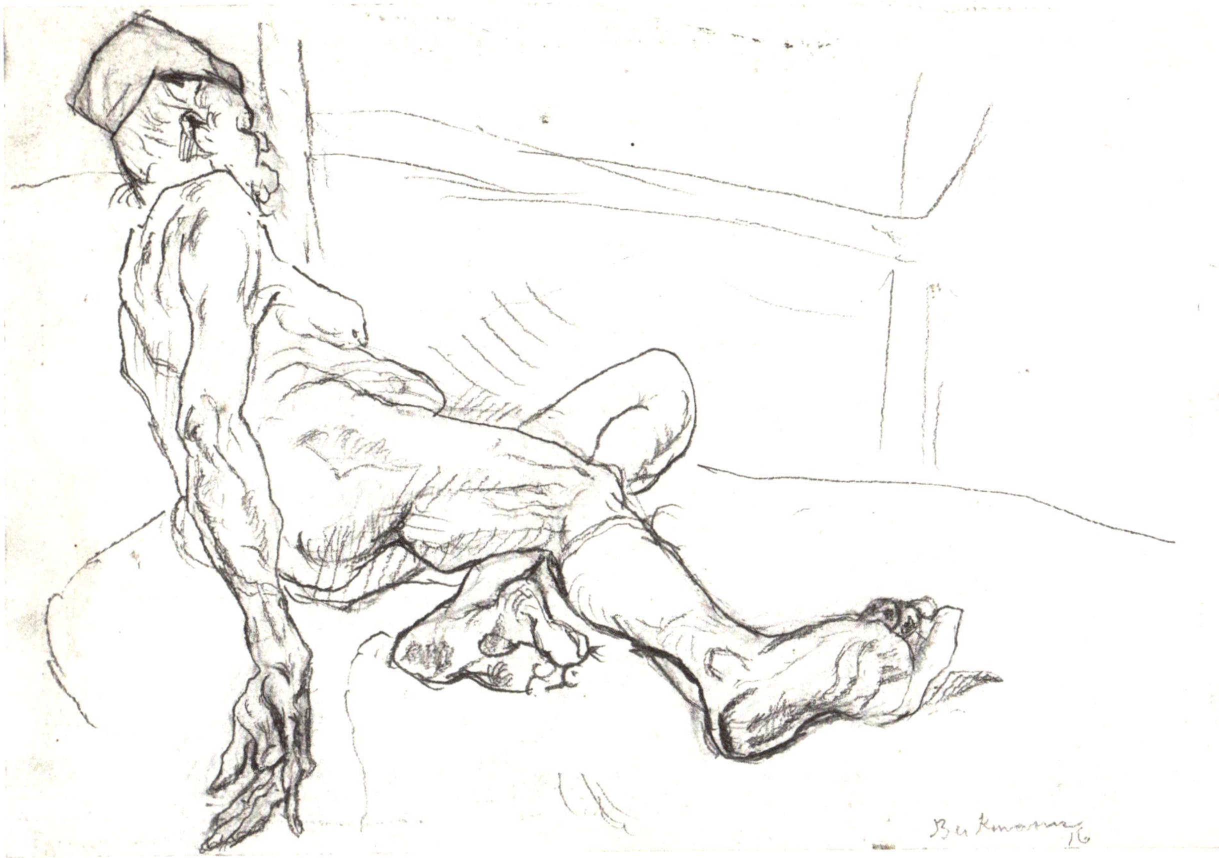

Kat. 25, siehe S. 105
Cat. 25, see p. 123

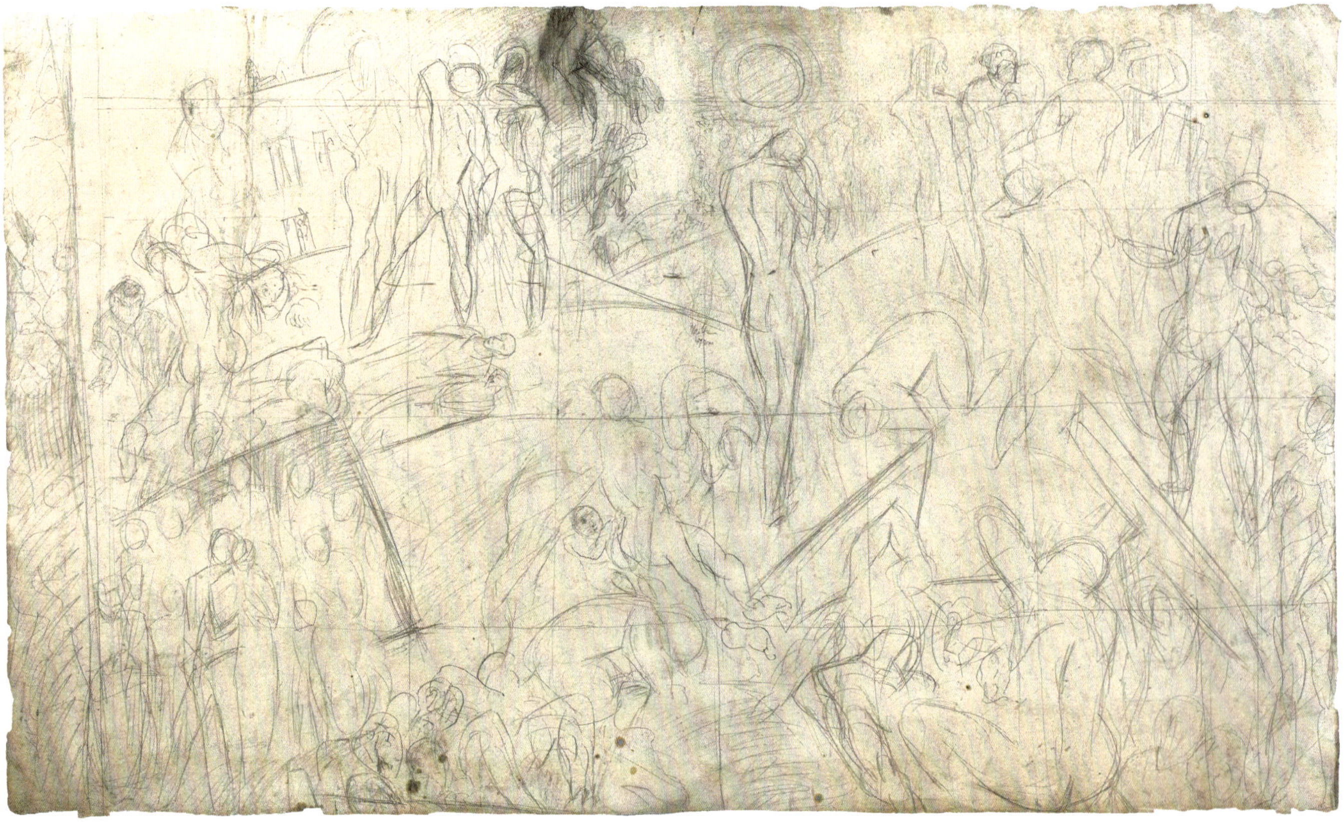

26

Kat. 26, siehe S. 105
Cat. 26, see p. 123

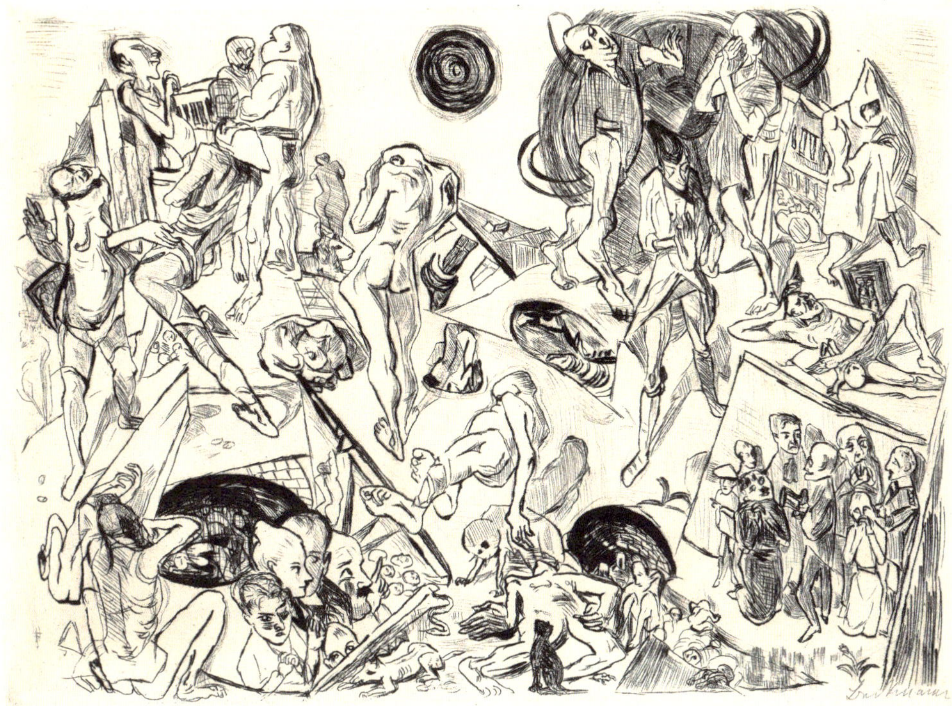

Kat. 27, siehe S. 106
Cat. 27, see p. 124

27

„Operationsbasis“ Frankfurt am Main

‘Base of Operations’ in Frankfurt am Main

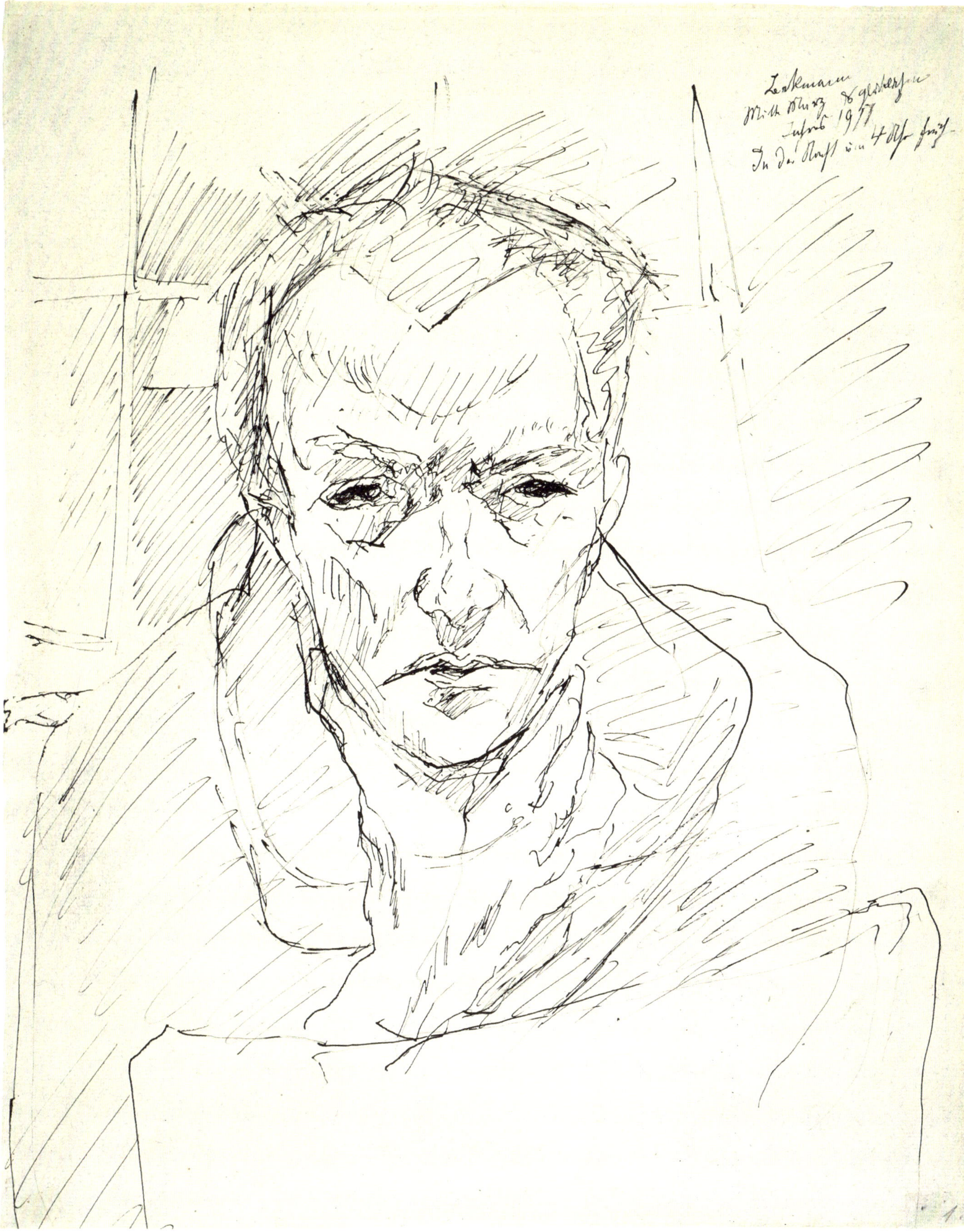

Kat. 28, siehe S. 107
Cat. 28, see p. 125

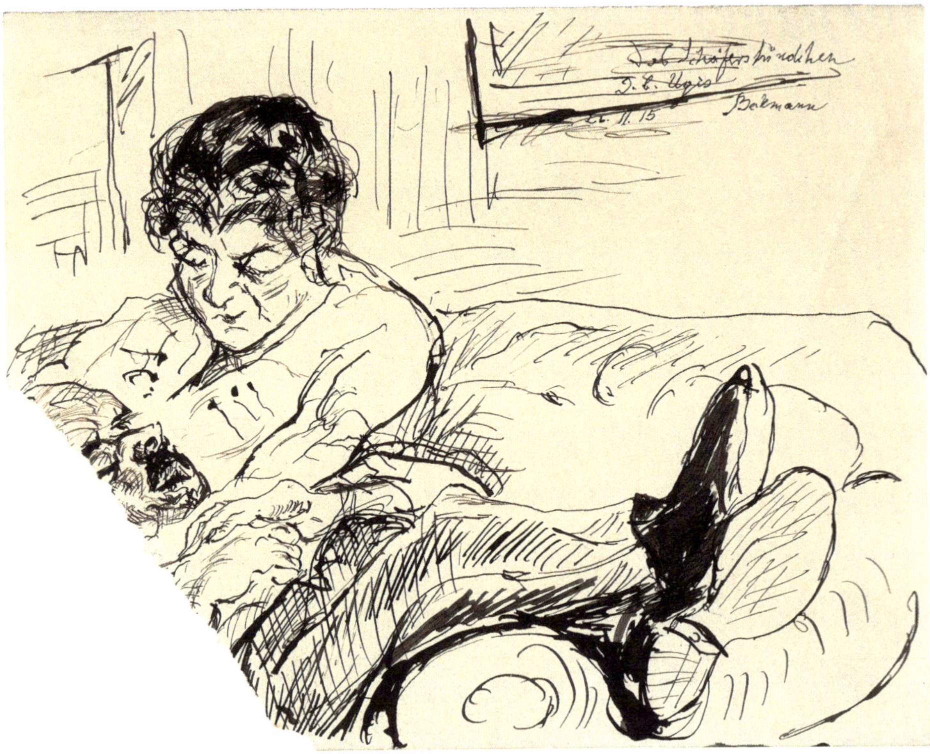

Kat. 29, siehe S. 107
Cat. 29, see p. 125

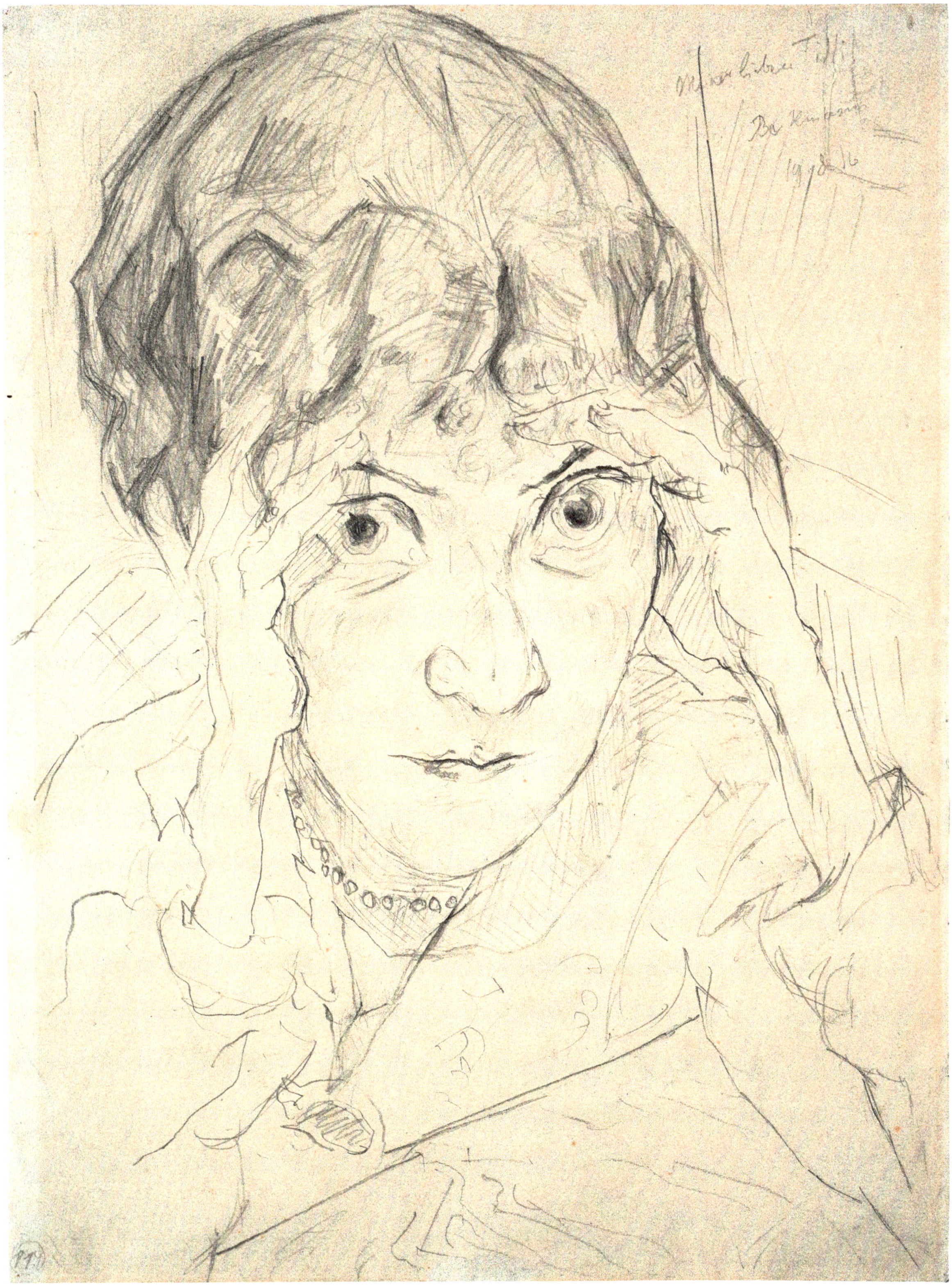

Kat. 30, siehe S. 107
Cat. 30, see p. 125

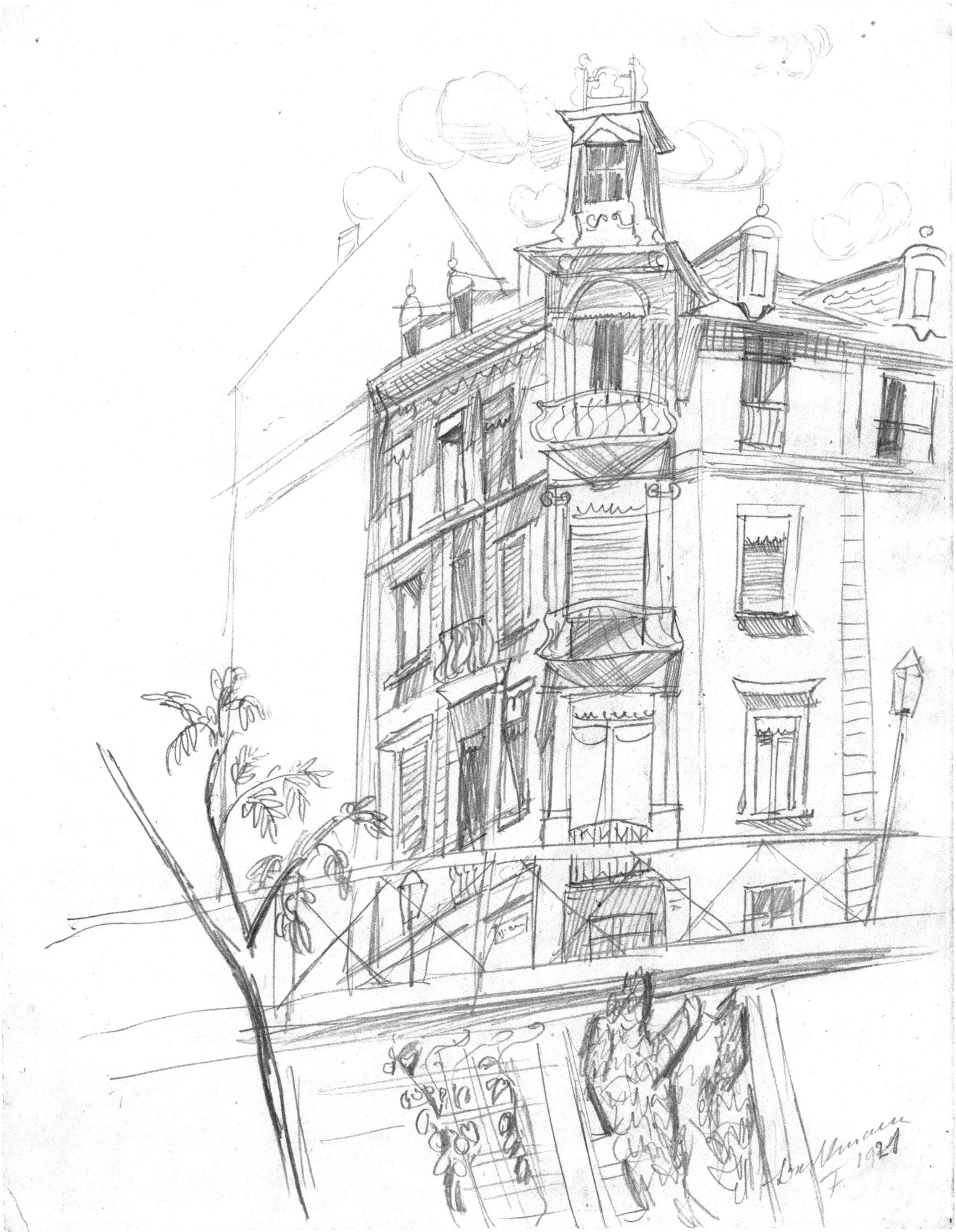

Kat. 31, siehe S. 107
Cat. 31, see p. 125

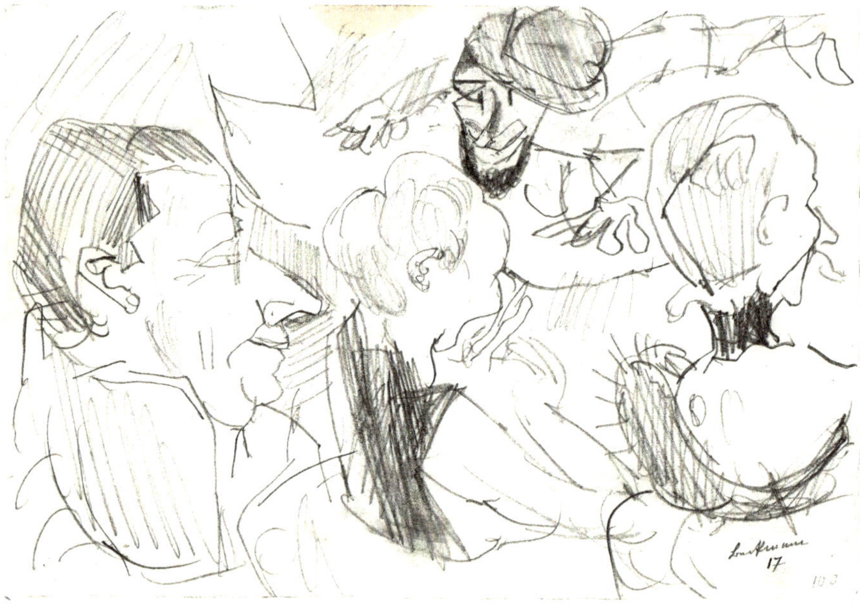

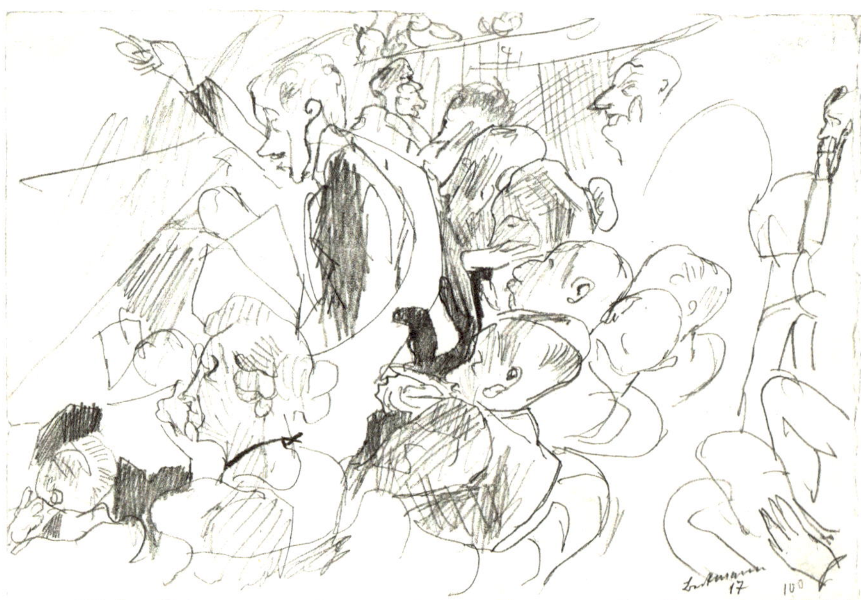

Kat. 32, siehe S. 107
Cat. 32, see p. 125

Kat. 33, siehe S. 107
Cat. 33, see p. 125

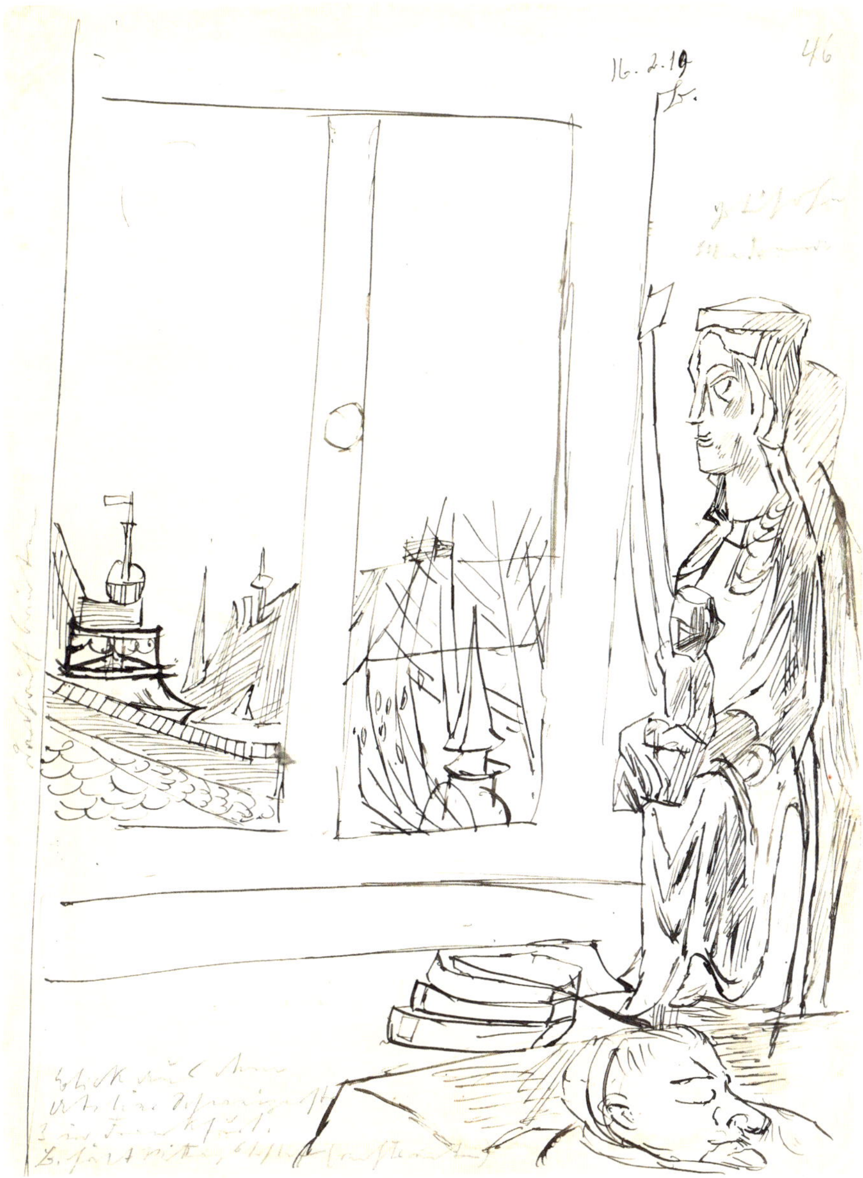

Kat. 34, siehe S. 107
Cat. 34, see p. 125

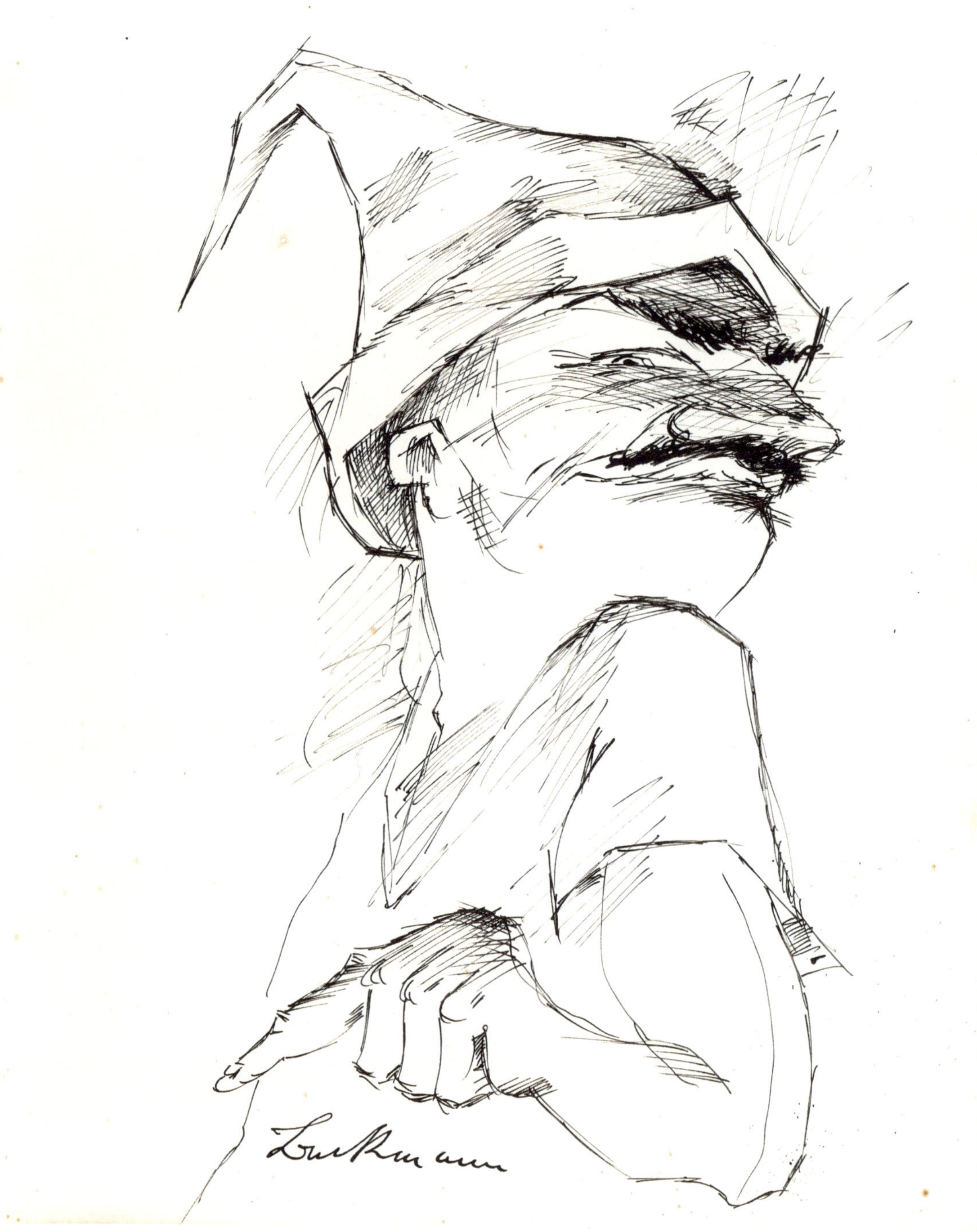

Kat. 35, siehe S. 107
Cat. 35, see p. 125

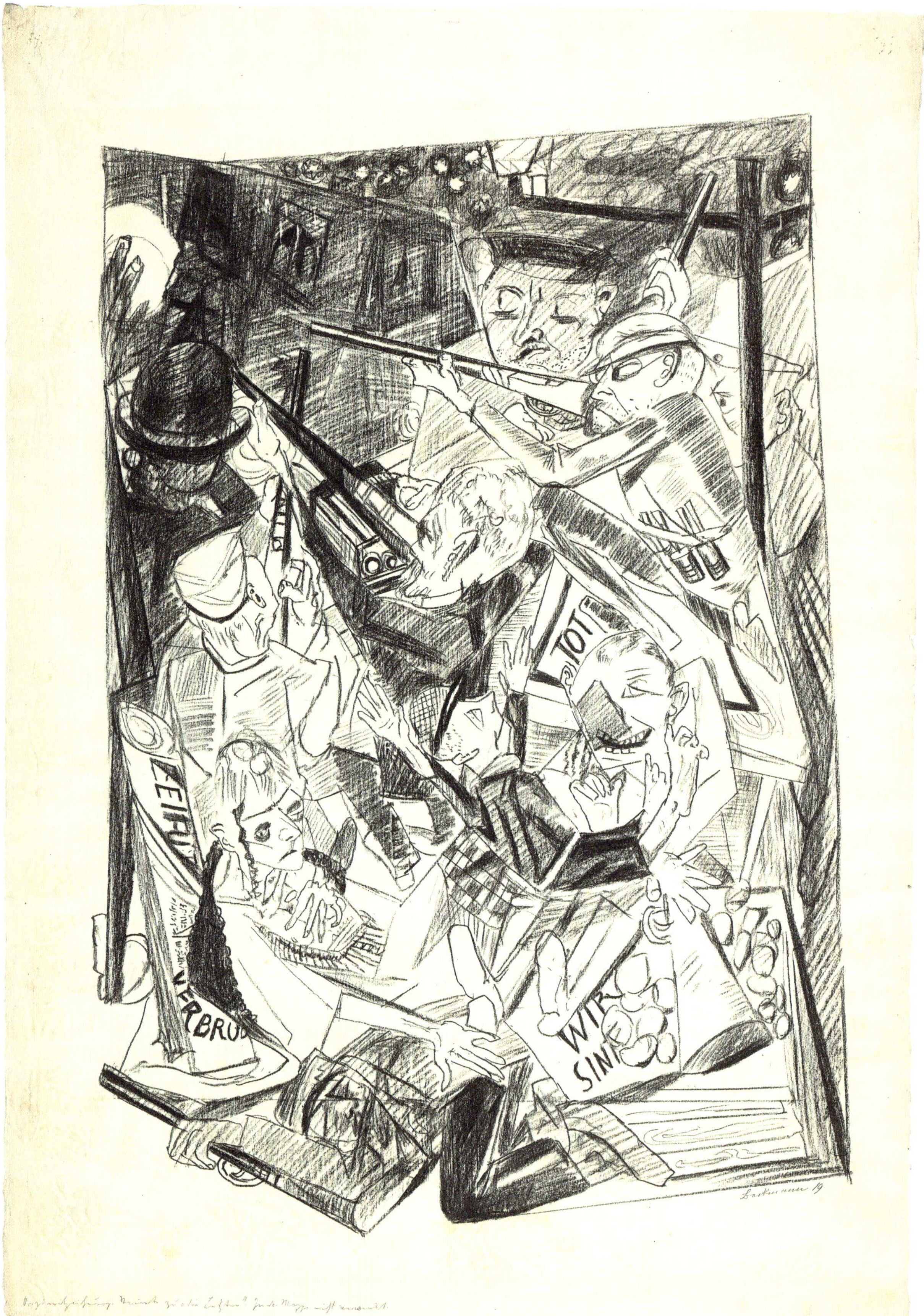

Kat. 36, siehe S. 108
Cat. 36, see p. 126

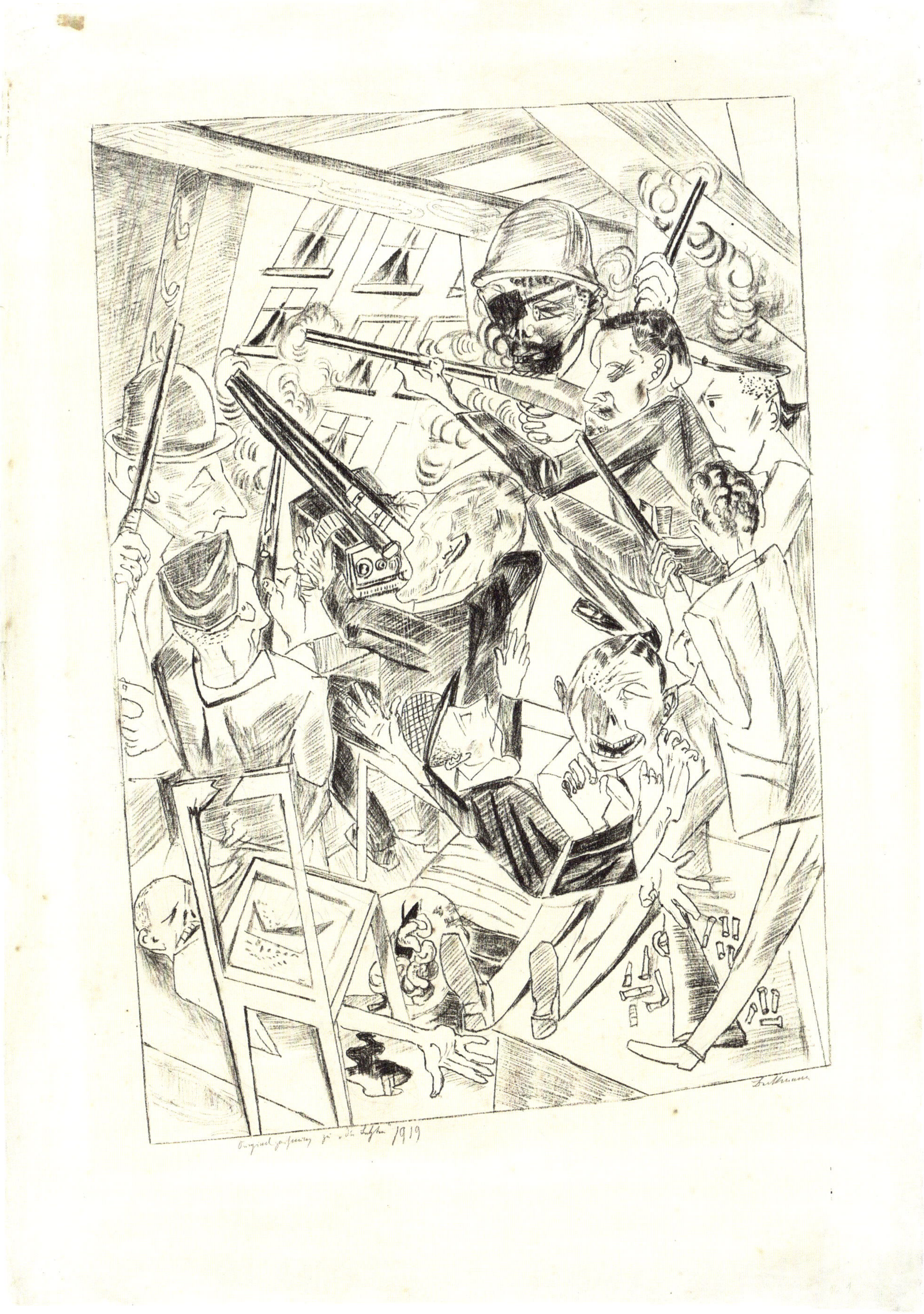

Kat. 37, siehe S. 108
Cat. 37, see p. 126

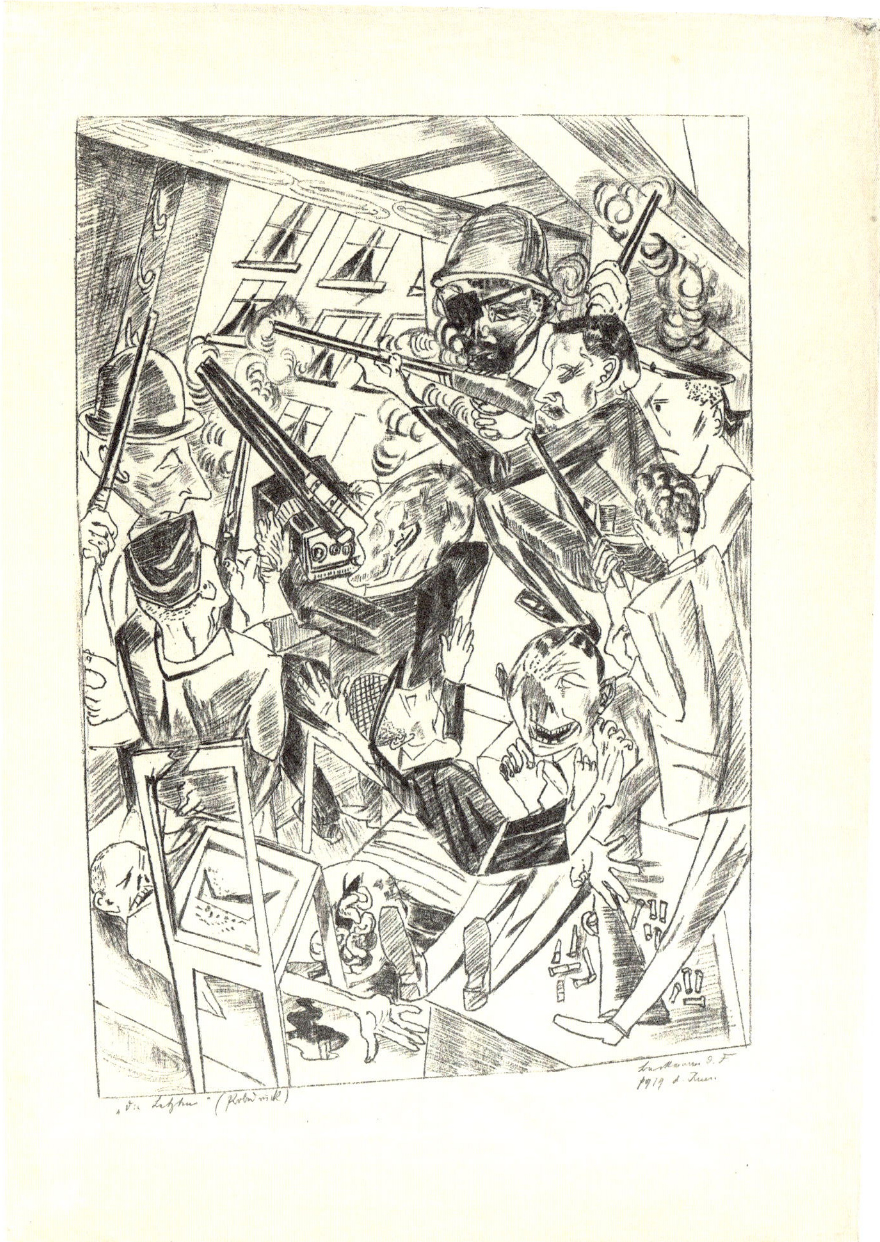

Kat. 38, siehe S. 108
Cat. 38, see p. 126

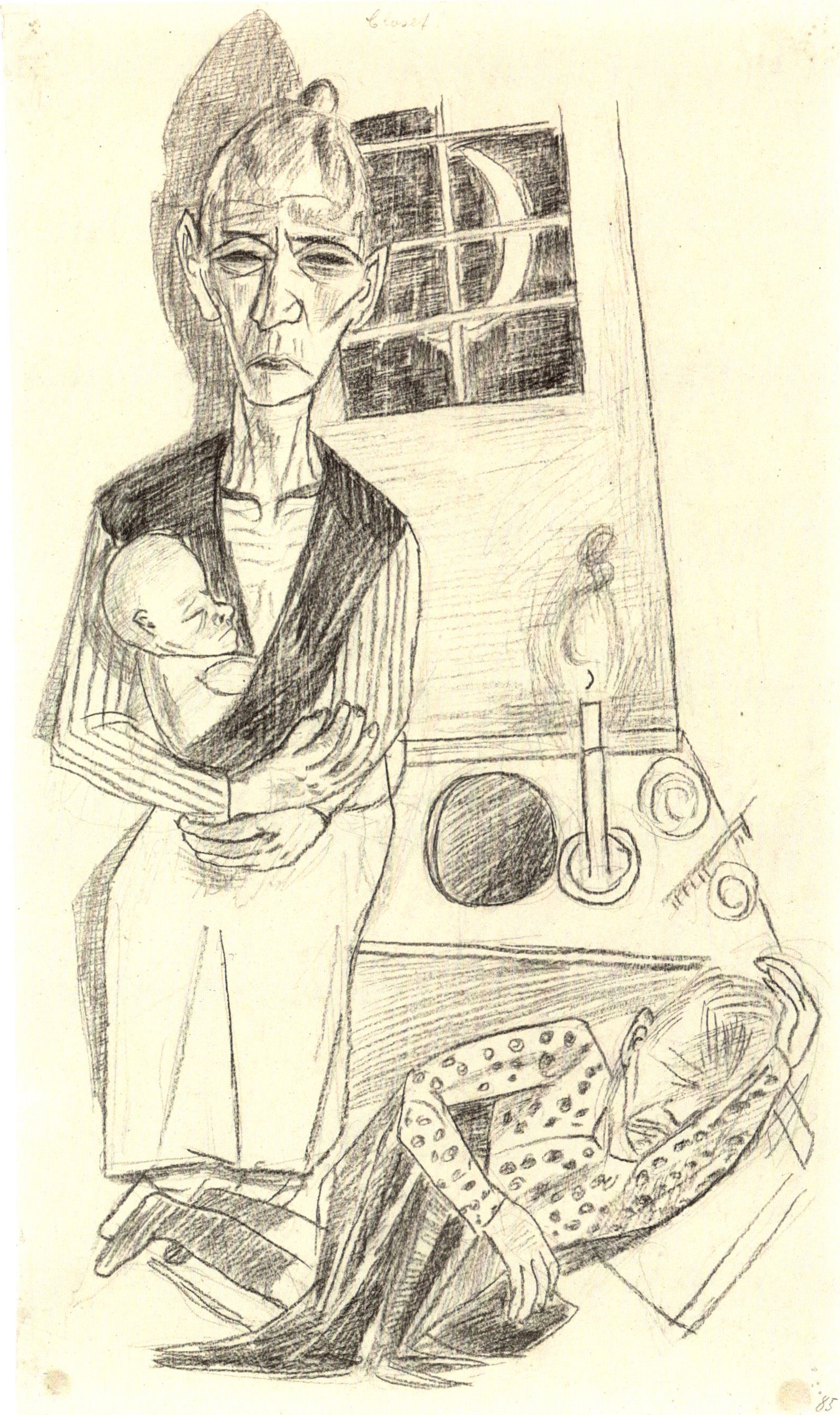

Kat. 39, siehe S. 108
Cat. 39, see p. 126

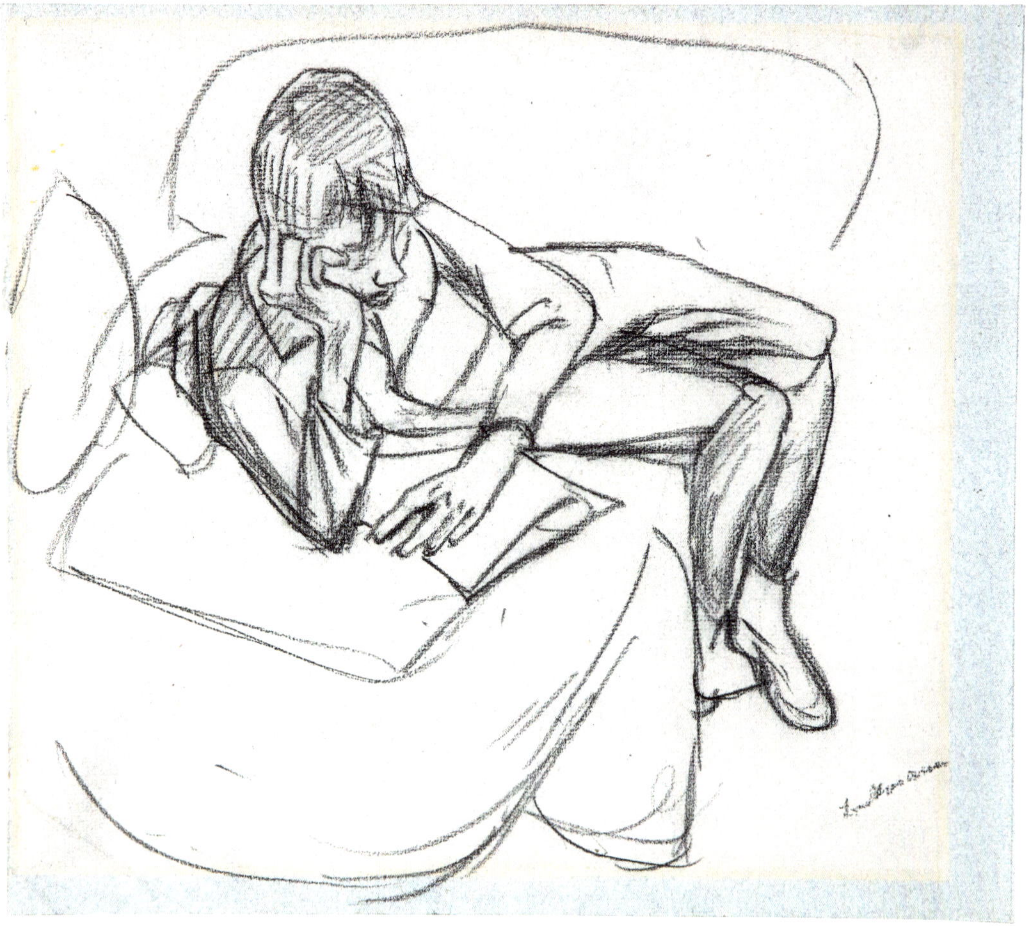

Kat. 40, siehe S. 108
Cat. 40, see p. 126

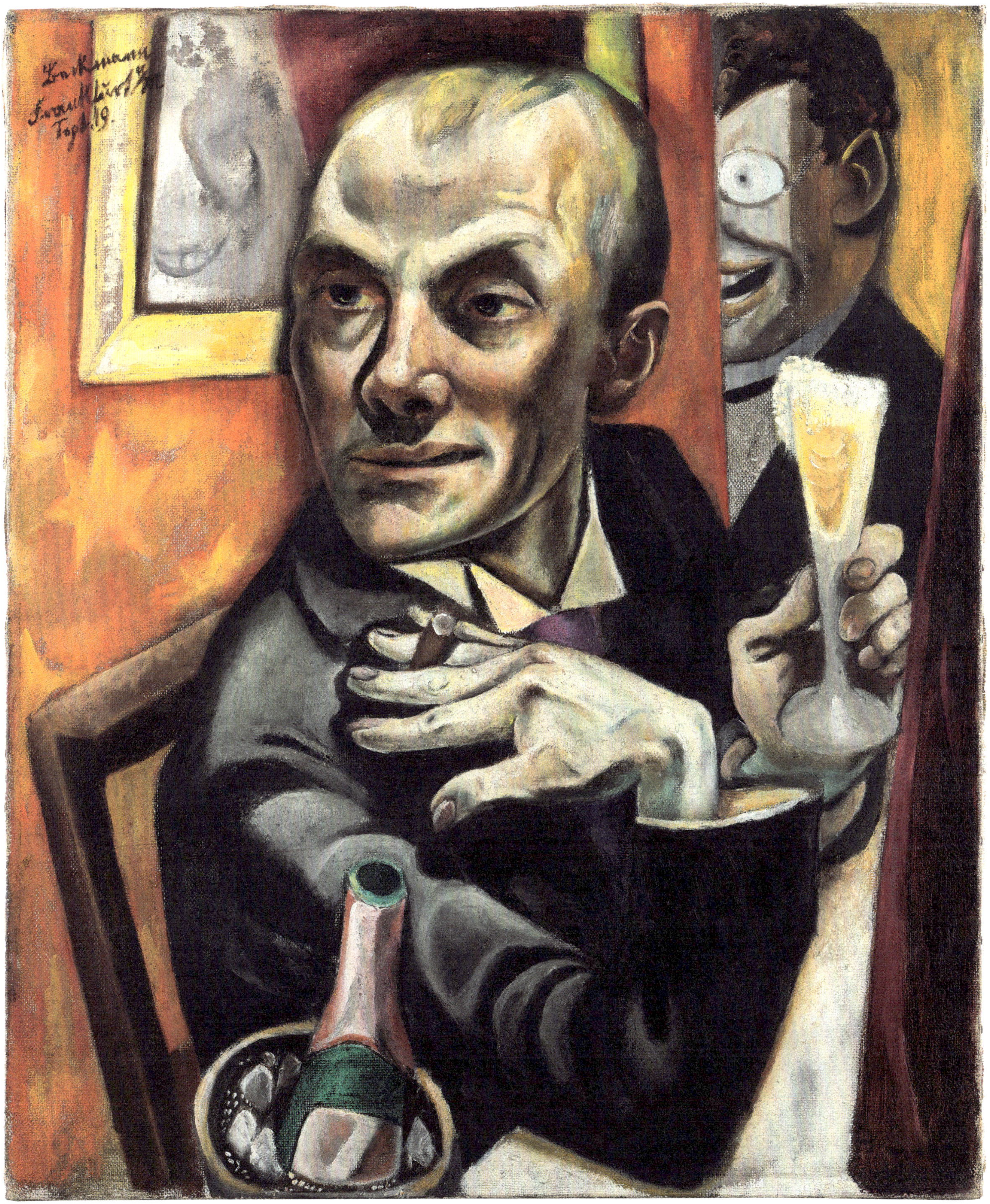

Kat. 41, siehe S. 108
Cat. 41, see p. 126

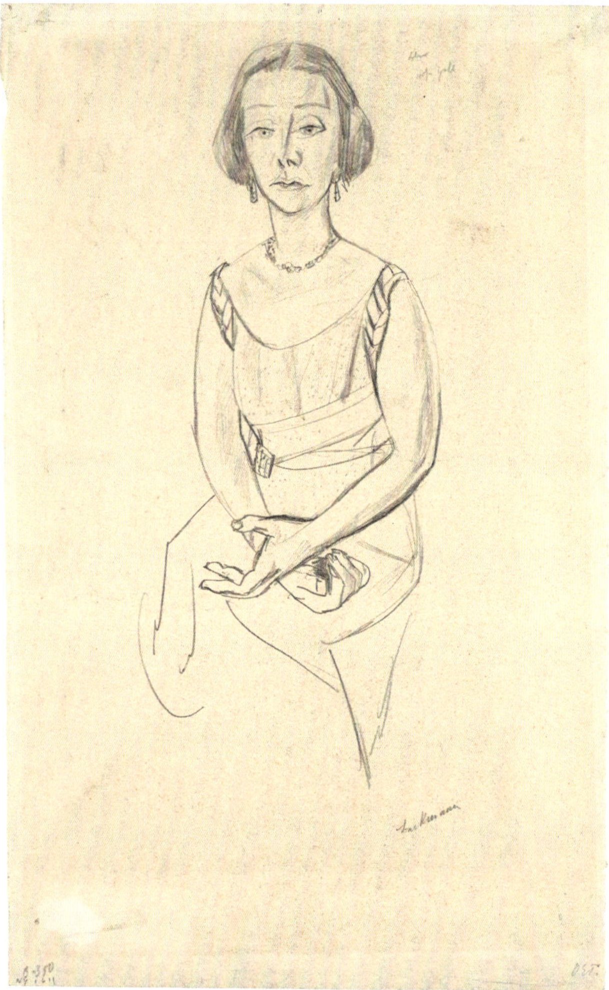

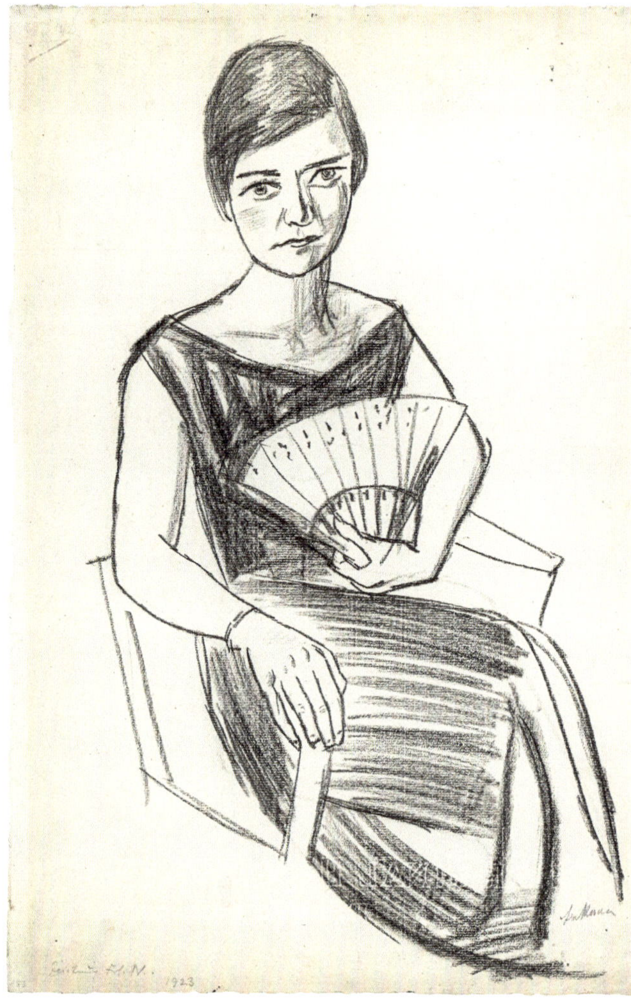

Kat. 42, siehe S. 109
Cat. 42, see p. 127

Kat. 43, siehe S. 109
Cat. 43, see p. 127

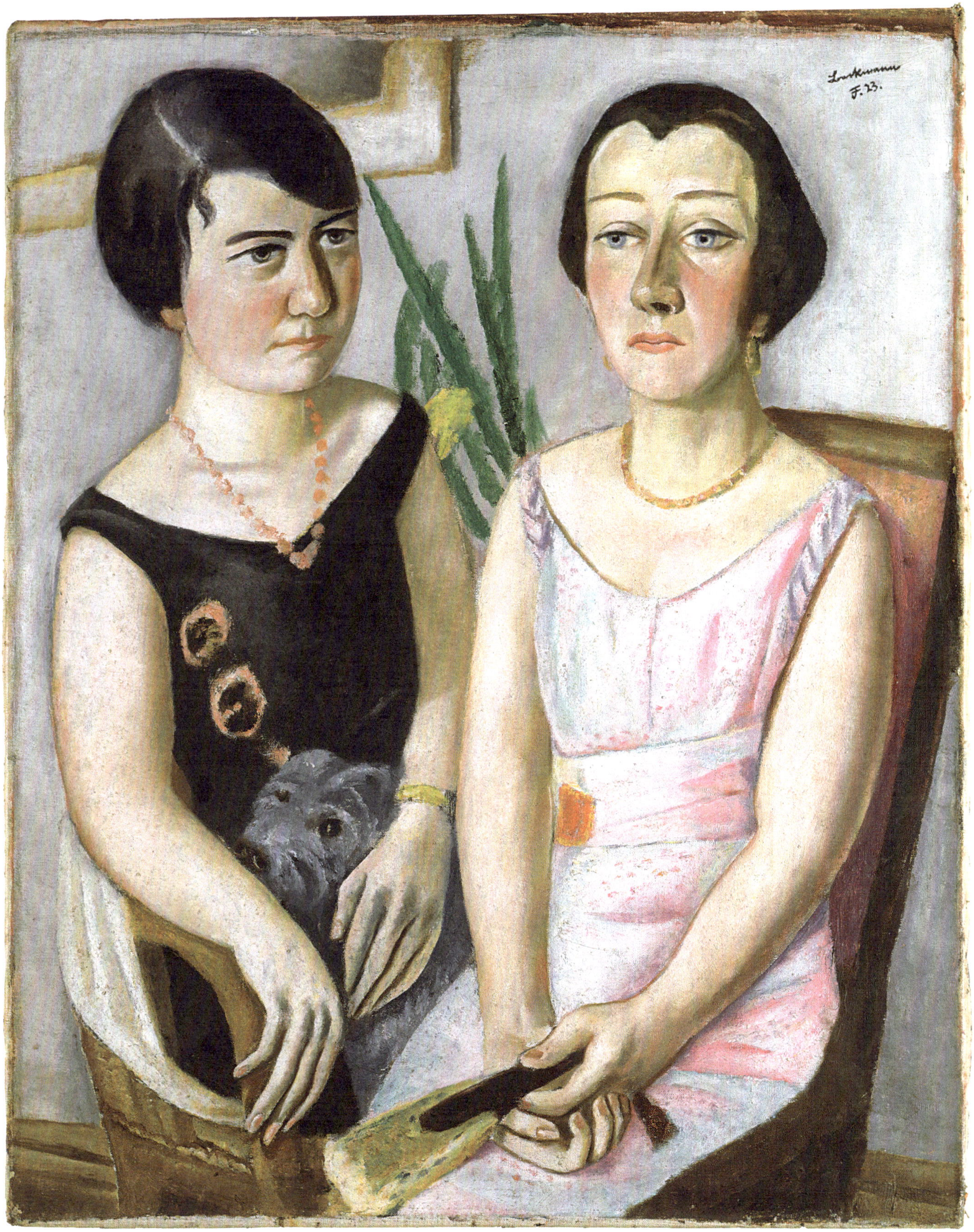

Kat. 44, siehe S. 109
Cat. 44, see p. 127

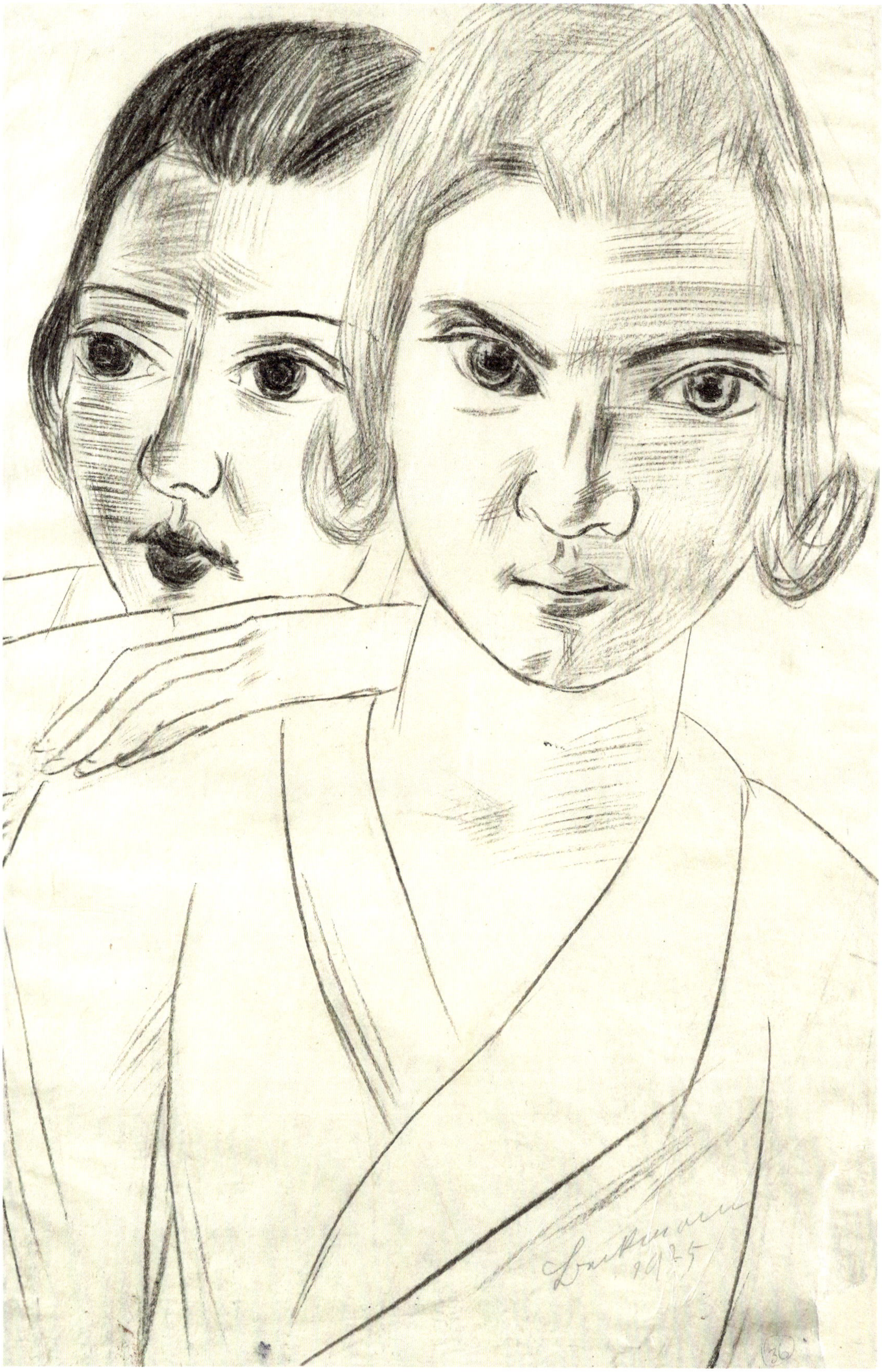

Kat. 45, siehe S. 109
Cat. 45, see p. 127

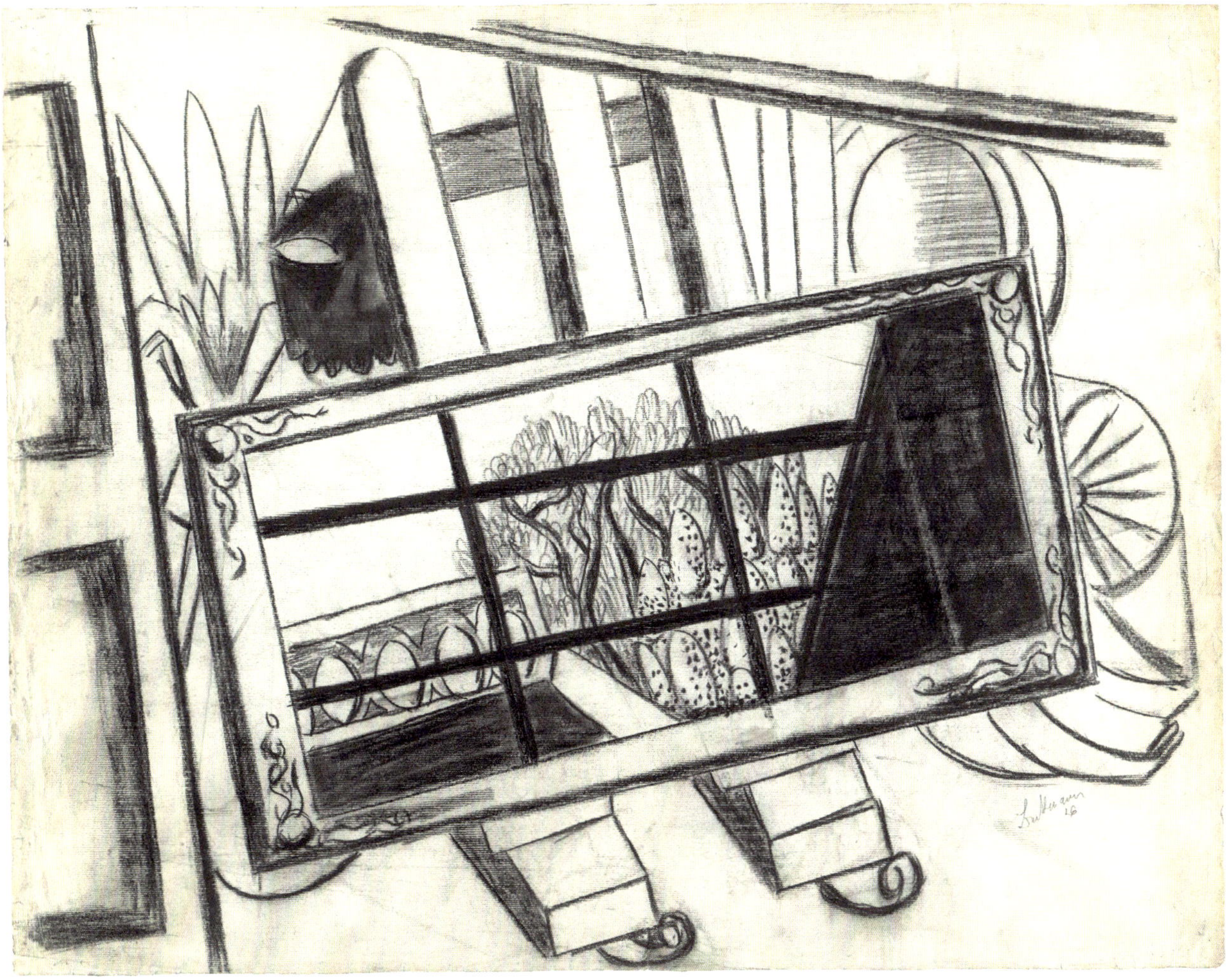

Kat. 46, siehe S. 109
Cat. 46, see p. 127

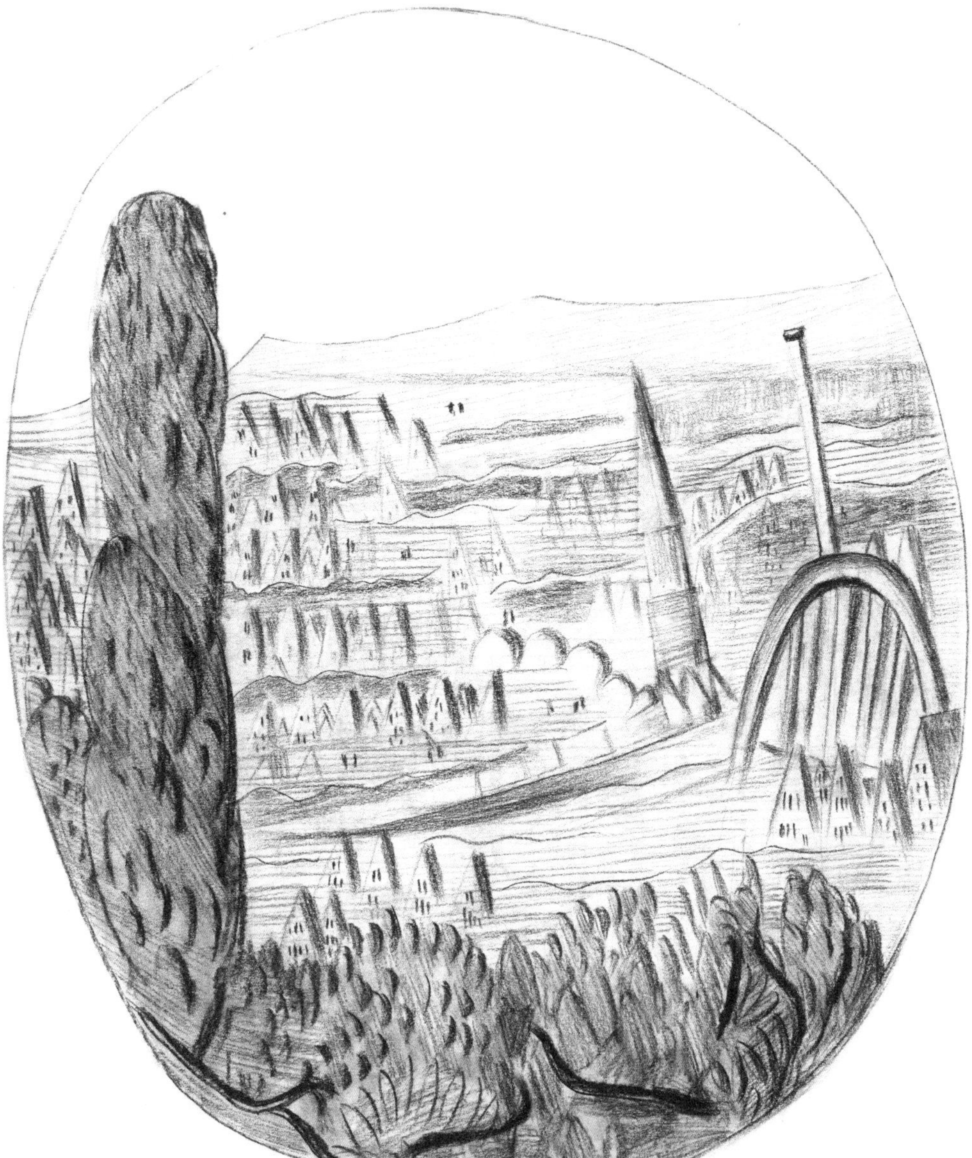

Kat. 47, siehe S. 109
Cat. 47, see p. 127

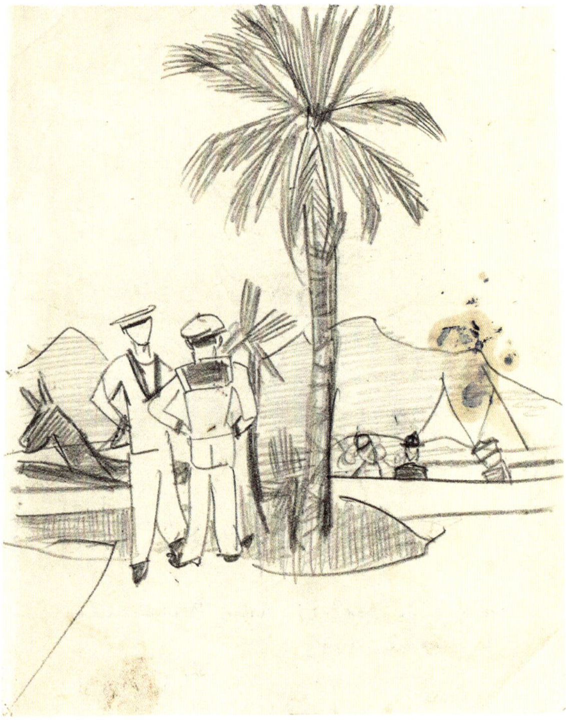

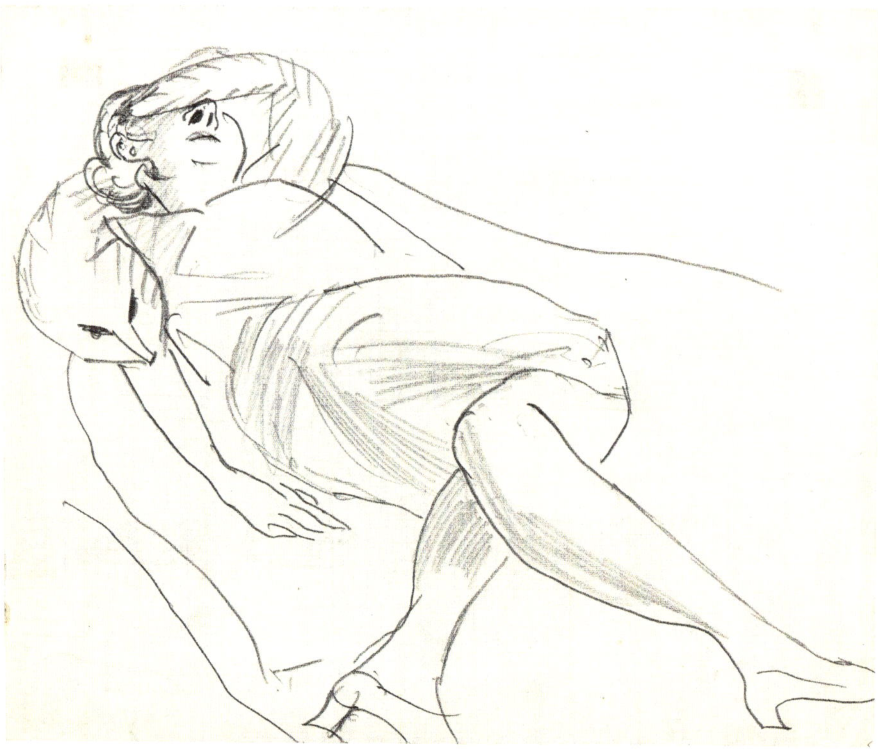

Kat. 48, siehe S. 109
Cat. 48, see p. 127

Kat. 49, siehe S. 109
Cat. 49, see p. 128

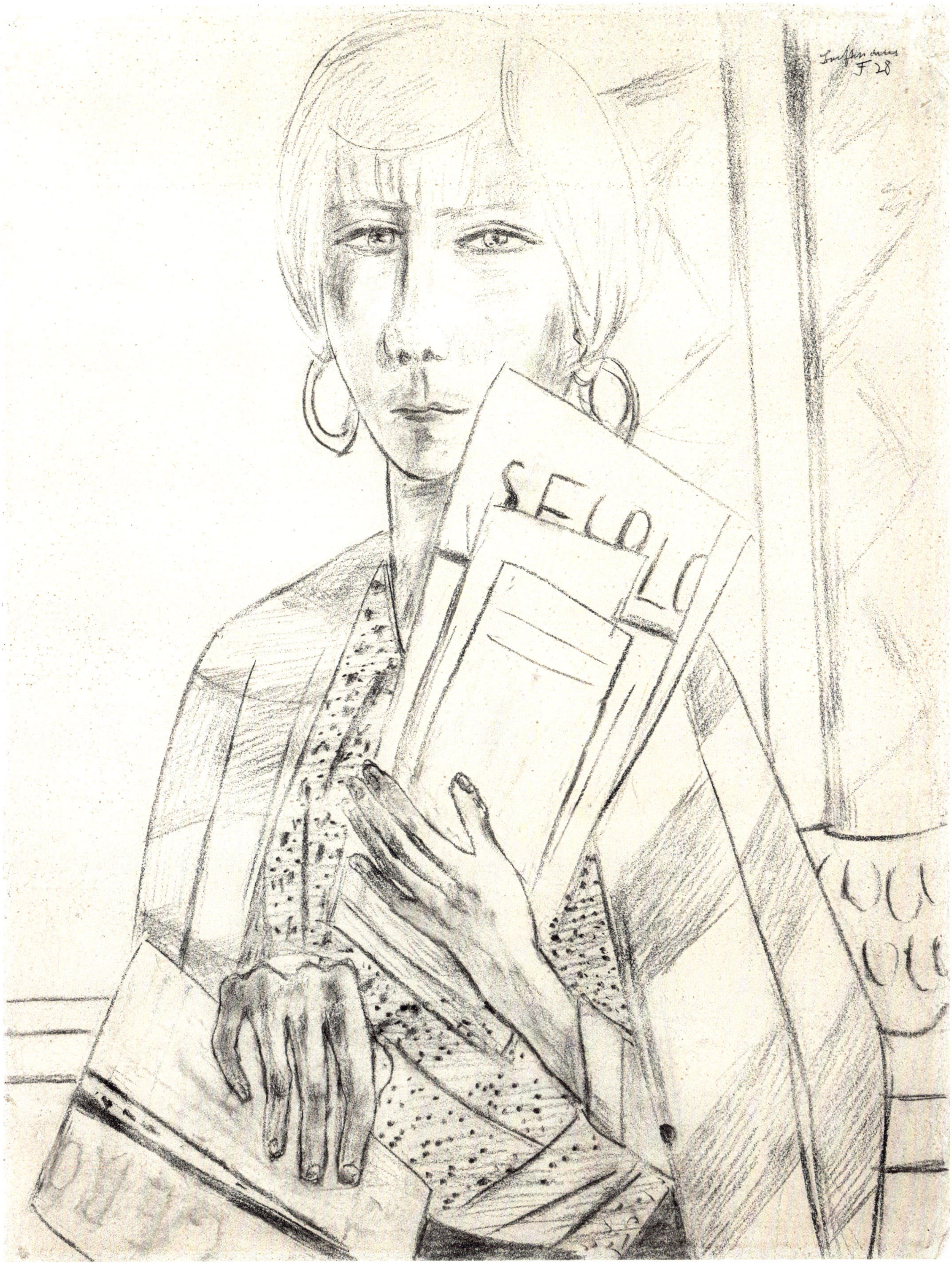

Kat. 50, siehe S. 110
Cat. 50, see p. 128

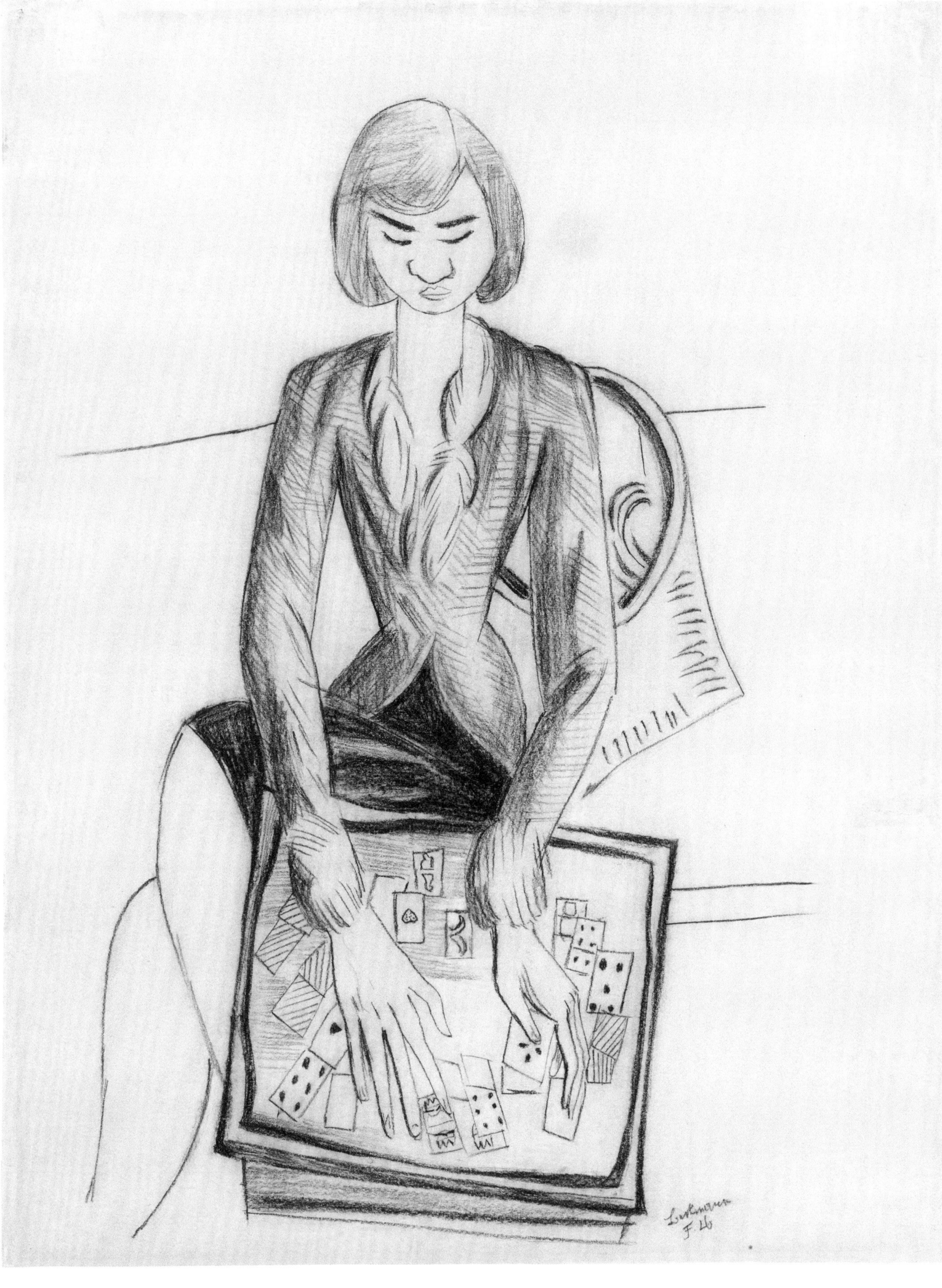

Kat. 51, siehe S. 110
Cat. 51, see p. 128

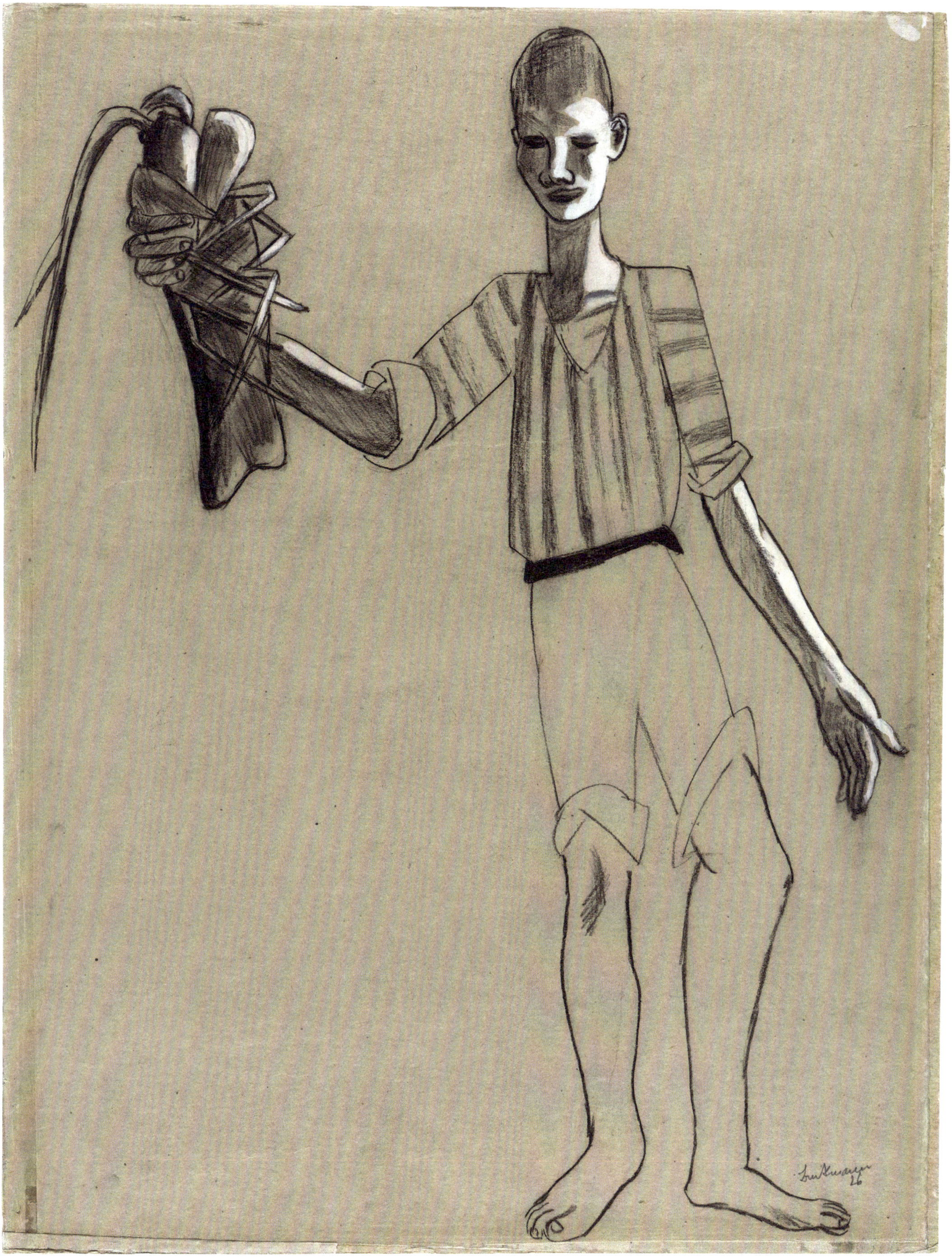

Kat. 52, siehe S. 110
Cat. 52, see p. 128

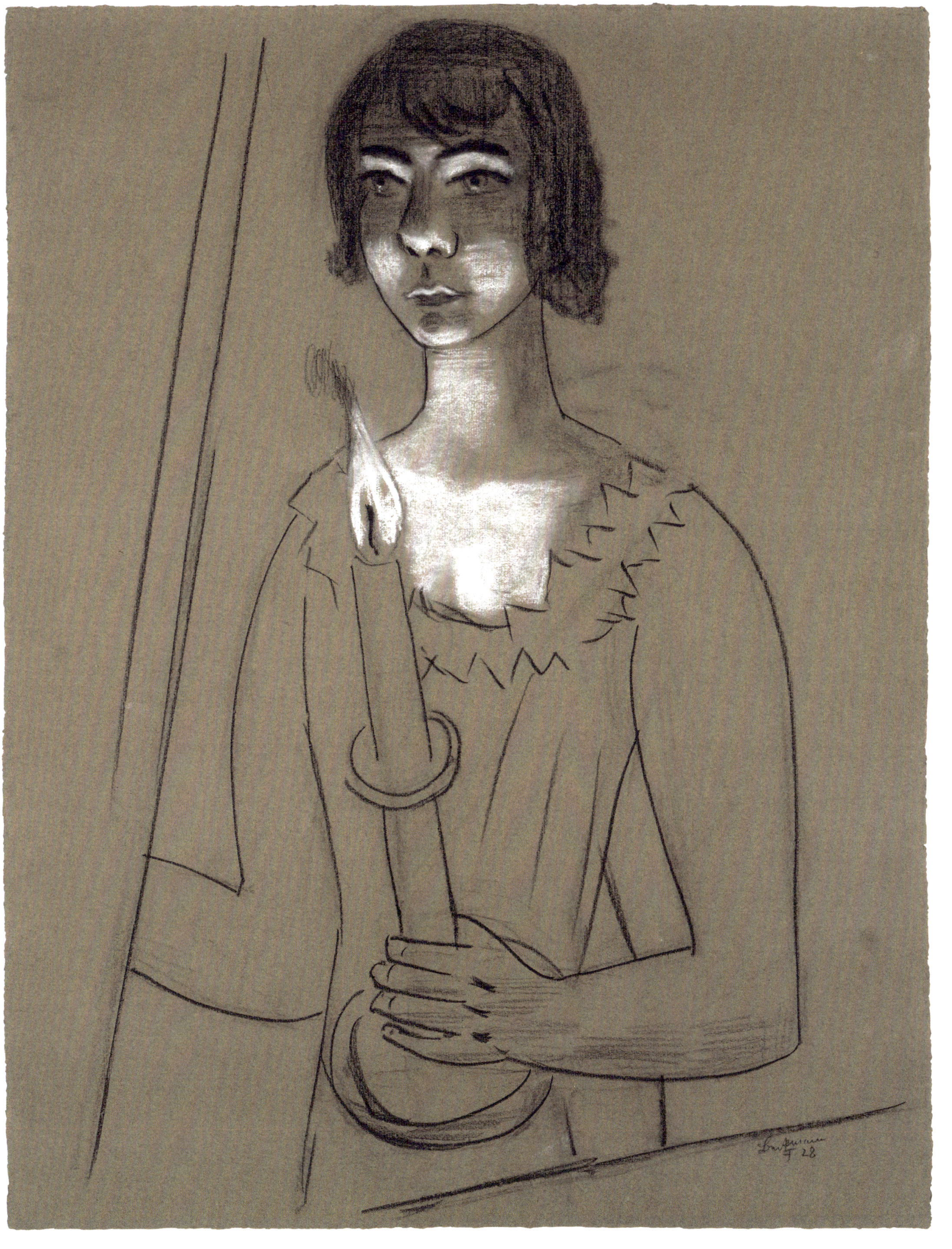

Kat. 53, siehe S. 110
Cat. 53, see p. 128

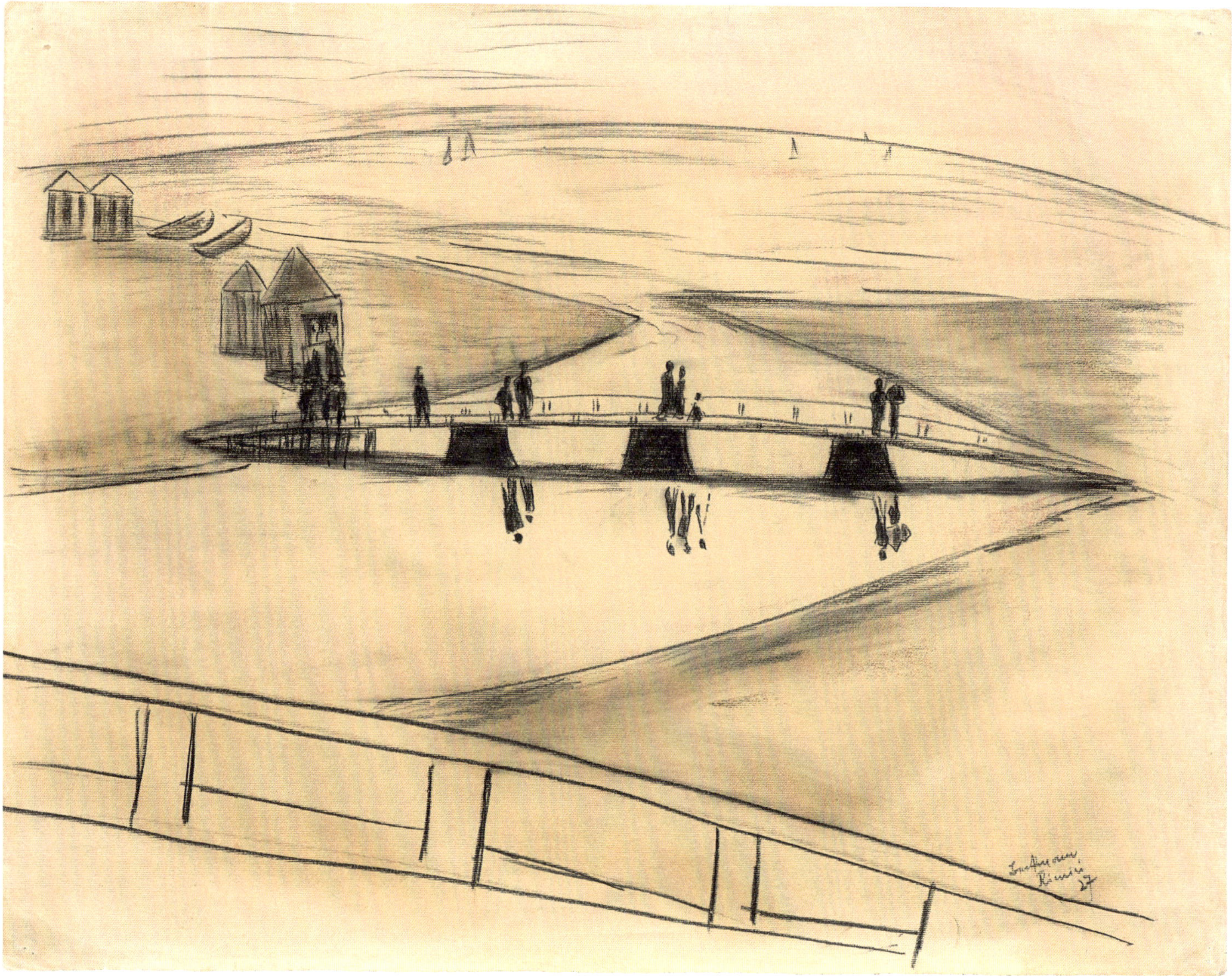

Kat. 54, siehe S. 110
Cat. 54, see p. 128

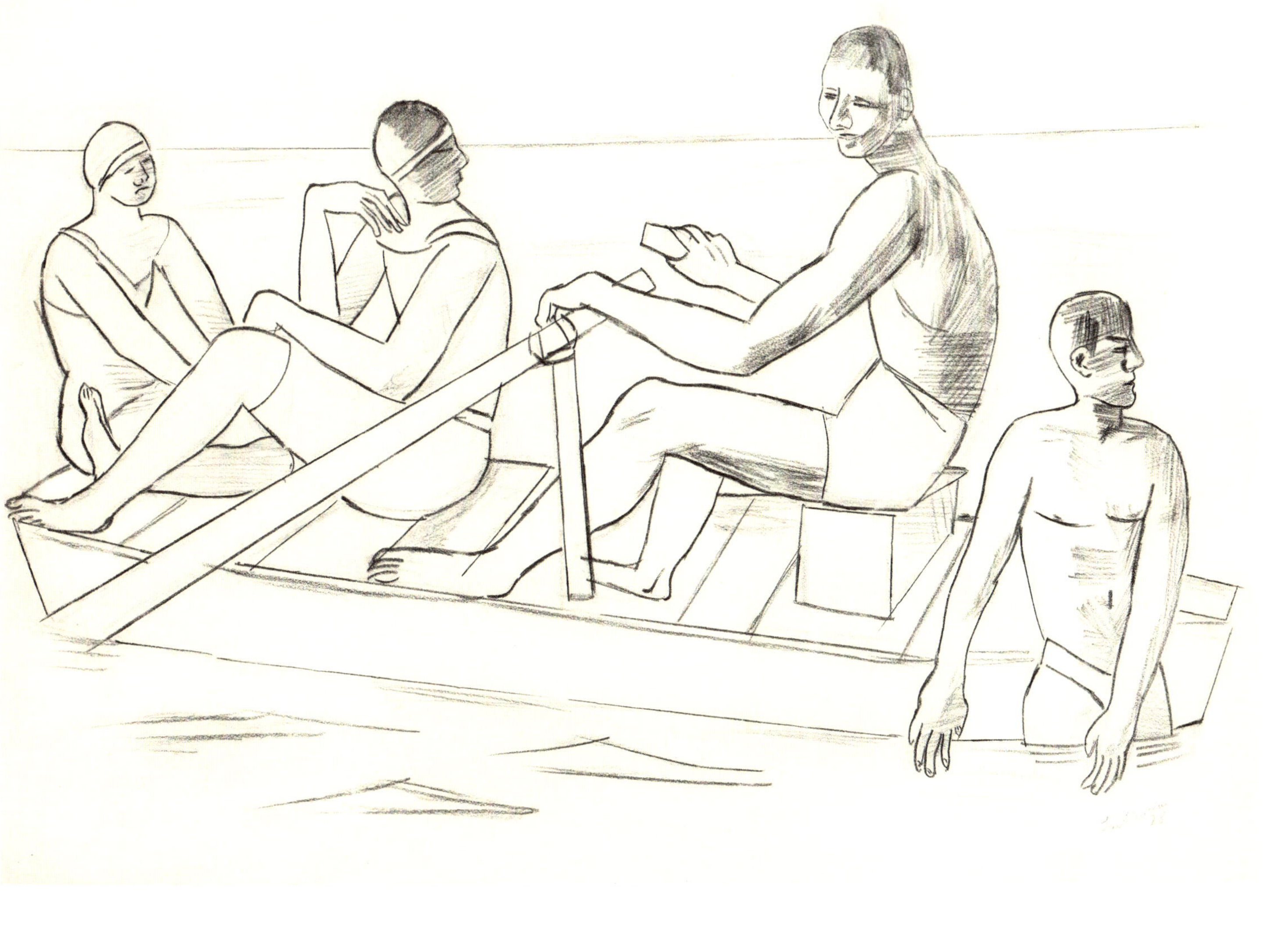

Kat. 55, siehe S. 110
Cat. 55, see p. 128

Zäsur Nationalsozialismus
The Nazi Era: A Defining Break

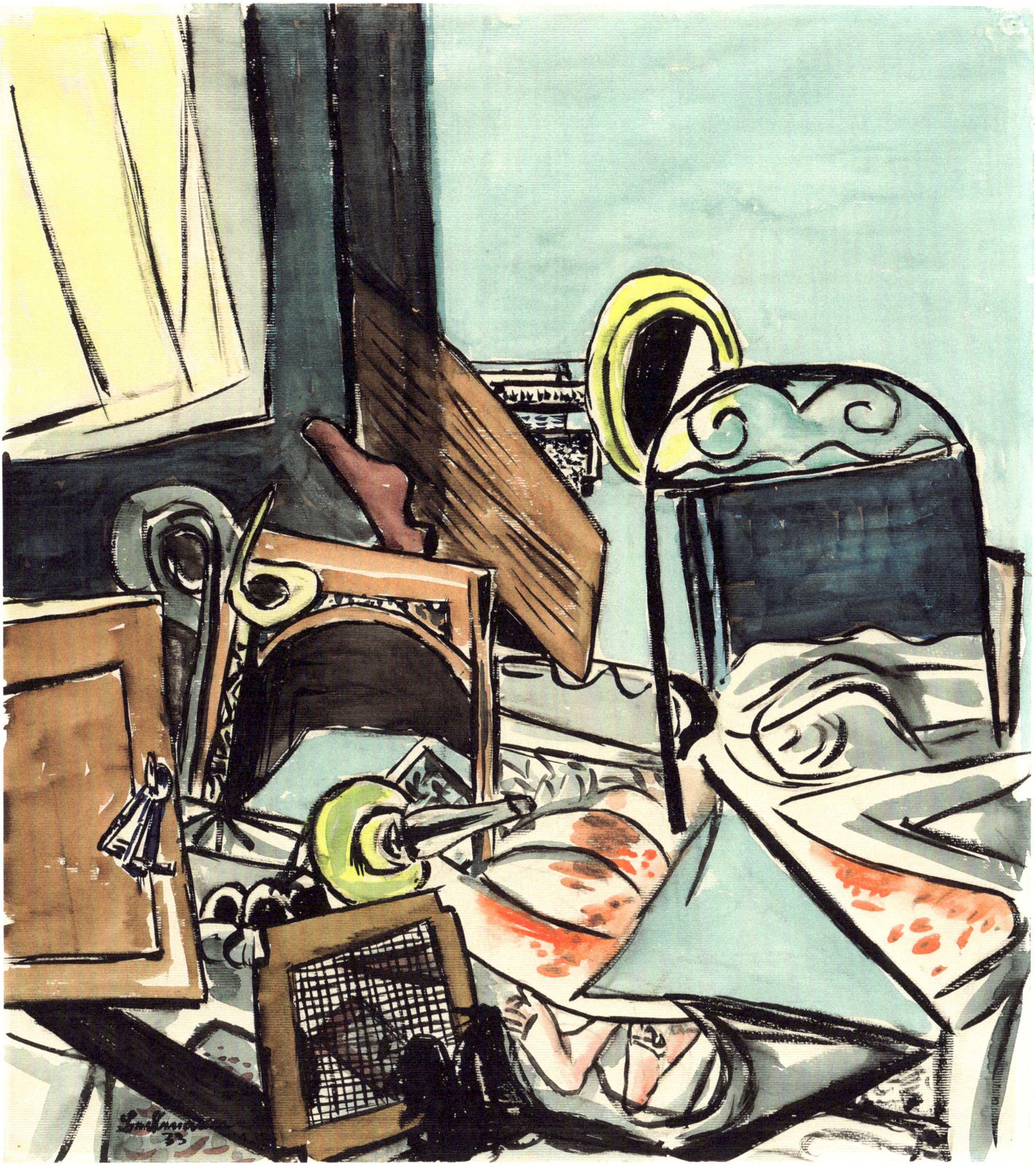

Kat. 56, siehe S. 111
Cat. 56, see p. 129

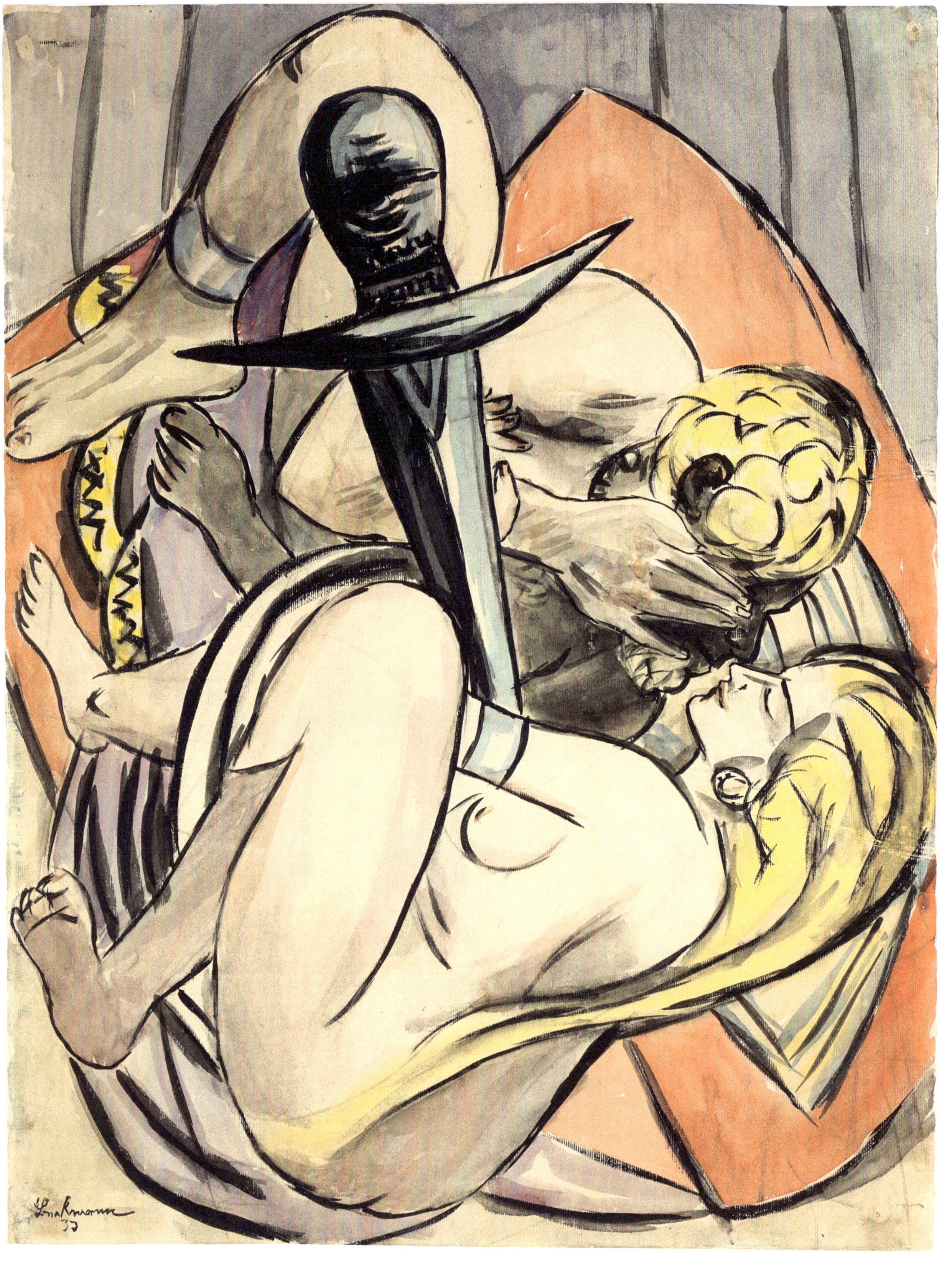

Kat. 57, siehe S. 111
Cat. 57, see p. 129

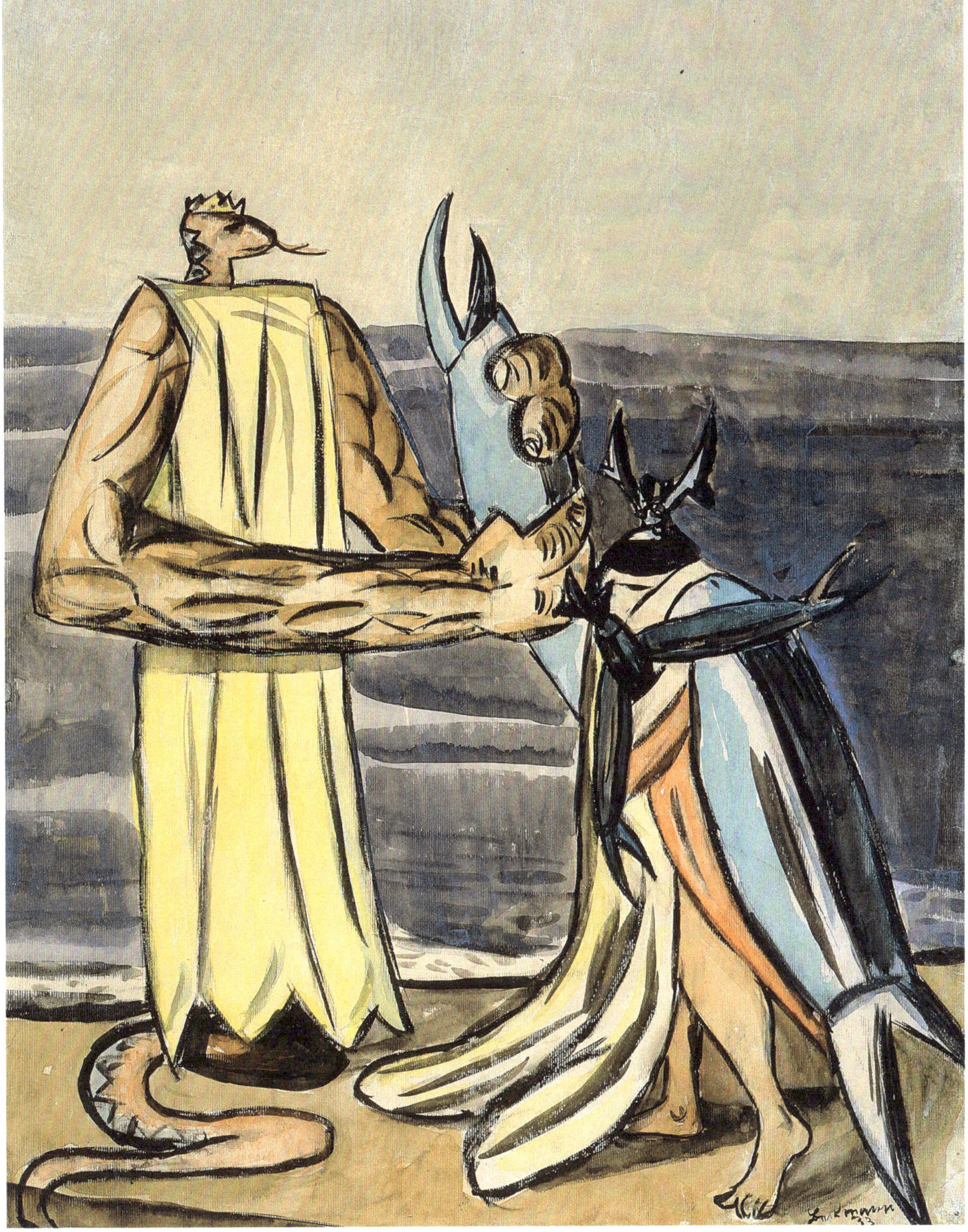

Kat. 58, siehe S. 112
Cat. 58, see p. 130

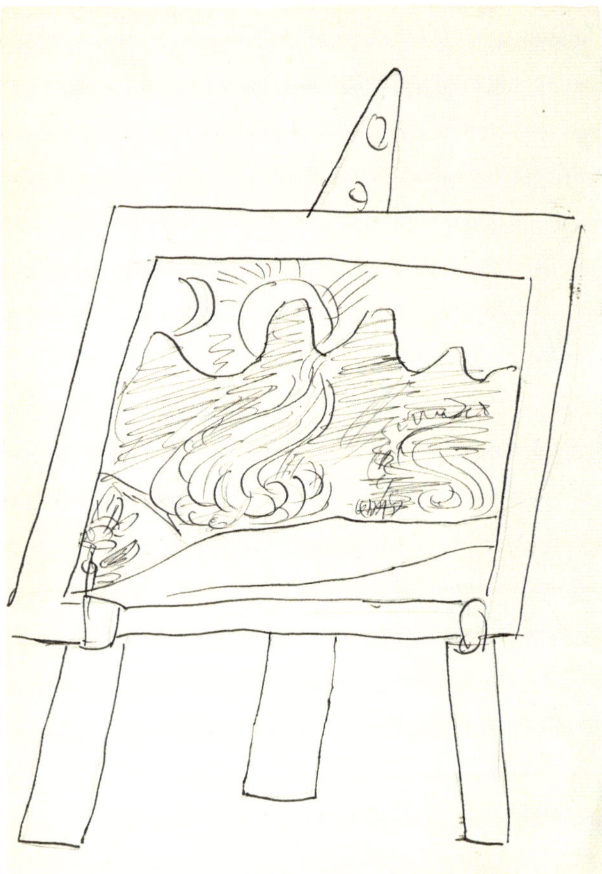

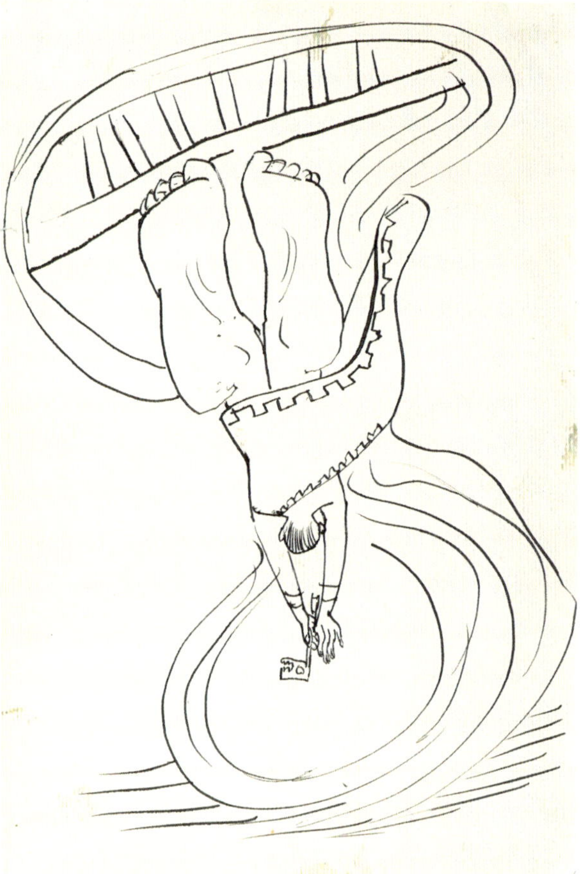

Kat. 59, siehe S. 113
Cat. 59, see p. 131

Kat. 60, siehe S. 113
Cat. 60, see p. 131

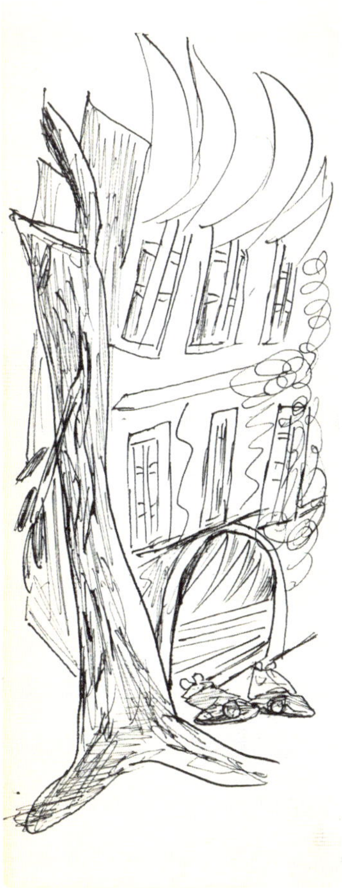

Kat. 61, siehe S. 113
Cat. 61, see p. 131

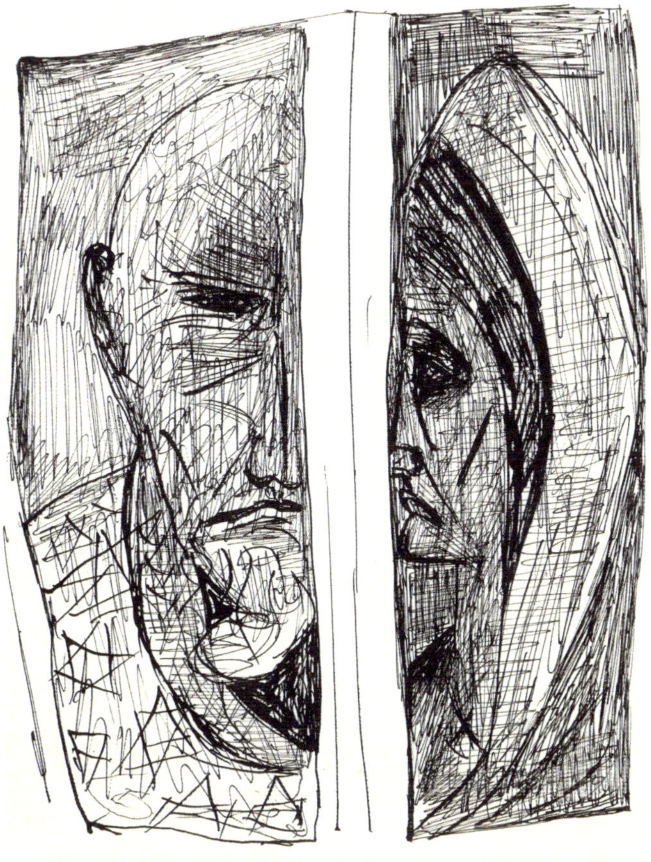

Kat. 62, siehe S. 113
Cat. 62, see p. 131

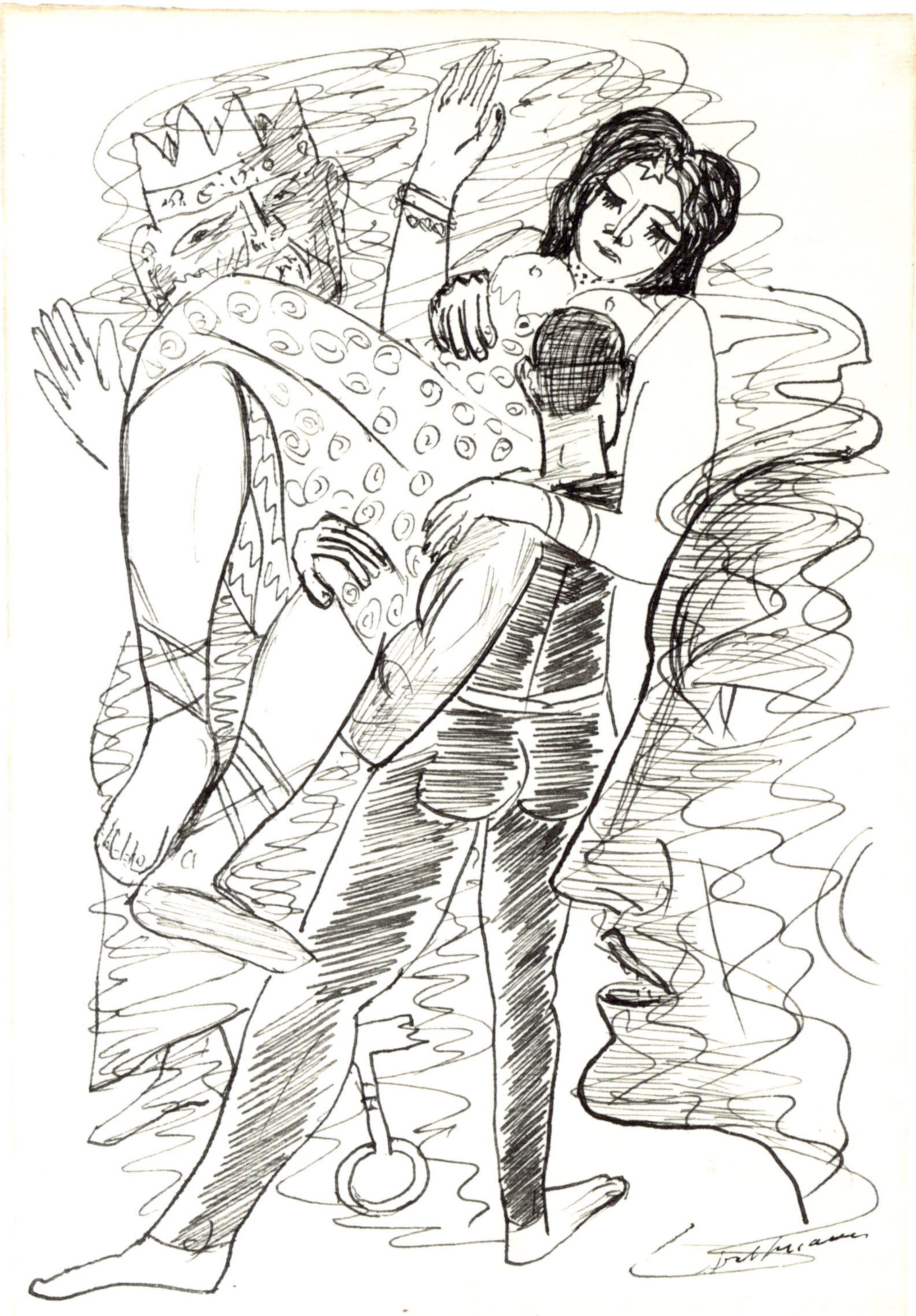

Kat. 63, siehe S. 113
Cat. 63, see p. 131

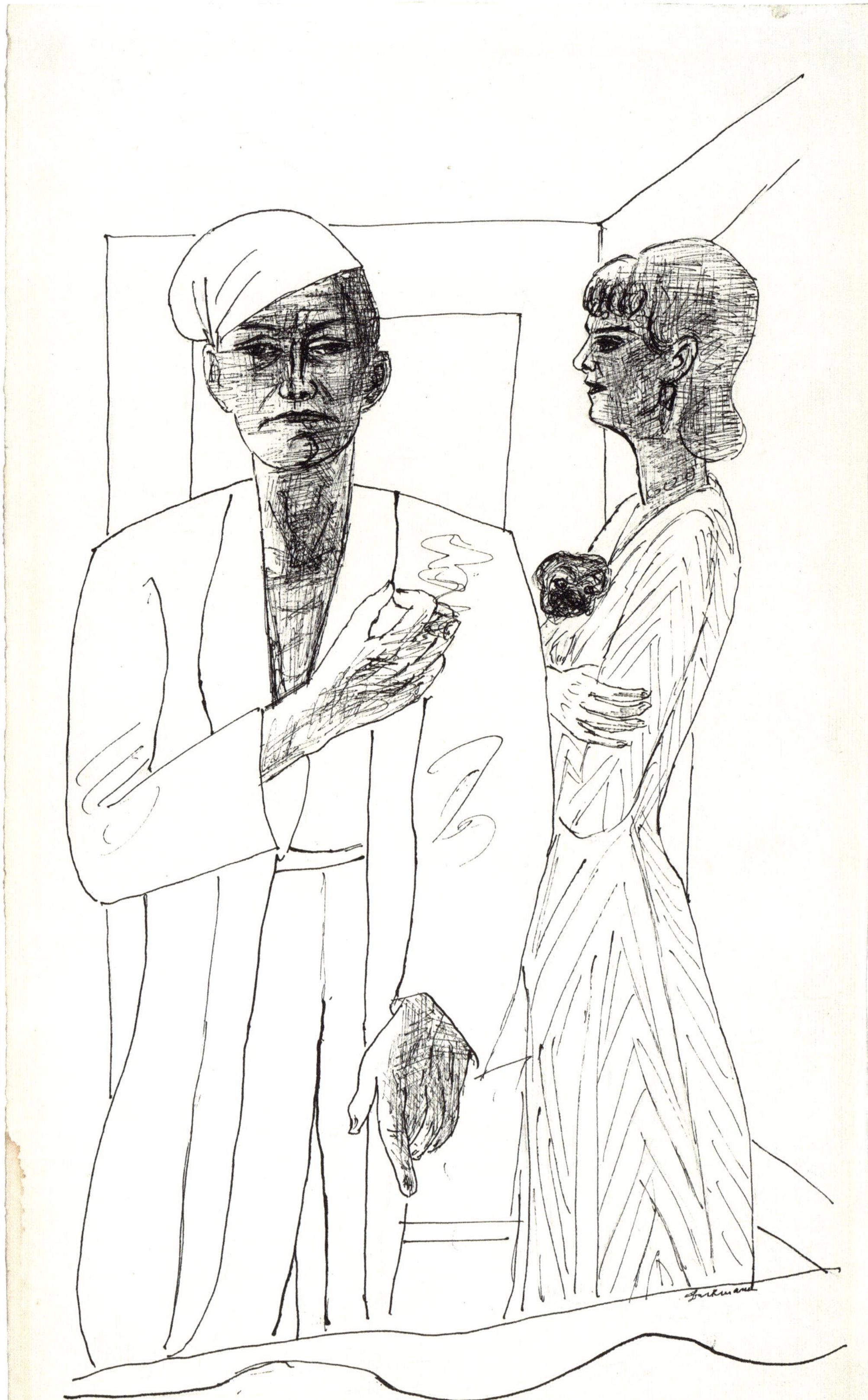

Kat. 64, siehe S. 113
Cat. 64, see p. 131

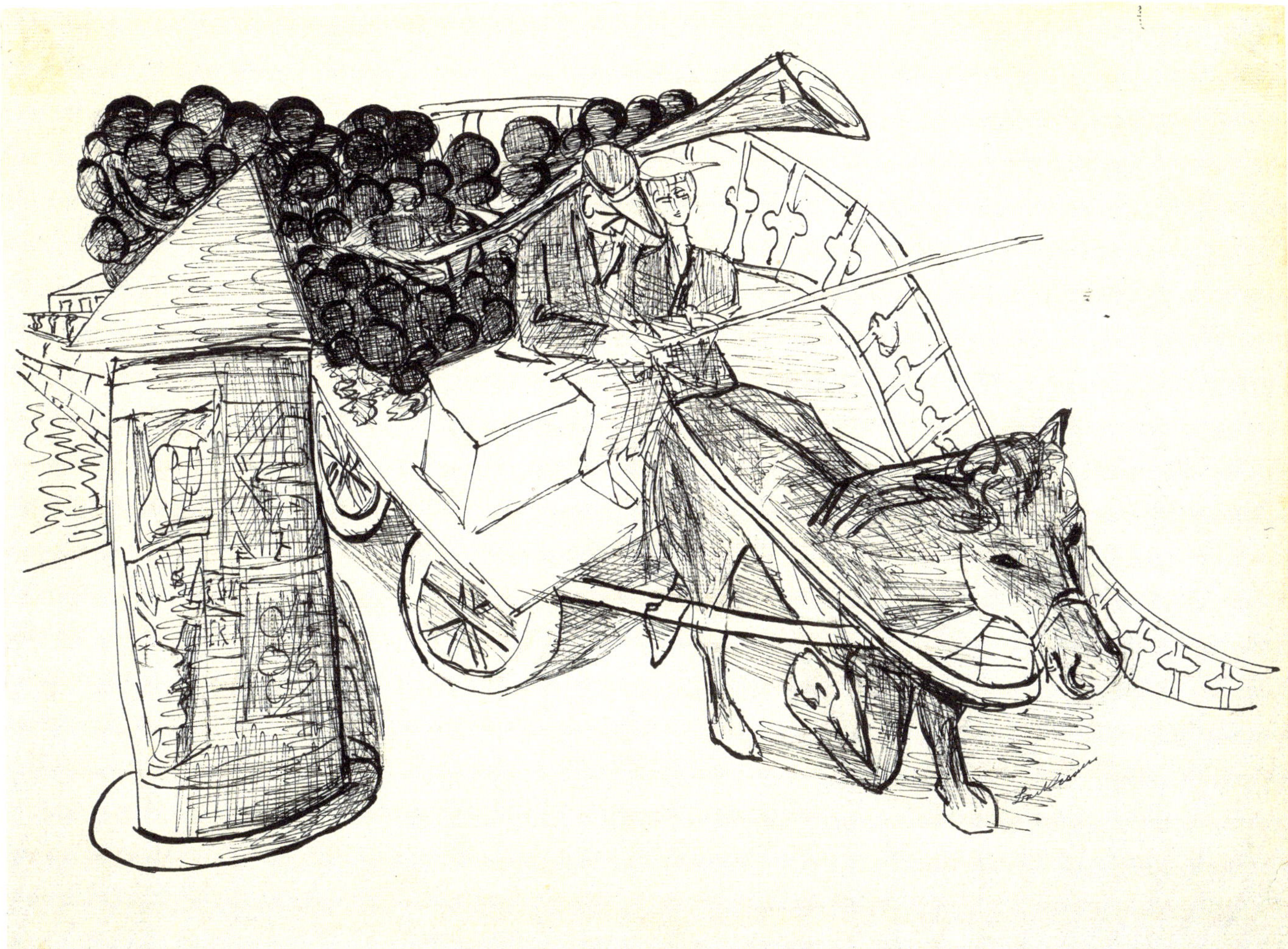

Kat. 65, siehe S. 113
Cat. 65, see p. 131

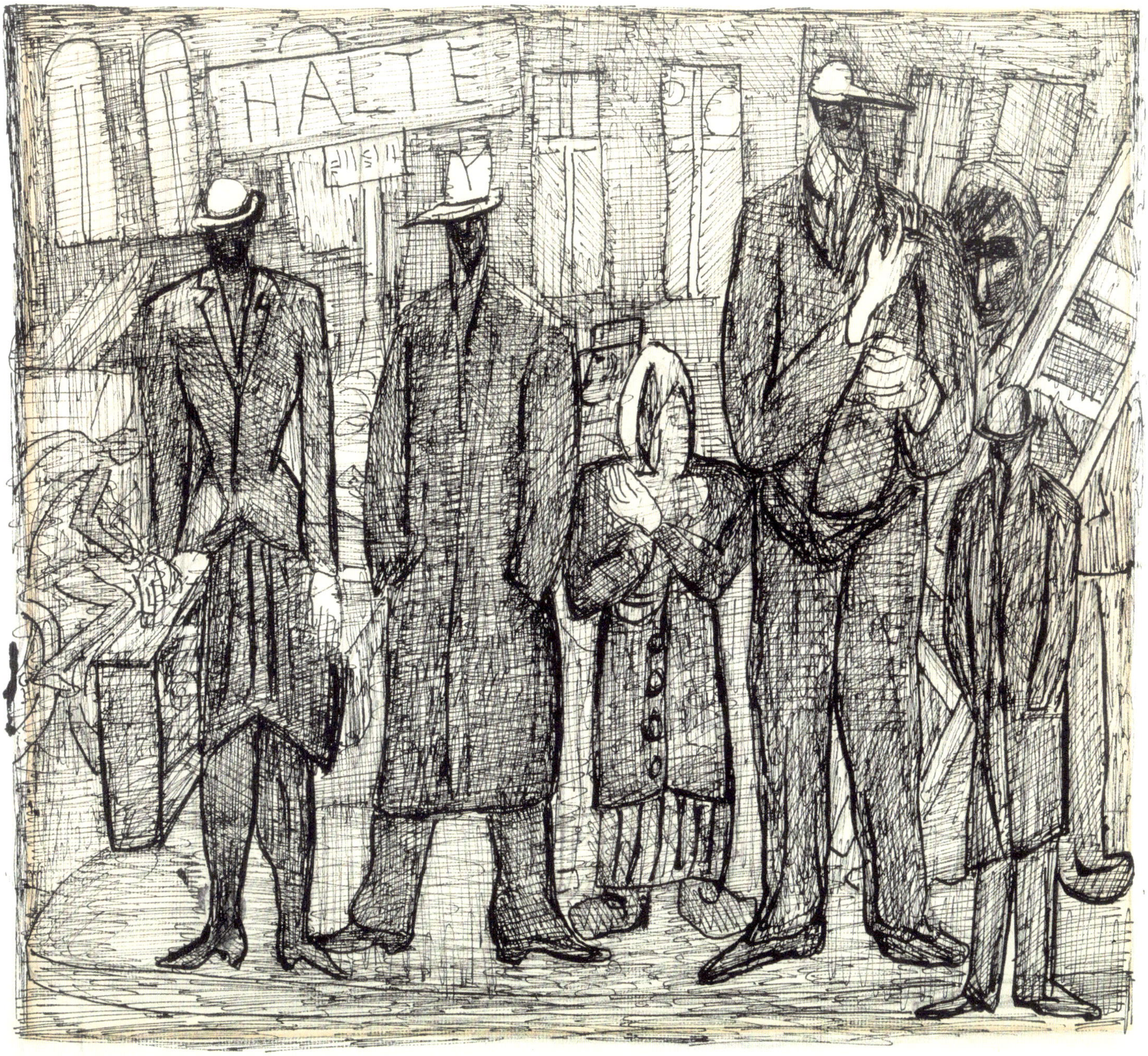

Kat. 66, siehe S. 113
Cat. 66, see p. 131

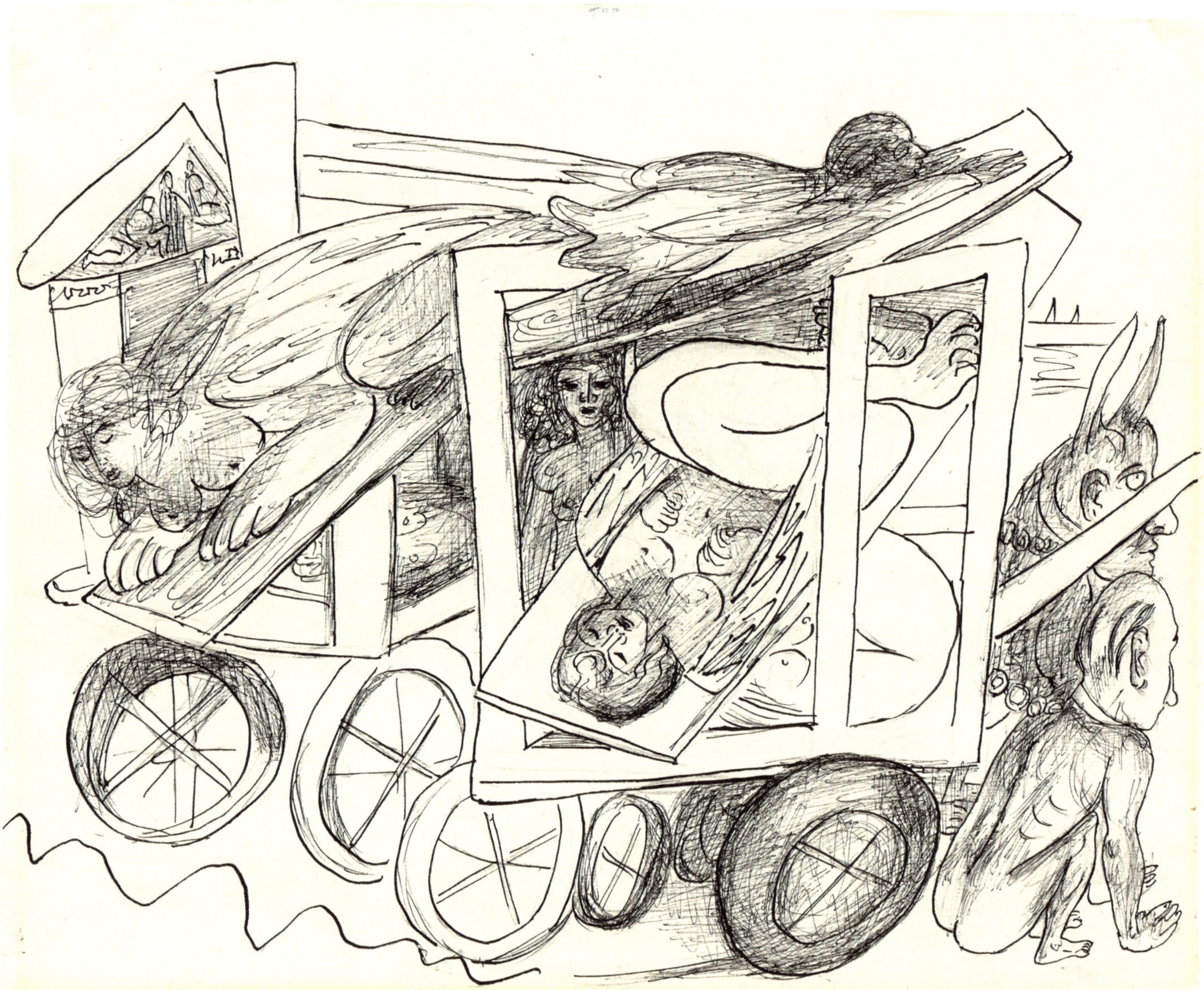

Kat. 67, siehe S. 114
Cat. 67, see p. 132

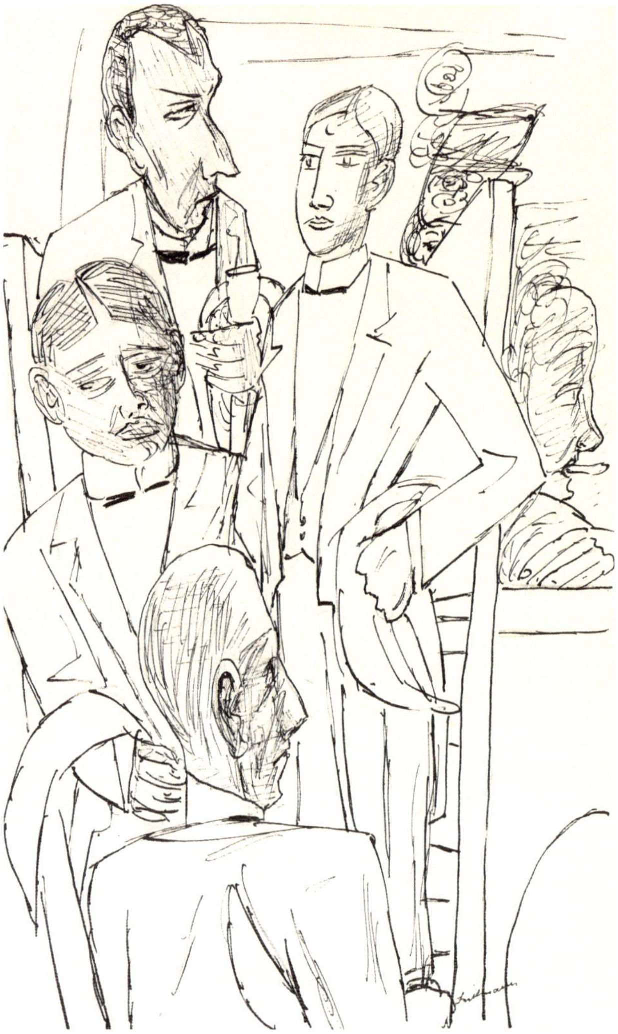

Kat. 68, siehe S. 114
Cat. 68, see p. 132

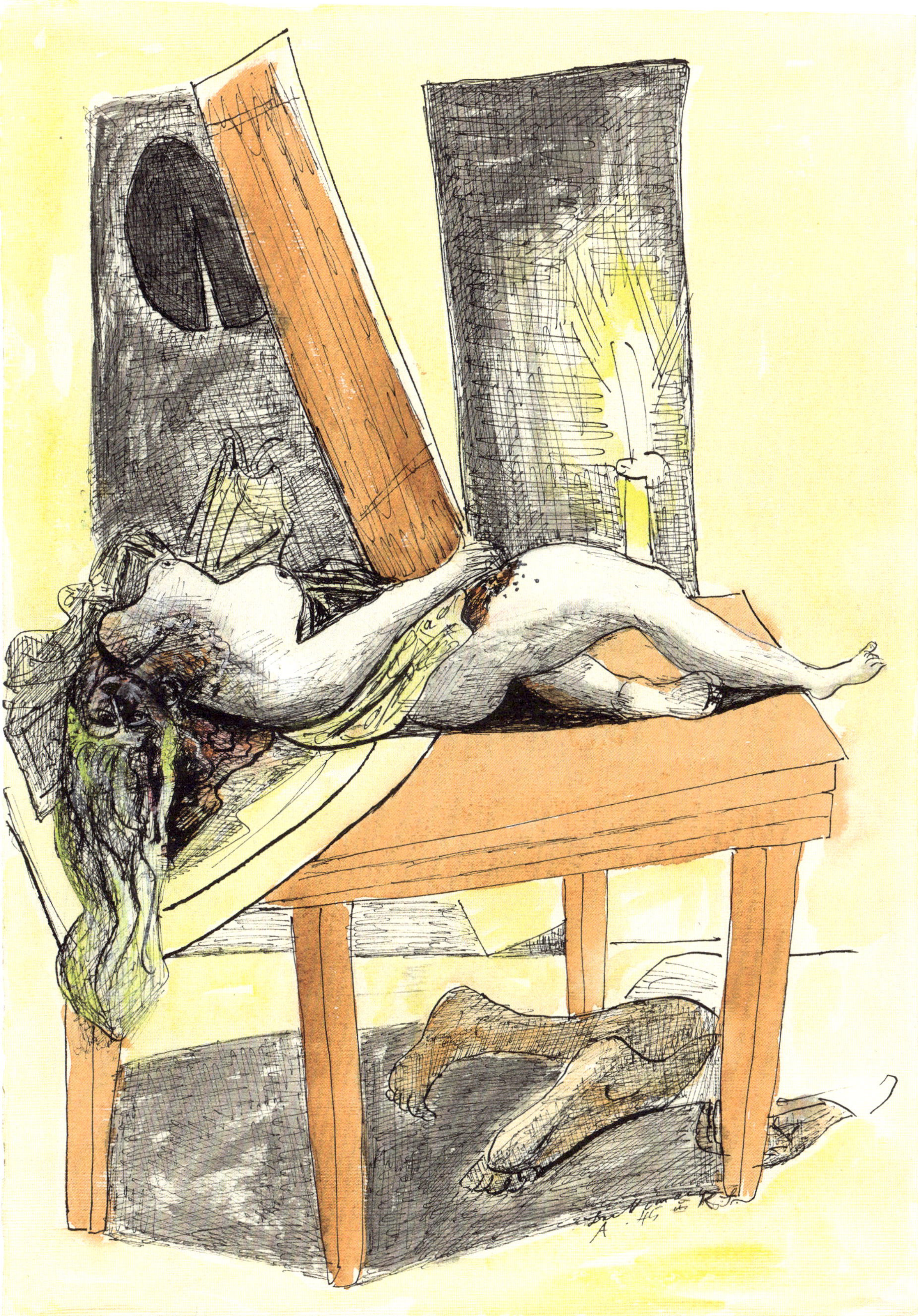

Kat. 69, siehe S. 114
Cat. 69, see p. 132

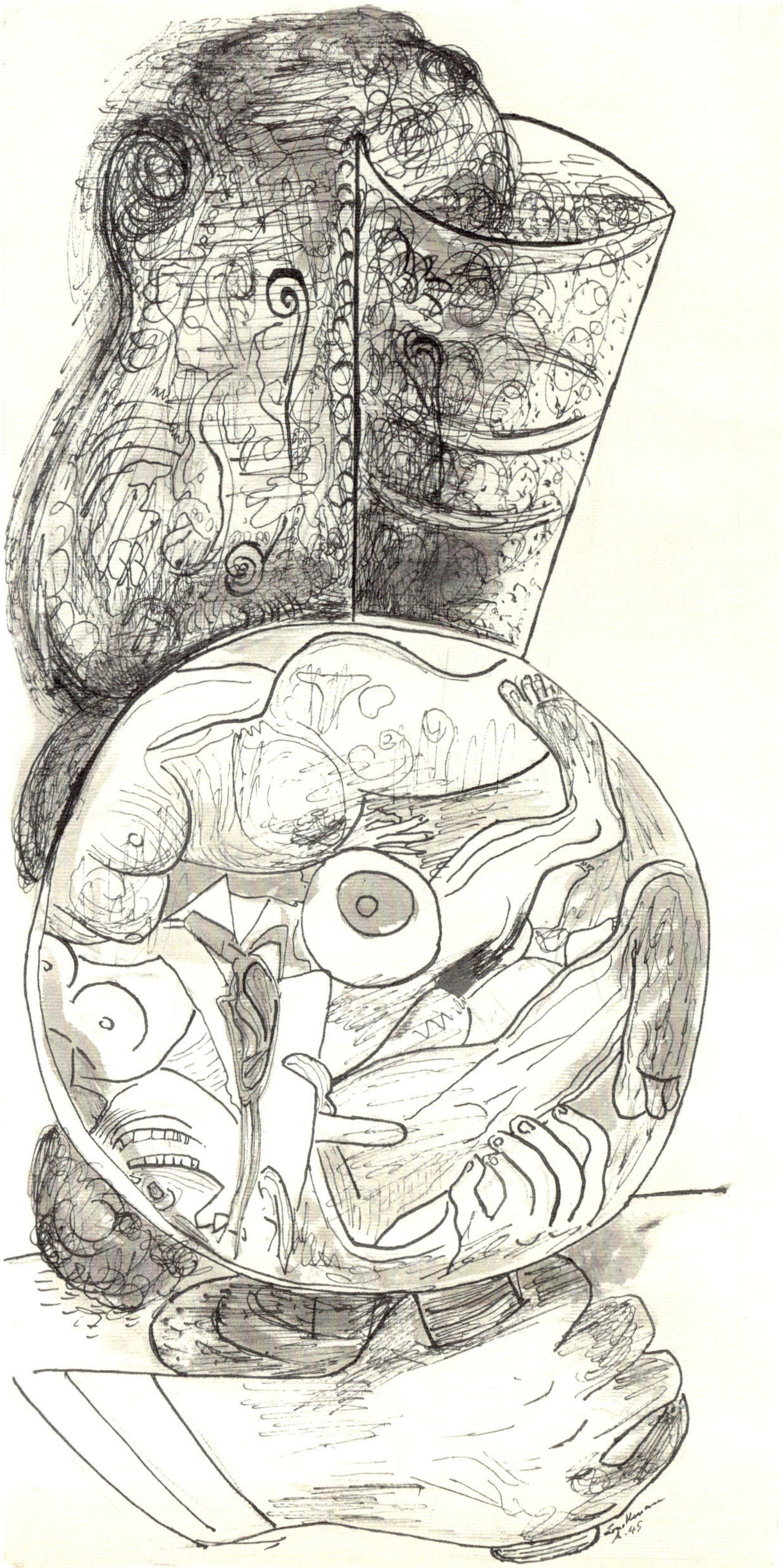

Kat. 70, siehe S. 114
Cat. 70, see p. 132

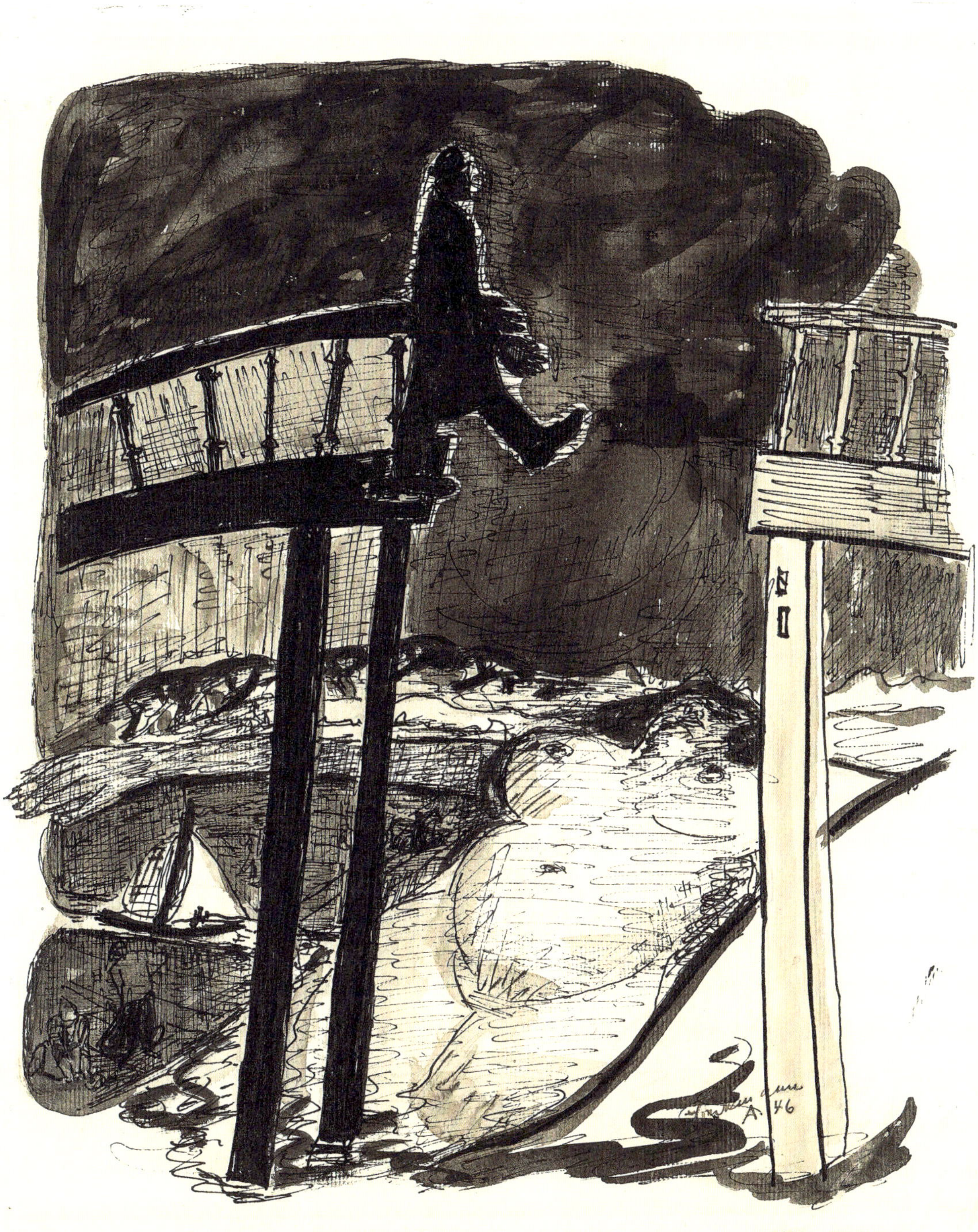

Kat. 71, siehe S. 114
Cat. 71, see p. 132

Neuanfang in den USA
Fresh Start in the U.S.

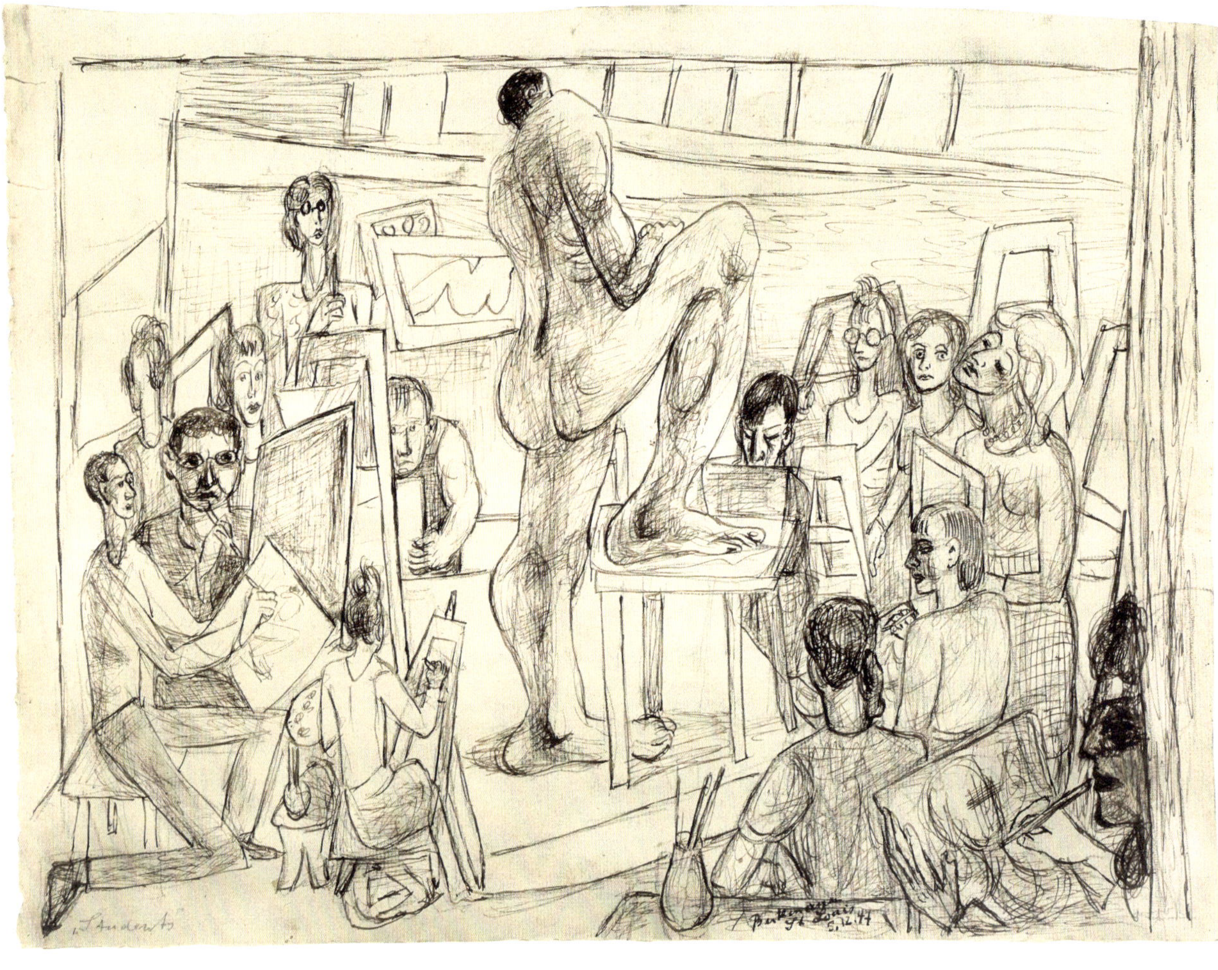

Kat. 72, siehe S. 115
Cat. 72, see p. 133

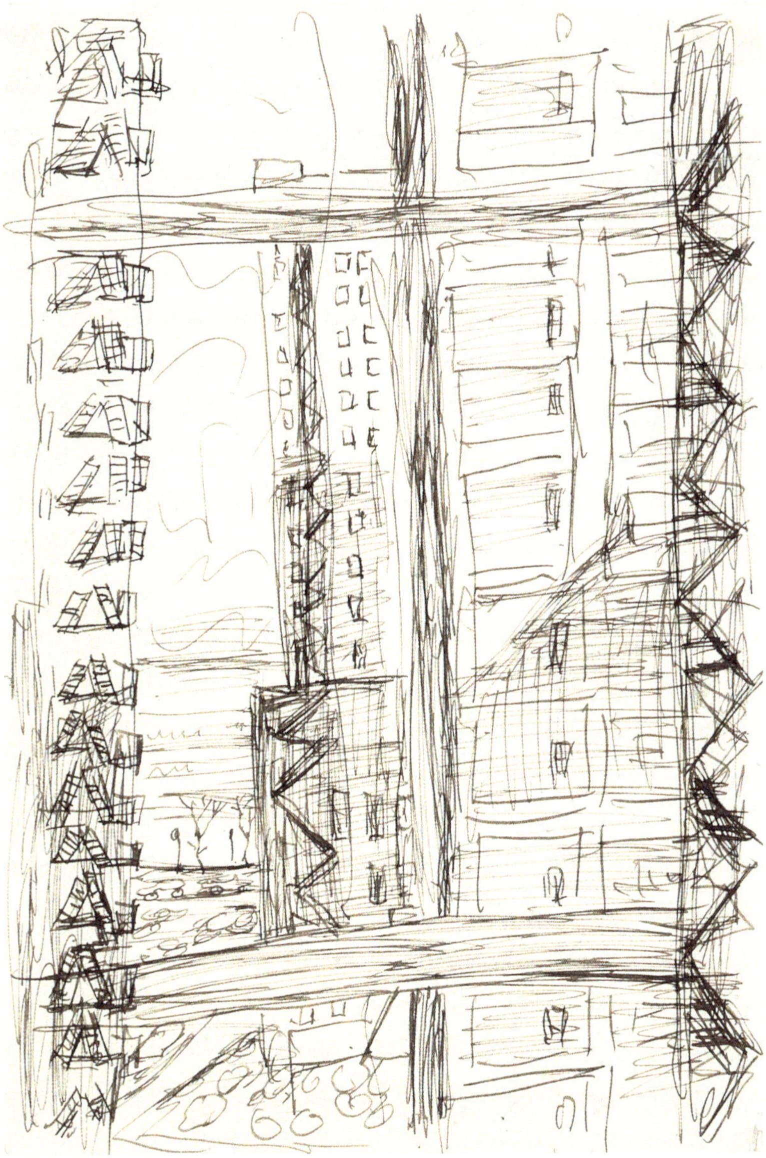

Kat. 73, siehe S. 115
Cat. 73, see p. 133

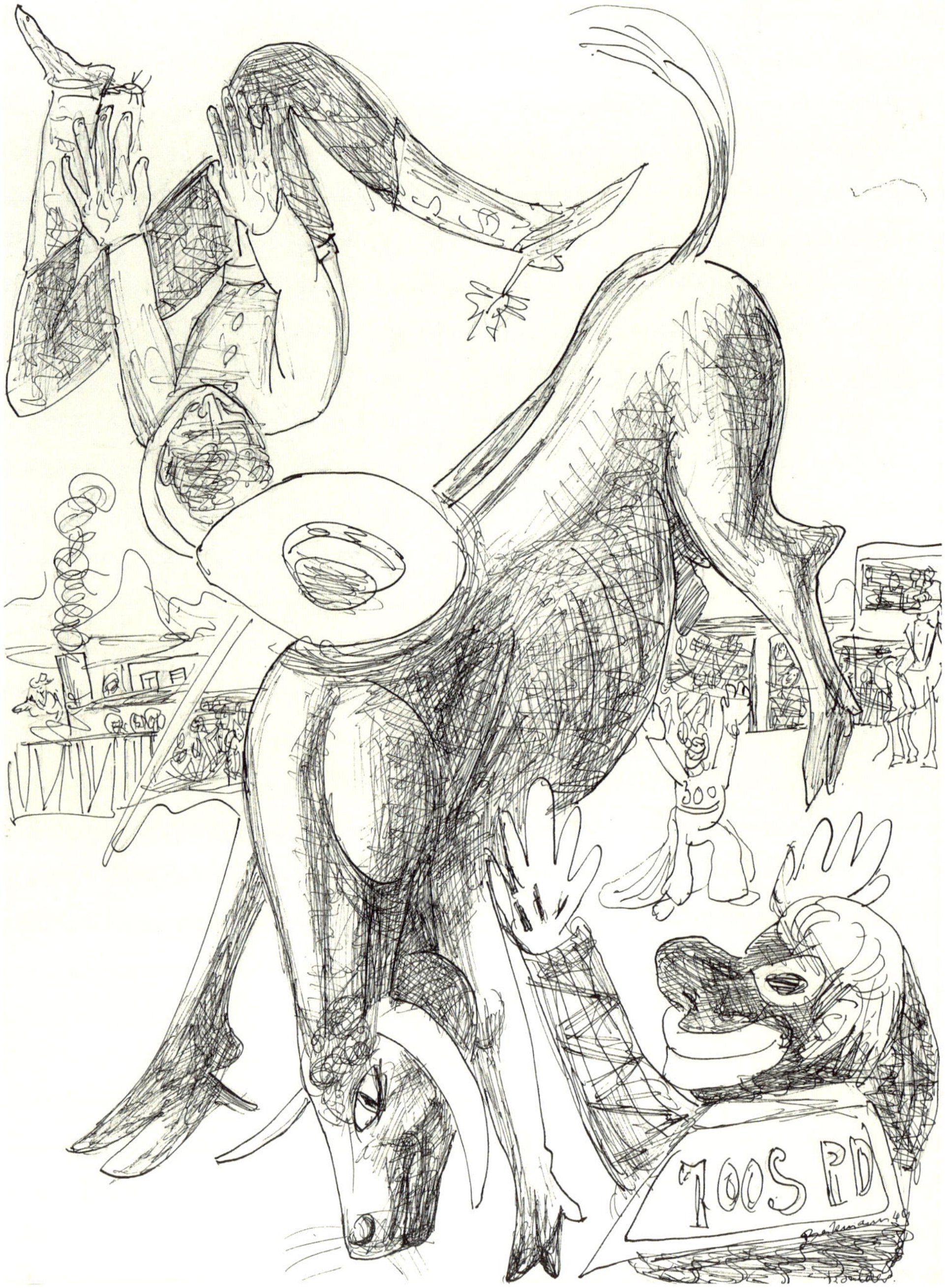

Kat. 74, siehe S. 115
Cat. 74, see p. 133

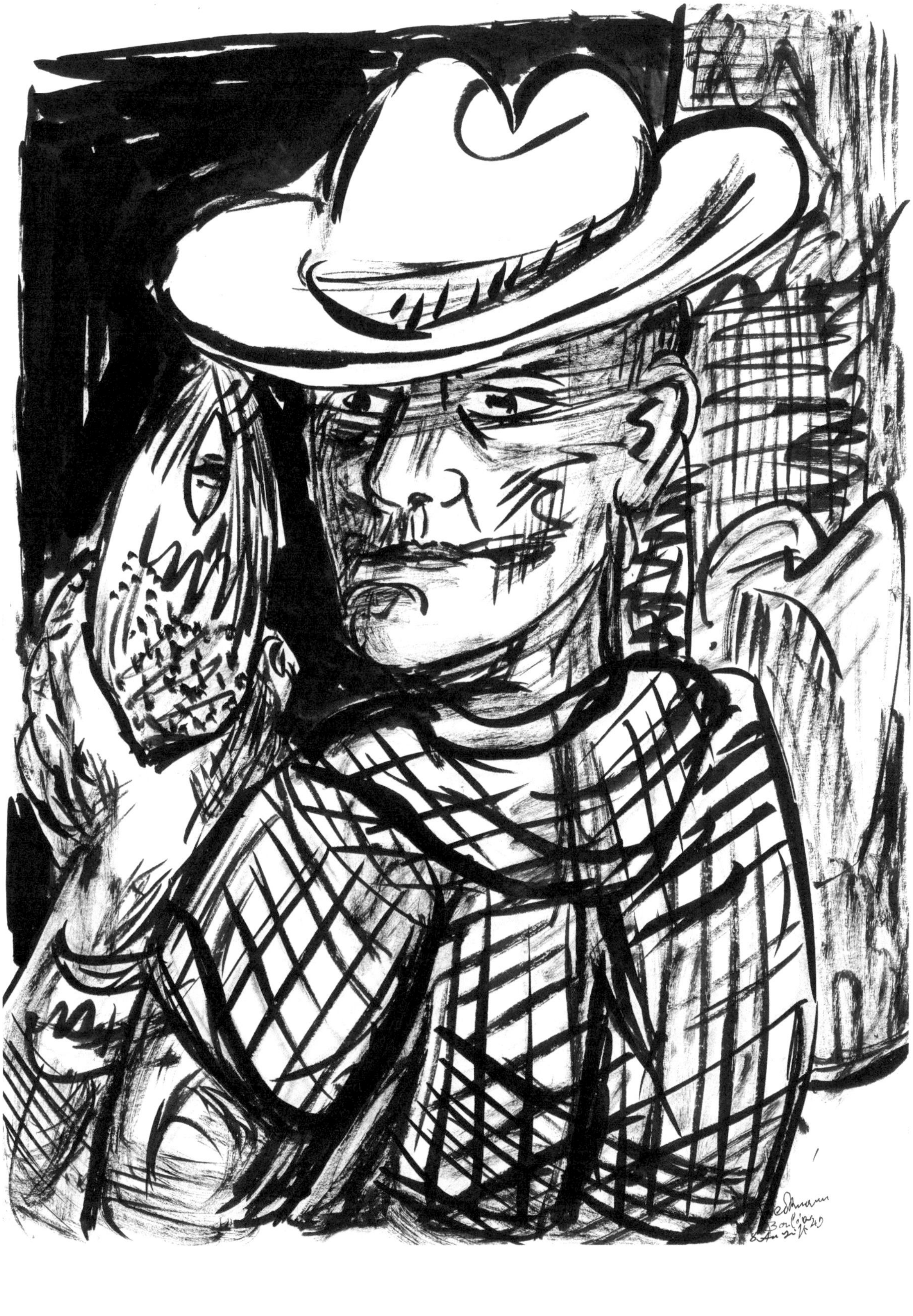

Kat. 75, siehe S. 116
Cat. 75, see p. 134

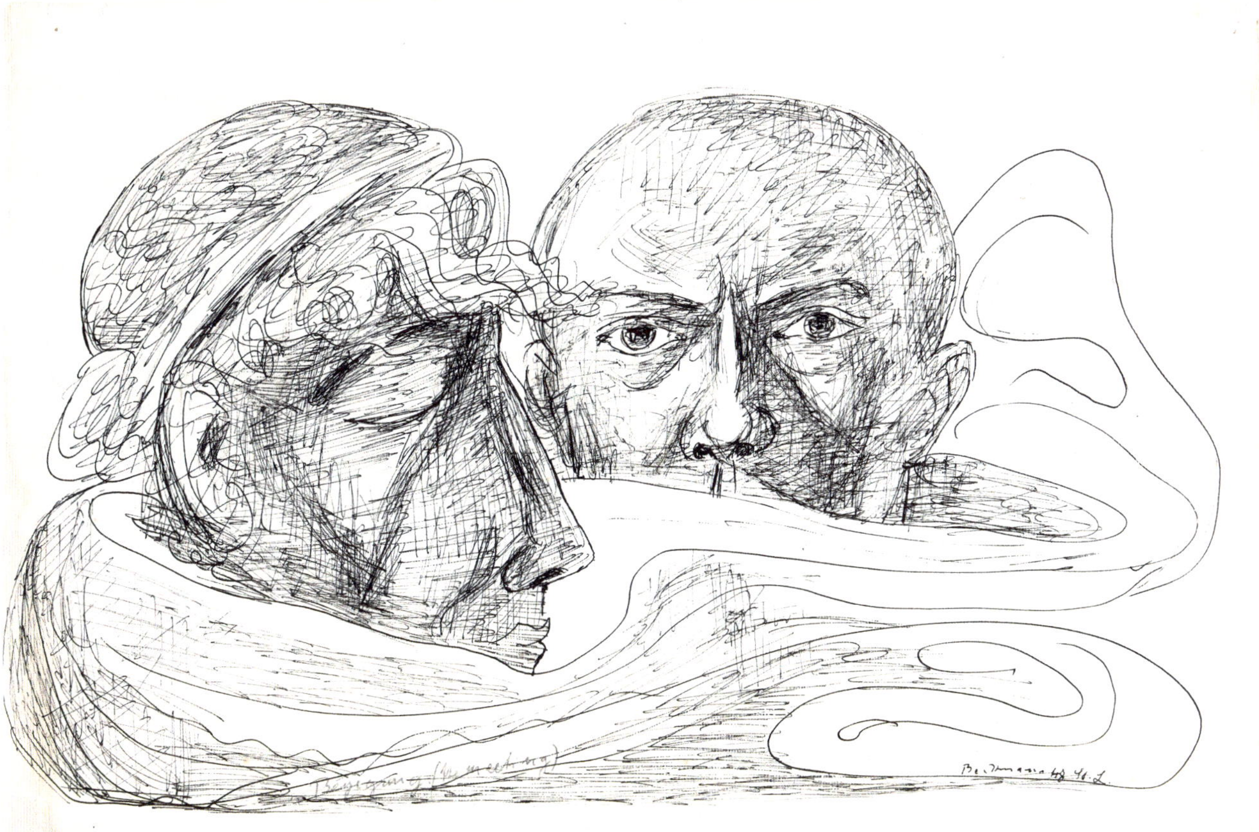

Kat. 76, siehe S. 116
Cat. 76, see p. 134

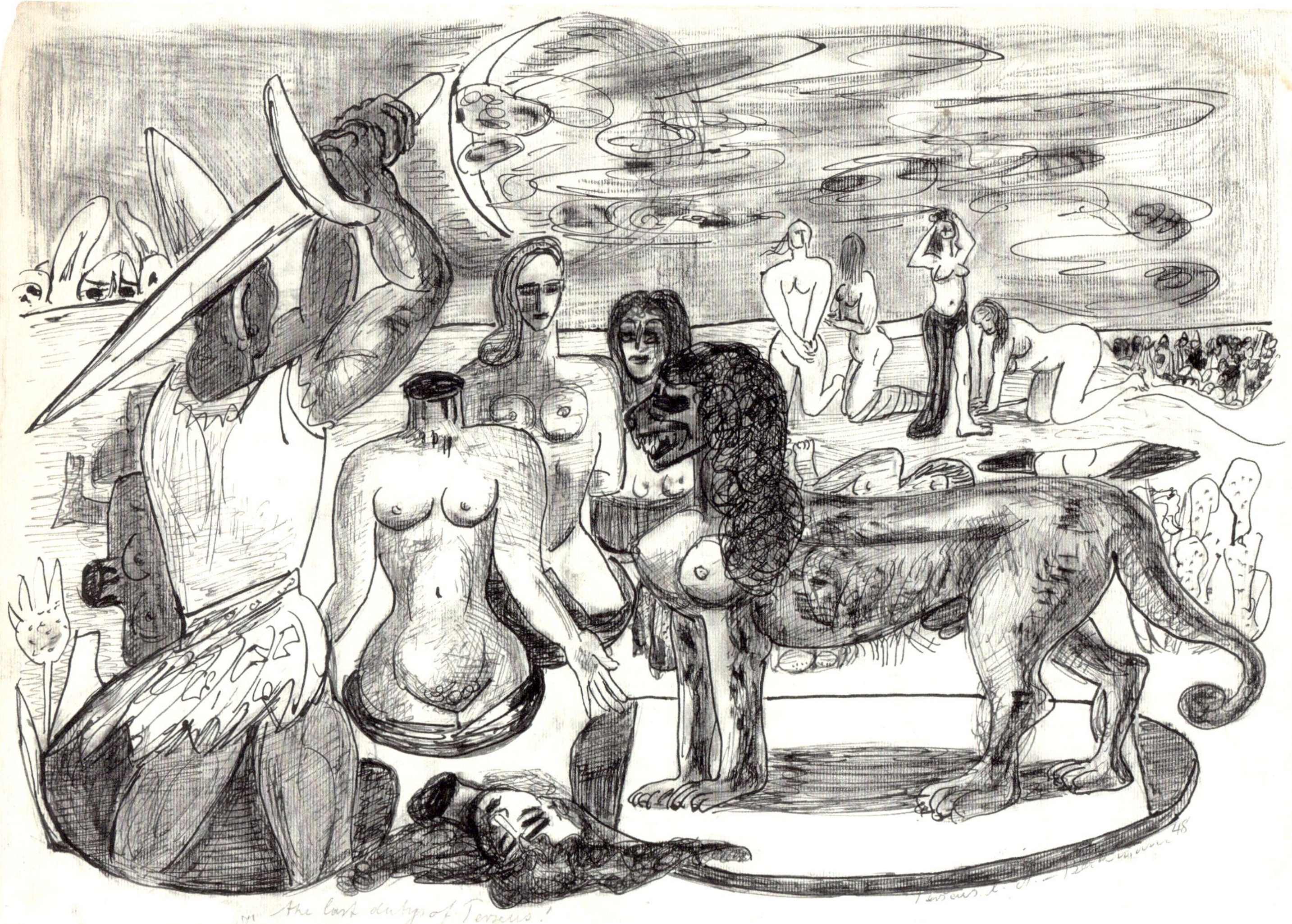

Kat. 77, siehe S. 116
Cat. 77, see p. 134

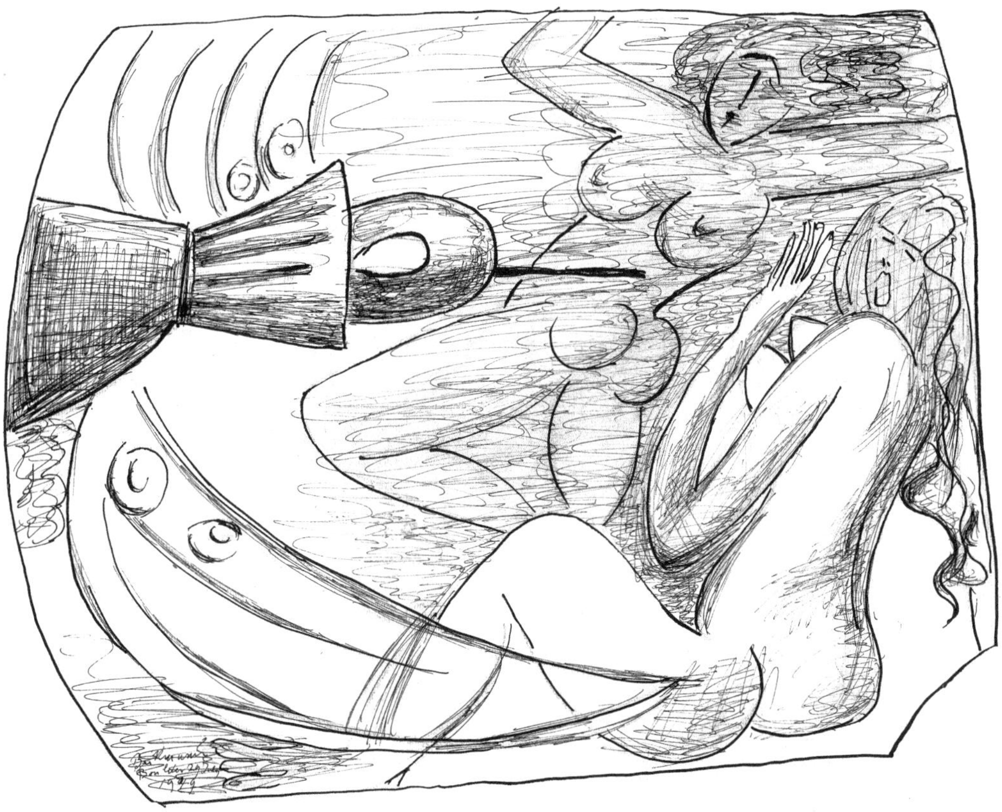

Kat. 78, siehe S. 116
Cat. 78, see p. 134

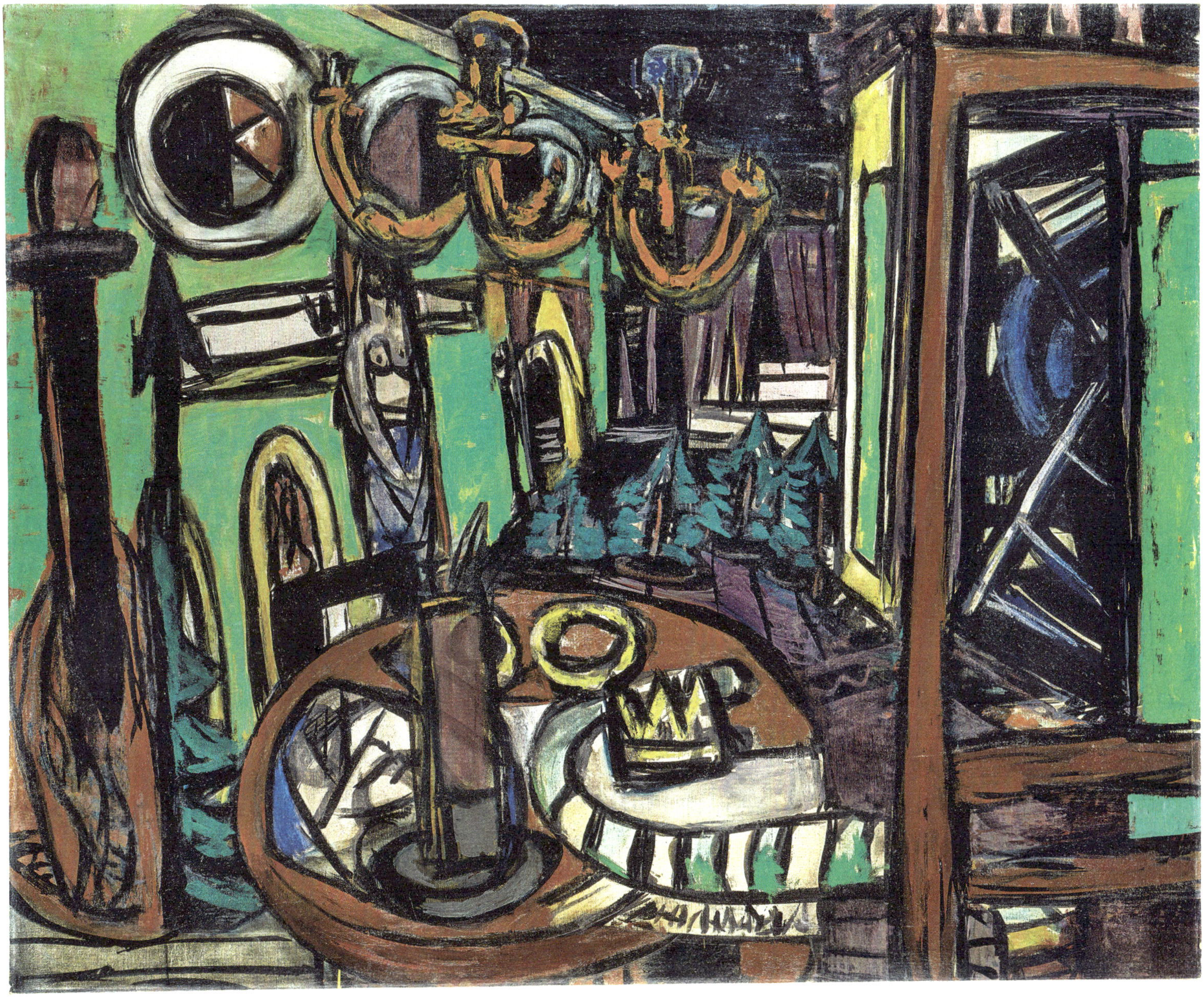

Kat. 79, siehe S. 116
Cat. 79, see p. 134

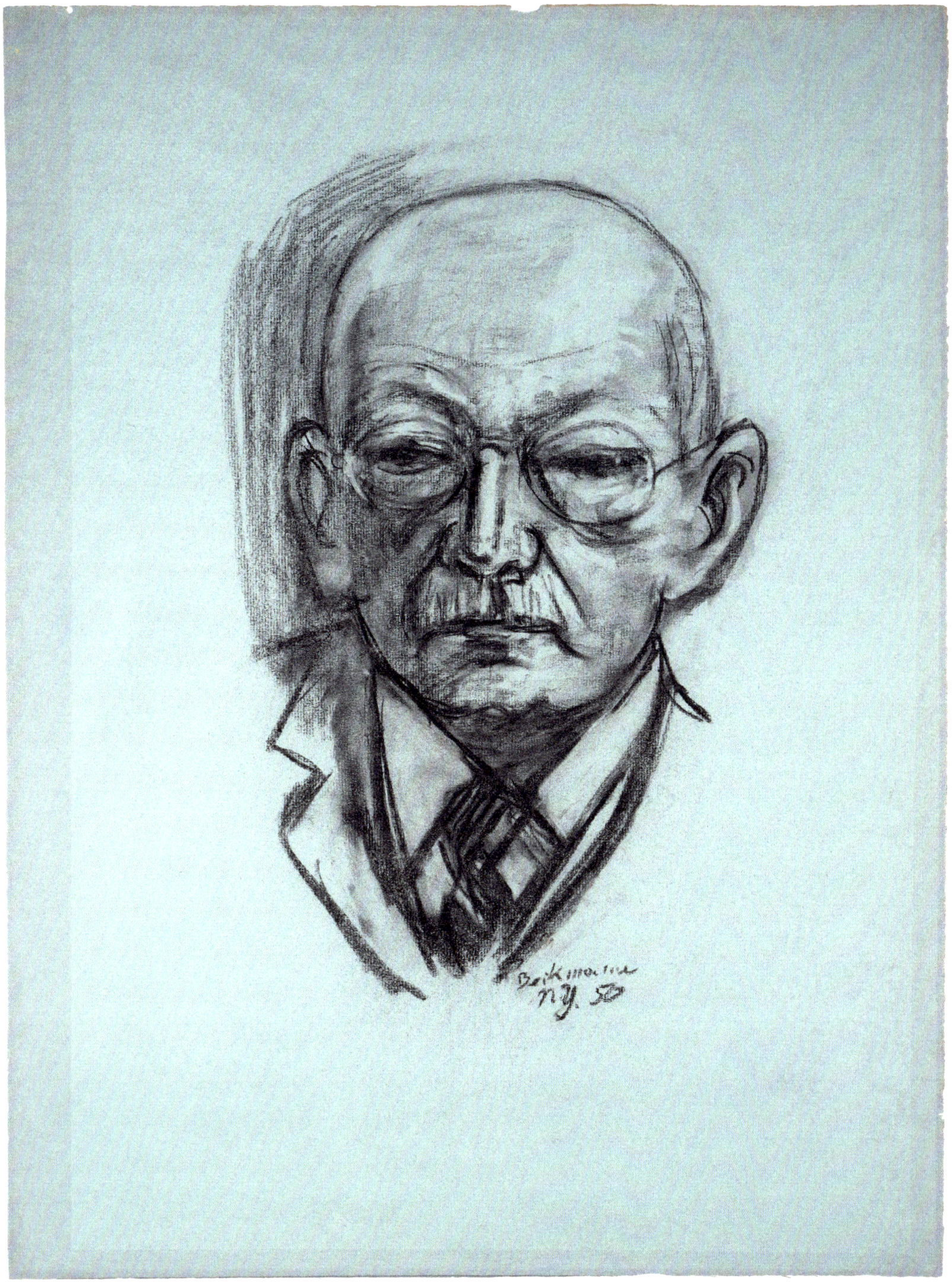

Kat. 80, siehe S. 117
Cat. 80, see p. 135

Grußwort

In der Reihe *Was nicht im Baedeker steht* heißt es 1930 über Max Beckmann: „Professor und repräsentativer Maler-Graphiker der Stadt [Frankfurt]. Unnahbar und trotz einer Clique, die ihn in Superlativen badet, einer der stärksten deutschen Künstler."[1] Zu den Frankfurter Begeisterten zählten so unterschiedliche Persönlichkeiten wie der Kunst- und Antiquitätenhändler Walter Carl, die Journalistin Käthe von Porada, der Schriftgießereibesitzer Georg Hartmann und der *Frankfurter Zeitung*-Feuilletonist Benno Reifenberg; sie sammelten Beckmanns Werke oder förderten ihn auf andere Art.

Bis heute ist es dem mäzenatischen Engagement vieler Bürgerinnen und Bürger der Stadt zu verdanken, dass die Beckmann-Sammlung im Städel Museum kontinuierlich ausgebaut werden kann – eine Tradition, in die sich auch Dagmar Westberg mit ihrer Stiftung eingeschrieben hat. Von 2003 bis 2015 unterstützte sie das Städel Museum bei wichtigen Ankäufen für die Graphische Sammlung: Werke auf Papier von Charles-François Daubigny bis Henri Michaux, von Francisco de Goya bis Edvard Munch, von Carl Spitzweg bis Almut Heise gelangten so in die Sammlung, darunter auch vier besondere Druckgrafiken Max Beckmanns. Drei davon sind frühe Lithografien; sie zeigen Szenen aus dem Berliner Stadtleben, die Beckmann 1911 mit Kreide noch in malerisch dichtem, eher impressionistisch geprägtem Strich festhielt. Die vierte ist einer von zwei bekannten Probedrucken der Kaltnadelradierung *Klara*, das flotte Bildnis eines Dienstmädchens im Hause der befreundeten Familie Battenberg, das Lili von Braunbehrens als „herrlich erfrischend frech"[2] charakterisiert hat. Alle vier Werke stehen für einen eher wenig bekannten Beckmann.

Wenn wir mit den Augen unserer Stifterin auf Max Beckmann schauen, dann erscheint das Zitat aus seinem Tagebuch vom 18. Dezember 1940 als inspirierende Mahnung auch für unsere Zeit: „Die Rolle die Du zur Zeit spielst ist die schwierigste aber auch großartigste die Dir das Leben bieten konnte – vergiß das nicht – Max Beckmann – und gerade so wie sie ist."[3] Wir freuen uns daher außerordentlich, im Sinne unserer Stiftungsgründerin und ihrer großen Verbundenheit zum Städel Museum die Ausstellung zu Beckmanns Zeichnungen zu fördern: Sie verspricht einen neuen Blick auf einen der – bis heute – „stärksten deutschen Künstler" der ersten Hälfte des 20. Jahrhunderts und auf sein nach wie vor aktuelles Werk.

Daniel Hoster
Vorsitzender
Dagmar-Westberg-Stiftung, Frankfurt am Main

1 Reimann 1930, S. 139.
2 Zit. nach Hofmaier 1990, Bd. 1, S. 318.
3 Beckmann 1979, S. 26.

Sponsor's Foreword

The 1930 Frankfurt edition of the travel guide series *Was nicht im Baedeker steht* describes Max Beckmann as 'professor and representative painter/graphic artist of the city. Unapproachable and despite a clique that bathes him in superlatives one of Germany's strongest artists'.[1] The circle of Beckmann's Frankfurt enthusiasts included such varied figures as the art and antiquities dealer Walter Carl, the journalist Käthe von Porada, the type foundry owner Georg Hartmann, and the *Frankfurter Zeitung* arts columnist Benno Reifenberg. They collected Beckmann's works or supported him in other ways.

To this day, we have the dedicated patronage of many of the city's residents to thank for the Städel Museum's ongoing expansion of its Beckmann collection – a tradition to which Dagmar Westberg and her foundation also subscribed. From 2003 to 2015, she helped the Städel Museum make important purchases for the Department of Prints and Drawings. It was by these means that works on paper by artists from Charles-François Daubigny to Henri Michaux, Francisco de Goya to Edvard Munch, and Carl Spitzweg to Almut Heise, as well as four very special works of printmaking by Max Beckmann, found their way into the collection. Three of those works are early lithographs depicting scenes of life in Berlin, captured by the artist in chalk in 1911, still in an impressionistic style distinguished by its painterly density. The fourth is one of two known trial proofs of the drypoint etching *Klara* – the striking portrait of a maid who worked in the home of his friends the Battenbergs – characterized by Lili Braunbehrens as 'marvellously refreshingly saucy'.[2] All four stand for rather little-known sides of Beckmann.

When we look at Max Beckmann through the eyes of our benefactress, we see the quotation from his diary entry of 18 December 1940 as an inspiring reminder for our own time as well: 'The role you're playing at the present moment is the most difficult, but also the most magnificent your life was able to offer you – don't forget that – Max Beckmann – and exactly as it is.'[3] Entirely in the spirit of our founder and her close bond to the Städel Museum, we are therefore extremely delighted to sponsor the exhibition of Beckmann's drawings: it promises a new perspective on an artist who still merits description as one of 'Germany's strongest' of the first half of the twentieth century, and on his oeuvre, which has lost nothing of its topicality to this day.

Daniel Hoster
Chairman
Dagmar-Westberg-Stiftung, Frankfurt am Main

1 Reimann 1930, p. 139.
2 Quoted in Hofmaier 1990, vol. 1, p. 318.
3 Beckmann 1979, p. 26.

Vorwort

„[E]in paradoxer Einfall hat ihn [Max Beckmann] vor einigen Jahren nach Frankfurt am Main geführt. Er behauptet, sich dort wohl zu fühlen. Frankfurt ist eine schöne Stadt. Was sie Beckmann geben kann, ahne ich nicht", schrieb Julius Meier-Graefe 1924 in einem Aufsatz über den Künstler.[1] Doch die Stadt Frankfurt gab Beckmann viel: Ihre „offenen Widersprüche, ihre uneitle Toleranz und die Nüchternheit, den Beruf des Künstlers nicht höher einzuschätzen als jeden anderen auch",[2] all das ließ ihm die Freiheit, neue Wege zu gehen. In Frankfurt verbrachte Beckmann denn auch die prägendsten Jahre seines Schaffens. Hier fand er sowohl Bühnen für seine Kunst als auch ein aktives Publikum, das ihm bis in die Amsterdamer Exilzeit und die Emigration in die USA verbunden blieb, ihn förderte und unterstützte. Das Städel Museum mit seinem langjährigen Direktor Georg Swarzenski spielte dabei eine entscheidende Rolle – und es führt die Sammlung und Vermittlung von Beckmanns Werk seitdem ebenso engagiert fort.

Nach dem Verlust nahezu aller Werke des Künstlers durch die Nationalsozialisten 1937 verfügt das Städel heute wieder über einen Beckmann-Bestand von internationalem Rang: Bei den Gemälden gelang 2019 der singuläre Ankauf des ikonischen *Selbstbildnisses mit Sektglas* von 1919; jüngst kamen zwei Dauerleihgaben aus Privatbesitz dazu: *Garderobe* von 1928 und *Café-Interieur mit Spielspiegel* von 1949, sodass Beckmanns malerisches Schaffen in der ständigen Ausstellung stets in beeindruckender Intensität zu sehen ist. Das umfangreiche druckgrafische Schaffen, das überwiegend in den Frankfurter Jahren entstand, ist zu großen Teilen und vielfach in seltenen Abzügen in der Graphischen Sammlung vorhanden. Eine konzentrierte Auswahl von 17 Blättern zeigen wir daher während der Laufzeit der gegenwärtigen Sonderausstellung in einem eigenen Kabinett neben dem Beckmann-Saal. Vor allem aber zählt unser Zeichnungsbestand – neben dem des Kupferstichkabinetts in Berlin, des Museums der bildenden Künste Leipzig, des Germanischen Nationalmuseums in Nürnberg und der National Gallery in Washington, D. C. – zu den größten weltweit. Einen bedeutenden Zuwachs konnten wir hier zuletzt 2021 durch die großzügigen Dauerleihgaben aus der Sammlung Karin und Rüdiger Volhard verzeichnen.

Es nimmt angesichts dieser dichten Beckmann-Sammlung nicht wunder, dass das Städel Museum auf eine Reihe wichtiger Ausstellungen zum Schaffen des Künstlers zurückblicken kann, angefangen mit der programmatischen ersten Beckmann-Schau nach dem Zweiten Weltkrieg, die der damalige Direktor Ernst Holzinger 1947 gemeinsam mit dem Kunsthändler Günther Franke kuratierte. 1978 holte sein Nachfolger Klaus Gallwitz die erste umfassende Zeichnungsausstellung, die auf die Forschungsergebnisse von Stephan von Wieses damals neu erarbeitetem Katalog der Zeichnungen Beckmanns aufbaute, von Bielefeld nach Frankfurt. 1981 konnte er neun der insgesamt zehn Triptychen für eine Ausstellung zu Beckmanns Triptychen gewinnen. Zwei Jahre später, anlässlich des 100. Geburtstags des Künstlers, richtete er den Blick auf Beckmanns Frankfurter Zeit und seine Beziehung zum Städel Museum, eine Fragestellung, die wir 2020 nach der Erwerbung von Beckmanns *Selbstbildnis mit Sektglas* erneut aufgriffen. Von besonderer Forschungsrelevanz ist bis heute die Ausstellung *Beckmann & Amerika*, die Jutta Schütt 2011 dem letzten Lebens- und Werkabschnitt des Künstlers widmete.

Die jetzige Schau nimmt nach über vierzig Jahren Beckmanns Zeichnungen wieder in den Blick – und zwar anlässlich des Erscheinens des dreibändigen Werkverzeichnisses der rund 1.900 (die erhaltenen Skizzenbücher nicht eingerechnet) schwarz-weißen Zeichnungen Beckmanns, mit dem Hedda Finke und Stephan von Wiese eines der letzten großen Desiderate der Beckmann-Forschung erfüllt haben. Wir schätzen uns glücklich, dass wir diese beiden Beckmann-Kenner als Co-Kuratoren für die Ausstellung gewinnen konnten.

Mit Feder, Pinsel und Stift bannte Beckmann Gesehenes aufs Papier, verdichtete es später zu komplexen, metaphorischen Kompositionen, überlegte Varianten oder Zuspitzungen. Nicht in der Malerei – zeichnend erarbeitete er sich in der Zeit des Ersten Weltkriegs und den frühen Frankfurter Jahre die gestalterischen Mittel, um das zu erreichen, was er selbst 1918 als Forderung an seine Kunst gestellt hatte: „Sachlichkeit den inneren Gesichten".[3] Ein Experimentierfeld blieb die Zeichnung darüber hinaus, und so will die Ausstellung Einblick geben in die Entwicklung der Zeichnungen Beckmanns, will die verschiedenen Gattungen und Themen aufzeigen und präsentiert dafür Meisterblätter ebenso wie bisher unbekannte oder nur selten gesehene Werke. Mein allererster Dank gilt daher den Institutionen und Privatsammlungen aus Europa und den USA, die diese Ausstellung mit herausragenden Leihgaben wesentlich mittragen, für ihr vertrauensvolles Entgegenkommen und die gute Zusammenarbeit.

Der Offenheit und Unterstützung engagierter Partner und Förderer haben wir die Verwirklichung dieses ambitionierten Vorhabens zu verdanken. Unser größter Dank geht an den Hauptförderer der Ausstellung, die Adolf Würth GmbH & Co. KG, stellvertretend an den Ehrenvorsitzenden des Stiftungsaufsichtsrates der Würth-Gruppe, Prof. Dr. h. c. mult. Reinhold Würth, ohne den diese Ausstellung nicht möglich gewesen wäre. Die Förderung der Adolf Würth GmbH & Co. KG ist ein wichtiges Zeichen des kulturellen und gesellschaftlichen Engagements. Ebenfalls danken möchten wir der Dagmar-Westberg-Stiftung, stellvertretend dem Vorstand, bestehend aus Daniel Hoster (Vorsitz), Henning Kley und Dr. Wolf Jürgen Hahn, für die großzügige Förderung. Der Städelsche Museums-Verein e.V. war bei der Realisierung auch dieses Projekts ein maßgeblicher Partner. Unser Dank geht hierbei insbesondere an den Vorstand mit seiner Vorsitzenden Sylvia von Metzler für ihren kontinuierlichen und unverzichtbaren Einsatz. Ebenso herzlich danken wir Dr. Ina Petzschke-Lauermann und der Franz Dieter und Michaela Kaldewei Kulturstiftung für weitere Unterstützung.

Ein zusätzlicher Dank gilt unseren Medienpartnern, der Frankfurter Rundschau und arte, sowie unserem Kulturpartner hr2-kultur für die gute Zusammenarbeit und Unterstützung im Rahmen der Ausstellung.

Die Umsetzung und Betreuung der Ausstellung lag in den Händen von ausgewiesenen Spezialisten außerhalb des Museums und in der Verantwortung des gesamten Städel-Teams: der Mitarbeiter der Graphischen Sammlung, der Restaurierungswerkstätten, des Ausstellungsdienstes, des Katalogmanagements, der Provenienzforschung und des Archivs, der Bibliothek, der Haustechnik, der Ausstellungsgrafik, der Bildung und Vermittlung, des Marketings, der Grafik, der Presse, des Engagements, der Verwaltung, der EDV, der Veranstaltungen, des Museumsshops und des Direktionsbüros. Ihnen allen gilt mein aufrichtiger Dank. Besonders namentlich zu danken ist Jutta Keddies für die sorgfältige restauratorische Betreuung der Kunstwerke auf Papier sowie Stephan Knobloch für die der Gemälde. Irina Smirnova danke ich für die effiziente Ausstellungskoordination, Gabi Schulte-Lünzum und Leon Rosier für ihren Einsatz bei der Veröffentlichung des Beckmann-Bestandes auf Papier in der Digitalen Sammlung. Die Produktion des die Ausstellung begleitenden Audioguides lag in den bewährten Händen von Linon Medien, namentlich von Antje Minierski und Ursula Vorwerk, sowie von Anna Huber und Antje Lindner hier im Haus.

Wir freuen uns, dass der Hirmer Verlag, bei dem auch das dreibändige Werkverzeichnis der Zeichnungen erscheint, die Herstellung des Katalogs übernommen hat. Hier bedanken wir uns insbesondere bei Jutta Allekotte und Katja Durchholz sowie für die treffende englische Übersetzung bei Judith Rosenthal, bei Almut Otto für das sorgfältige deutsche und Sarah Quigley für das ebenso gewissenhafte englische Lektorat. Regina Schauerte von formfellows verdanken wir die sensible und ideenreiche Gestaltung des Buches und der Ausstellungsgrafik.

Mein allergrößter Dank aber gilt dem Kuratorenteam: Hedda Finke und Stephan von Wiese, die, trotz der intensiven Arbeit am Werkverzeichnis der Zeichnungen, gemeinsam mit Regina Freyberger, Leiterin der Graphischen Sammlung ab 1800 am Städel, mit Begeisterung und Kenntnis den faszinierenden Kosmos der Zeichnungen Max Beckmanns für uns aufgeschlossen haben. Ihnen ist es geglückt, eine Ausstellung zu entwickeln, die den Zeichner Max Beckmann in seiner unbändigen Kreativität und seiner Bedeutung für die erste Hälfte des 20. Jahrhunderts anschaulich und erfahrbar macht.

Philipp Demandt
Direktor
Städel Museum, Frankfurt am Main

1 Meier-Graefe 1924, S. 27.
2 Klaus Gallwitz, in: Ausst.-Kat Frankfurt am Main 1983, S. 9.
3 Max Beckmann, Vorwort zum *Graphik-Katalog J. B. Neumann*, Berlin 1917, zit. nach Pillep 1984, S. 88.

Foreword

'A paradoxical thought took him to Frankfurt am Main several years ago. He claims to feel good there. Frankfurt is a nice city. I have no idea what it can give Beckmann', Julius Meier-Graefe wrote in an essay about the artist in 1924.[1] But the city of Frankfurt actually had plenty to give Beckmann: its 'open contradictions, [...] unconceited tolerance and the sobriety of not rating the artistic profession higher than any other'[2] granted him the freedom to strike out on new paths. And it was in Frankfurt that Beckmann accordingly spent the most formative years of his career. He not only found platforms for his art here, but also an active public that upheld its ties to him, promoting and supporting him even when he was in exile in Amsterdam and after his emigration to the U.S. Along with its longtime director Georg Swarzenski, the Städel Museum played a decisive role in that context – and with unflagging dedication has continued to collect Beckmann's art and make it accessible to this day.

After losing nearly all of its works by the artist to the National Socialists in 1937, today the Städel boasts Beckmann holdings of international distinction. In 2019, the museum succeeded in adding to its painting collection with the unique purchase of the iconic *Self-Portrait with Champagne Glass* of 1919, which was joined only very recently by two privately owned works on permanent loan – *Wardrobe* of 1928 and *Café Interior with Mirrors* of 1949. As a result, Beckmann's painting oeuvre is impressively represented at the museum on a permanent basis. A large proportion of his extensive printmaking output, which dates for the most part from his Frankfurt period, is to be found in the Städel's Department of Prints and Drawings, in many cases in rare copies. Throughout the current special exhibition, we are accordingly presenting a concentrated selection of seventeen prints in a small exhibition gallery adjacent to the Beckmann Room. Above all, however, our drawing holdings are among the largest in the world along with those of the Kupferstichkabinett in Berlin, the Museum der bildenden Künste in Leipzig, the Germanisches Nationalmuseum in Nuremberg, and the National Gallery in Washington, D.C. These holdings were last substantially enhanced in 2021 by generous permanent loans from the collection of Karin and Rüdiger Volhard.

In view of this rich Beckmann collection, it is hardly surprising that the Städel Museum looks back on several important exhibitions of the artist's work, beginning with the first programmatic Beckmann show after World War II, curated in 1947 by then director Ernst Holzinger in collaboration with the art dealer Günther Franke. In 1978, Holzinger's successor Klaus Gallwitz brought the first comprehensive drawing exhibition to Frankfurt from Bielefeld. That show built on the research results of Stephan von Wiese's then newly drawn-up catalogue of Beckmann drawings. Three years later, Gallwitz managed to unite nine of the artist's ten triptychs for an exhibition on his works in that format. In 1983, in honour of the hundredth anniversary of Beckmann's birth, he turned the focus to the artist's Frankfurt period and his relationship to the Städel Museum – a thread we picked up again in 2020 after the acquisition of the *Self-Portrait with Champagne Glass*. The exhibition *Beckmann & Amerika* which curator Jutta Schütt devoted to the final phase of the artist's life and work in 2011 has retained its special relevance for art-historical research to this day.

More than forty years after the first presentation of Beckmann's works in the drawing medium, the current show takes a renewed look – this time in conjunction with the publication of the three-volume catalogue raisonné of the artist's approximately 1,900 black-and-white drawings (not including the extant sketchbooks) with which authors Hedda Finke and Stephan von Wiese have fulfilled one of the last great desiderata of the research on Beckmann. We consider ourselves extremely fortunate that the two Beckmann experts agreed to act as co-curators of the exhibition.

Beckmann captured things he saw on paper with pen, brush, pencil and charcoal, later distilling them in complex, metaphorical compositions, developing variations, or heightening certain aspects. During World War I and his early Frankfurt years, it was not in painting but in the drawing medium that he developed the artistic means of achieving what he himself had placed as a demand on his art in 1918: 'objectivity towards the inner faces'.[3] Yet drawing remained a laboratory for experimentation in his later phases also, and the exhibition has accordingly undertaken to offer insights into the development of Beckmann's work in this medium as well as the various themes and genres that preoccupied him. To that end, it presents both masterpieces of his drawing oeuvre and hitherto unknown or rarely exhibited examples. I would therefore like to begin with the institutions and private collections in Europe and the U.S. that have so kindly agreed to contribute to the show in the form of outstanding loans. We thank them all for their willing collaboration and the confidence they have placed in us.

We also have the openness and support of dedicated patrons and sponsors to thank for the realization of this ambitious undertaking. Our sincerest gratitude is due to the exhibition's main sponsor, the Adolf Würth GmbH & Co. KG, and the honorary chairman of the Würth Group foundation's supervisory board, Prof. Dr. h. c. mult. Reinhold Würth, whose cooperation was essential to making this show possible. The support from the Adolf Würth GmbH & Co. KG is an important manifestation of its dedication to culture and society. I would also like to thank the Dagmar-Westberg-Stiftung, represented by its board of directors Daniel Hoster (chairman), Henning Kley and Dr. Wolf Jürgen Hahn, for its generous assistance. In the realization of this exhibition project, the Städelscher Museums-Verein e.V. was once again a key partner. We are especially grateful to the board and its chairperson Sylvia von Metzler for their ongoing and invaluable dedication. Our heartfelt thanks also go to Dr. Ina Petzschke-Lauermann and the Franz Dieter and Michaela Kaldewei Kulturstiftung for additional support.

We are also grateful to our media partners, Frankfurter Rundschau and arte, as well as our cultural partner hr2-kultur for their excellent accompaniment and support in the framework of the exhibition.

The show's organization and oversight lay in the hands of established external specialists, and the entire museum team was responsible for its realization at the Städel: the staffs of the Department of Prints and Drawings, the conservation workshops, the exhibition and catalogue management services, provenance research and the archive, the library, building services, the exhibition graphics, museum education, marketing, graphics, press, and patronage departments, the administration, the IT and events departments, the museum shop, and the office of the director. My sincere thanks to all of them. I would specifically like to extend my gratitude to Jutta Keddies for the careful conservatorial oversight of the works on paper and Stephan Knobloch for that of the paintings. I am indebted to Irina Smirnova for her efficient coordination of the show, and Gabi Schulte-Lünzum and Leon Rosier for their service to the publication of the Beckmann works on paper in the museum's Digital Collection. In collaboration with Anna Huber and Antje Lindner of the Städel staff, our trusted partner Linon Medien – there in particular Antje Minierski and Ursula Vorwerk – was responsible for producing the audio guide accompanying the exhibition.

We are delighted that the Hirmer Verlag, which is publishing the three-volume catalogue raisonné of the drawings, took on the exhibition catalogue production as well. In this context, we are especially grateful to Jutta Allekotte and Katja Durchholz of Hirmer as well as to Judith Rosenthal for the skilled translation, Almut Otto for her careful editing of the German texts, and Sarah Quigley for the likewise scrupulous editing of the English. We have Regina Schauerte of form-fellows to thank for the perceptive and inventive design of the book and the exhibition graphics.

My warmest thanks, however, go to the curatorial team: Hedda Finke and Stephan von Wiese, who – despite their intensive work on the catalogue raisonné of the drawings – along with Regina Freyberger, the head of the Städel's Department of Prints and Drawings from 1800, have applied their enthusiasm and expertise to opening the fascinating cosmos of Max Beckmann's drawings for us all. The exhibition they have developed brings the draughtsman Max Beckmann alive and makes his unbridled creativity and his significance for the first half of the twentieth century tangible.

Philipp Demandt
Director
Städel Museum, Frankfurt am Main

1 Meier-Graefe 1924, p. 27.
2 Klaus Gallwitz, in exh. cat. Frankfurt am Main 1983, p. 9.
3 Max Beckmann, Foreword to *Graphik-Katalog J. B. Neumann* (Berlin, 1917), quoted in Pillep 1984, p. 88.

Dank
Acknowledgements

Wir danken den folgenden Museen, Institutionen und Einzelpersonen für ihre großzügigen Leihgaben oder die Vermittlung von Leihgaben. Unser Dank gilt auch allen Leihgebern, die ungenannt bleiben möchten.

We would like to thank the following museums, institutions and individuals for their generosity in lending works or mediating loans. Our gratitude also goes to all the lenders who wish to remain anonymous.

Arnoldi-Livie, München
Bayerische Staatsgemäldesammlungen, München, Max Beckmann Archiv
Caroline und Stephen Adler
Dr. Moeller & Cie., Hamburg
Dunja Siegel
Eskenazi Museum of Art, Indiana University, Bloomington
Freies Deutsches Hochstift, Frankfurter Goethe-Museum, Frankfurt am Main
Galerie Michael Werner, Berlin, London & New York
Germanisches Nationalmuseum, Nürnberg
Hamburger Kunsthalle, Kupferstichkabinett
Harvard Art Museums, Busch-Reisinger Museum
Harvard Art Museums, Fogg Museum
Hessen Kassel Heritage, Graphische Sammlung
Kunstmuseum Basel
Musée d'Art Moderne et Contemporain de Strasbourg, Cabinet d'Art Graphique
Museum Boijmans Van Beuningen, Rotterdam
Museum der bildenden Künste Leipzig
Museum Wiesbaden
Richard Nagy Ltd., London
Saint Louis Art Museum
Sammlung Karin & Rüdiger Volhard
Schloßmuseum Murnau
Staatliche Museen zu Berlin, Kupferstichkabinett
Staatsgalerie Stuttgart, Graphische Sammlung
The Art Institute of Chicago
The British Museum, London
The Museum of Modern Art, New York

Ohne die Hilfe vieler wäre diese Ausstellung nicht möglich gewesen. Unser Dank gilt allen Freunden und Kollegen, die zum Gelingen des Projekts beigetragen haben:

This exhibition would not have been possible without the help of many people. Our thanks go to all the friends and colleagues who have contributed to the success of the project:

Jennifer Adler, Sarah Barnard, Tobias Bäumer, Mayen Beckmann, Juliane Betz, Britta von Campenhausen, Hugo Chapman, Christophe Cherix, Jana Diermann, Jody Egolf, Alexander Eiling, Walter Feilchenfeldt, Barbara Forest, Anita Haldemann, Ursula Harter, Nina Hartl, Regina Heck, Mareike Hennig, Joachim Homann, Danielle M. Johnson, Simon Kelly, Nathalie Lachmann, Christiane Lukatis, Marianne von Manstein, Jennifer McComas, Susanne Petri, Astrid Reuter, Lynette Roth, Christian Rümelin, Andreas Schalhorn, Mathias Schauwecker, Iris Schmeisser, Florian Siffer, Christiane Stauffer, Andreas Stolzenburg, Jeannette Stoschek, Sandra Uhrig, Peter van der Coelen, Laura Vollmers, Roman Zieglgänsberger, Emily Ziemba

Katalog der ausgestellten Werke
Catalogue of Exhibited Works

Texte von Hedda Finke, Regina Freyberger und Stephan von Wiese. Für ausführliche Angaben zur Technik, zu Provenienz, Ausstellungen und Literatur vgl. die entsprechenden Werkverzeichnisse.

Texts by Hedda Finke, Regina Freyberger and Stephan von Wiese. For detailed information on technique, provenance, exhibitions and literature, see the respective catalogues raisonnés.

Max Beckmann. Zeichnungen

Max Beckmann (1884–1950) war eine herausragende Figur der europäischen Moderne. Der akademisch ausgebildete und zunächst vom Impressionismus geprägte Maler entwickelte nach den traumatischen Erfahrungen des Ersten Weltkriegs eine eigene, unverwechselbare Bildsprache. Er versuchte, die versteckten Mechanismen der Welt sichtbar zu machen, einer Welt, die er selbst als groteskes Theater empfand.

Den Ausgangspunkt bildete das eigene Erleben. Der Kunsthistoriker Julius Meier-Graefe hat den aufmerksamen Beobachter Max Beckmann daher auch einen „Lebensgräber" (Meier-Graefe 1924, S. 34) genannt. Wichtige weitere Impulse erhielt der Künstler durch die intensive Auseinandersetzung mit philosophischen, religiösen und esoterischen Schriften, mit Dichtung und Mythos. Diese Stoffe befragte er im Hinblick auf die Wahrheit hinter den Dingen, auf seine Rolle als Künstler oder das Verhältnis der Geschlechter. Beckmanns Ansatz war dabei zutiefst subjektiv; es entstand eine „Ichkunst" (Westheim 1923, S. 101), die durch Verrätselung und Andeutung nicht dem Autobiografischen verhaftet blieb.

Die Zeichnung bildet den Kern von Beckmanns reichem Schaffen und öffnet einen eigenen Kosmos. Sie diente ihm zeitlebens als Motivsammlung, für formale und inhaltliche Umwandlungsprozesse, als Bildfindungs- und Bild-Erfindungsmedium. Nicht von ungefähr prägte Wilhelm Hausenstein für den Künstler 1921 den Begriff „Malerzeichner" (Hausenstein 1921).

Anfänge in Berlin

Beckmanns frühes Schaffen steht stilistisch dem deutschen Impressionismus nahe, seine Mal- und Zeichentechnik knüpfte an Max Liebermann und Lovis Corinth an. Inhaltlich rang er jedoch um anderes: Kunst war für ihn eine Metapher für das Leben, für grundlegende existenzielle Konflikte. Selbstbewusst schuf er monumentale Historiengemälde zu biblischen und mythologischen Stoffen sowie zu zeitgenössischen Ereignissen – und hatte damit Erfolg. 1913 erschien eine erste Monografie über ihn (Kaiser 1913).

Gleichzeitig fand der Expressionismus immer breitere Anerkennung. Spätestens nachdem Beckmanns ambitioniertes Gemälde zum Untergang der Titanic (1912/13, Saint Louis Art Museum) 1913 verrissen worden war, wurde für den Künstler eine Bestimmung seiner Position nötig. Thematisch begann er sich stärker mit selbst Erlebtem auseinanderzusetzen, insbesondere mit dem modernen Großstadtleben.

1884
Max Beckmann wird am 12. Februar in Leipzig geboren; ab 1895 wächst er in Braunschweig auf

1900–1903
Besuch der Großherzoglich-Sächsischen Kunstschule in Weimar

1904
Nach sechsmonatigem Parisaufenthalt Umzug nach Berlin

1906
Beckmann reüssiert in der Berliner Secession; Heirat mit Minna Tube

1908
Geburt des Sohnes Peter

1913
Erste Einzelausstellung bei Paul Cassirer in Berlin

Kat. 1, Seite 1
Selbstporträt, 1912

Beckmann hat dieses frühe Selbstbildnis als „unvollendet“ bezeichnet. Es zeigt den noch nicht Dreißigjährigen unverhohlen kritisch, sich selbst und der Gesellschaft gegenüber, die er mit intensivem, skeptischem Blick fixiert. Typisch für den frühen, ‚impressionistischen‘ Stil des Künstlers ist das Gesicht aus Licht und Schatten mit weichen, leicht verriebenen Schraffuren herausgearbeitet.

Bleistift
235 × 207 mm
Bez. u. r.: Beckmann 12 / unvollendet.
Germanisches Nationalmuseum, Nürnberg. Sammlung Hans Kinkel, Inv. Hz 10838
Finke/von Wiese 2026, Nr. 244

Kat. 2, Seite 2
Le Début, 1906

Die zwei Jahre ältere Minna Tube lernte Beckmann an der Kunstschule in Weimar kennen; das Paar heiratete im September 1906. 1908 wurde der Sohn Peter geboren. Auf Beckmanns Drängen hin gab Minna – von ihm „Mink“ genannt – die Malerei auf. Stattdessen machte sie als Sängerin Karriere. Mit Beckmann blieb sie über die Scheidung im Jahr 1925 hinaus in Kontakt. Die rasche Skizze zeigt sie als gelassene, selbstbewusste Frau. Der Titel *Le Début* könnte sich auf Minnas ersten Auftritt als Sängerin (Wieg 2005, S. 17–18) oder die Widmung der Zeichnung anlässlich Beckmanns Teilnahme an einer Ausstellung in der Berliner Secession beziehen (vgl. Bayerische Staatsbibliothek, München, Nachlass Göpel, Ana 415, Bestand Max Beckmann, A. XI, Der Zeichner – Vorarbeiten).

Bleistift
192 × 278 mm
Bez. o. l.: 22.4.06. (Le Début) / Mei en lieben Minkchen.; u. l.: Beckmann
Privatbesitz, Deutschland
Finke/von Wiese 2026, Nr. 108

Kat. 3, Seite 3
Minna Beckmann-Tube, den Sohn Peter haltend, 1911

Bleistift
289 × 244 mm
Bez. u. r.: Beckmann / 5.12.11
Staatliche Museen zu Berlin, Kupferstichkabinett, Ident.-Nr. SZ M. Beckmann 7
Finke/von Wiese 2026, Nr. 231
Vgl. den Text zu Kat. 2

Kat. 4, Seite 4
Elefantenschlacht, 1908

Mit raschen Feder- und Pinselstrichen hat Beckmann hier die Komposition für ein nicht ausgeführtes Historiengemälde skizziert. Dargestellt ist eine tumultuarische Schlacht mit einem berittenen Elefanten in der Mitte. Möglicherweise versuchte sich Beckmann an einem Stoff zu Hannibal, dem karthagischen Heerführer, der im Zweiten Punischen Krieg mit Elefanten die Alpen überquerte. Das eigentliche Thema aber ist die Menschenmenge in existenziellem Kampf – ein Sujet, das Beckmann in den Jahren bis zum Beginn des Ersten Weltkriegs immer wieder in unterschiedlichen Konstellationen aufgriff.

Feder und Pinsel in Schwarz, laviert,
über Bleistift
288 × 390 mm
Bez. u. r.: Beckmann / 08
Privatbesitz, Deutschland
Finke/von Wiese 2026, Nr. 133

Kat. 5, Seite 5
Studie zu *Die Gefangenen*, 1910

Beckmann bereitete seine Historienbilder mit zahlreichen Entwürfen und sorgfältigen Modellstudien vor. Die in ihrem Ausgeliefertsein provokant hingestreckte Frauengestalt bildet das zentrale Motiv des Gemäldes *Die Gefangenen* (Saint Louis Art Museum). Angeregt von den philosophischen Theorien Friedrich Nietzsches wollte Beckmann damals „das ganze pulsierende fleischliche Leben" einfangen (Tagebuch, 28.1.1909, Beckmann 1966, S. 34). Dieses Begehren scheint auch die vorliegende Studie zu prägen.

Schwarze Kreide
192 × 268 mm
Bez. u. r.: 9.5.10
Staatsgalerie Stuttgart, Graphische
Sammlung, erworben 1965,
Inv. C 1965/1402
Finke/von Wiese 2026, Nr. 176

Kat. 6, Seite 6
Abendliche Straßenszene, 1913 (?)

Die in Feder und schwarzer Kreide atmosphärisch erfasste Straßenszene dürfte im Atelier entstanden sein. Sie zählt zu Beckmanns frühen bildmäßigen Zeichnungen. Um 1911/12 wurde die Großstadt ein Thema seiner Kunst. Noch den Seherfahrungen des Impressionismus geschuldet, sind hier insbesondere die kugelförmigen Lichter der Straßenlaternen bildbestimmend. In der Rückenfigur des rechten der beiden Passanten im linken Vordergrund hat der mit Beckmann befreundete Kunsthistoriker Erhard Göpel eine Selbstdarstellung des Künstlers vermutet (Göpel 1954, Bilderverzeichnis, Nr. 6, o. S.).

Feder in Schwarz und schwarze
Pastellkreide, laviert
252 × 177 mm
Nicht bez.
Germanisches Nationalmuseum,
Nürnberg. Sammlung Hans Kinkel,
Inv. Hz 10839
Finke/von Wiese 2026, Nr. 314

Kat. 7, Seite 7
Entwurf zu *Die Nacht*, 1912

Bestürzte Gestalten stehen um einen leblosen, rücklings vom Bett gestürzten Mann, offenbar das Opfer einer Gewalttat. Beckmann hat in den beiden Federskizzen selbst Beobachtetes festgehalten – ganz im Gegensatz zu den vielfach mythologischen, biblischen oder literarischen Stoffen seines Frühwerks (vgl. den Brief an Minna Beckmann-Tube vom 3.4.1915, Beckmann 1993, Nr. 107, S. 114). Die Farbangaben lassen vermuten, dass der Entwurf ursprünglich malerisch umgesetzt werden sollte. 1914 griff Beckmann das Motiv allerdings zunächst für eine Radierung mit dem Titel *Nacht* wieder auf. Erst vier Jahre später formulierte er das Erlebnis – wenngleich gänzlich anders – in dem eindrücklichen Gemälde *Die Nacht* (Abb. 7, S. 147).

Feder in Schwarzbraun
208 × 186 mm
Bez. u. l.: Entwurf zur Nacht 19.3.12;
u. r.: Beckmann; in der oberen Zeichnung
Farbangaben
Saint Louis Art Museum, Neumann/
Frumkin Collection, purchased with funds
provided by the bequest of Morton D. May,
by exchange, the bequest of Florene M.
Schoenborn in honor of her father, David
May, by exchange, Emily Rauh Pulitzer,
Museum Shop Fund, Mr. and Mrs. Lester A.
Crancer Jr., Phoebe and Mark Weil, The
Sidney S. and Sadie Cohen Print Purchase
Fund, Mr. and Mrs. David C. Farrell, the
Julian and Hope Edison Print Fund, gift of
George Rickey, by exchange, bequest of
Helen K. Baer, by exchange, Suzanne and
Jerry Sincoff, Museum Shop Fund, by
exchange, gift of the Buchholz Gallery, by
exchange, Museum Purchase, by exchange,
Jerome F. and Judith Weiss Levy, bequest of
Horace M. Swope, by exchange, and funds
given by Fielding Lewis Holmes through the
1988 Art Enrichment Fund, by exchange,
Inv. 419:2002
Finke/von Wiese 2026, Nr. 281

Der Künstler im Krieg

Vom Ersten Weltkrieg erhoffte sich Beckmann, zunächst euphorisch, neue Impulse für sein Schaffen; er meldete sich freiwillig zum Sanitätsdienst. Seine in den Jahren 1914 und 1915 in der Zeitschrift *Kunst und Künstler* veröffentlichten Briefe an seine Frau bezeugen diese anfängliche Begeisterung. Gleichzeitig hielt er in zahlreichen Zeichnungen das Alltagsleben der Soldaten fest, die flämische Landschaft und ihre Bewohner, aber auch die direkten Auswirkungen des Krieges: zerschossene Ortschaften, totes Vieh, Lazarettszenen und „marode Soldaten“ (Kat. 10, Abb. S. 10).

1914
Am 1. August Beginn des Ersten Weltkriegs; ab September ist Beckmann für zwei Monate als Begleiter eines privaten Spendentransports und freiwilliger Krankenpfleger in Ostpreußen; im Anschluss meldet er sich zum Sanitätsdienst

1915
Einsatz in Lazaretten im belgischen Flandern, zuletzt bei Ypern; Wandgemälde für eine militärische Badeanstalt in Wervik; im August Versetzung nach Straßburg als Zeichner an das dortige Kaiserliche Hygiene-Institut; Ende 1915 aus gesundheitlichen Gründen Beurlaubung; Übersiedelung nach Frankfurt am Main

1917
Freistellung vom Militärdienst

Harte Linien ersetzen dabei zunehmend die weichen Abstufungen der früheren Werke. Reduzierte, verzerrte Formen bestimmen die Figurenauffassung des Künstlers. Außerdem begann Beckmann in Straßburg mit der Arbeit an dem Ölbild *Auferstehung*, dem einzigen Gemälde, in dem er seine Kriegserfahrung direkt reflektiert hat. Es blieb unvollendet (Abb. 1, S. 138).

Kat. 8, Seite 8
Neidenburg, 1914

Im September 1914 begleitete Beckmann einen privat organisierten Spendentransport nach Ostpreußen und fasste dort den Entschluss, sich als freiwilliger Krankenpfleger zu melden. Ausgebrannte und zerstörte Ortschaften wie Neidenburg (Nidzica) inspirierten ihn zu großformatigen Zeichnungen, die das Gesehene in wohlüberlegten Kompositionen ausformulieren. Die Verheerung wird ästhetisch gefasst. Zwei Tage nach der Entstehung der Zeichnung schrieb der Künstler sinngleich an seine Frau: „Gestern N. war fabelhaft. Wie nach einem riesigen Erdbeben“ (18.9.1914, Beckmann 1993, Nr. 89, S. 93–94).

Rohrfeder und Pinsel in Schwarz und Grau über Bleistift, laviert
316 × 473 mm
Bez. u. r.: Beckmann / Neidenburg / 16.9.14.
Staatliche Museen zu Berlin, Kupferstichkabinett, Schenkung Erhard und Barbara Göpel, Ident.-Nr. KdZ 31462
Finke/von Wiese 2026, Nr. 351

Kat. 9, Seite 9
Im Waggon nach Allenstein, 1914

Die beiden während Beckmanns erstem Aufenthalt als freiwilliger Krankenpfleger in Ostpreußen entstandenen Zeichnungen (Kat. 9 und 10) könnten formal verschiedener nicht sein. Auf der einen gibt der Künstler in dichten Strichlagen das Innere eines dunklen, überfüllten Eisenbahnwaggons wieder. Stimmungsvoll zeigt er das Gedränge wie auf einer Guckkastenbühne. Die Rückenfiguren im Vordergrund dienen zugleich als Betrachter und als Barriere. *Marode Soldaten* ist zeichnerisch sehr viel sparsamer. Der in die Darstellung einbezogene Papiergrund konzentriert den Blick auf die Körpersprache der Soldaten: Von Kriegseuphorie ist in dieser scharf beobachteten ‚Bestandsaufnahme‘ nichts zu spüren.

Feder und Pinsel in schwarzer Tusche, laviert
248 × 228 mm
Bez. u. r.: 30.9.14 / Beckmann / Im Wagon / nach Allenstein
Staatliche Museen zu Berlin, Kupferstichkabinett, Schenkung Erhard und Barbara Göpel, Ident.-Nr. KdZ 31463
Finke/von Wiese 2026, Nr. 371

Kat. 10, Seite 10
Marode Soldaten, 1914

Feder in Schwarz und Pinsel in Grau, stellenweise grau laviert
305 × 470 mm
Bez. u. r.: Beckmann / [unleserlich] / 14
Privatsammlung
Finke/von Wiese 2026, Nr. 370
Vgl. den Text zu Kat. 9.

Kat. 11, Seite 11
Verwundeter Soldat mit Kopfverband, 1915

Seine Erfahrungen in verschiedenen Lazaretten und Operationssälen hat Beckmann während seiner Dienstzeit als Sanitäter an der Westfront in Belgien in zahlreichen kleinen Skizzen festgehalten (Kat. 11–14). Die rasch notierten Szenen kennen keine weichen Abstufungen mehr; nahsichtig und stenogrammhaft geben sie das Gesehene wieder – wie ein „inneres Tagebuch" (Von Wiese 1978, S. 48). Im Mittelpunkt steht der Mensch in seiner Verletzlichkeit und Versehrtheit.

Bleistift
151 × 120 mm
Bez. u. r.: 2.3
Museum der bildenden Künste Leipzig, Nachlass Mathilde Q. Beckmann, Inv. LV 98
Finke/von Wiese 2026, Nr. 443

Kat. 12, Seite 11
Ärztliche Behandlung eines Soldaten am Auge, 1915

Bleistift
148 × 120 mm
Nicht bez.
Museum der bildenden Künste Leipzig, Nachlass Mathilde Q. Beckmann, Inv. LV 101
Finke/von Wiese 2026, Nr. 444
Vgl. den Text zu Kat. 11.

Kat. 13, Seite 12
Die Augenstation, 1915

Bleistift
114 × 182 mm
Nicht bez.
Städel Museum, Frankfurt am Main, erworben 1928 vom Künstler mit Mitteln der Frankfurter Künstlerhilfe, Inv. SG 969
Finke/von Wiese 2026, Nr. 441
Vgl. den Text zu Kat. 11.

Kat. 14, Seite 13
Zwei Ärzte am Lager eines Verwundeten, 1915

Bleistift
181 × 114 mm
Bez. o. r.: 1.3 [?]
Städel Museum, Frankfurt am Main, erworben 1928 vom Künstler mit Mitteln der Frankfurter Künstlerhilfe, Inv. SG 968
Finke/von Wiese 2026, Nr. 442
Vgl. den Text zu Kat. 11.

Kat. 15, Seite 14
Aufgebahrter Toter, 1915

In starker perspektivischer Verkürzung und mit sparsamen Konturlinien zeigt Beckmann einen aufgebahrten Kriegstoten. Das Gesicht ist nicht mehr zu erkennen. Die Zeichnung beschreibt den Kopf als nahezu abstraktes Gebilde, entmenschlicht. Die Wirkung ist verstörend, gesteigert noch durch die ungewöhnliche Perspektive. Beckmann übernahm den Liegenden in der Kaltnadelradierung *Das Leichenhaus* (1915), einer von nur zehn Druckgrafiken, die auf konkrete Kriegserlebnisse zurückgehen.

Bleistift
233 × 274 mm
Bez. u. r.: B. 15
Germanisches Nationalmuseum, Nürnberg. Sammlung Hans Kinkel, Inv. Hz 10848
Finke/von Wiese 2026, Nr. 579

Kat. 16, Seite 15
Landsturmmann Ernst Pflanz, 1915

Anfang April 1915 porträtierte Beckmann im belgischen Wervik den Landsturmmann Ernst Pflanz. Die Strichlagen sind nun kantig, aber im Hell-Dunkel der dichten Schraffen ist das Bildnis noch den früheren, impressionistisch geprägten Arbeiten verwandt. Eine weitere, in den Linien reduzierte Fassung befindet sich heute in Privatbesitz. Vielleicht war das Bildnis für den Abdruck in einer Kriegszeitung vorgesehen.

Bleistift
365 × 253 mm
Bez. o. r.: Beckmann / Verwik 6.4. / 15; verso: Landsturmmann ~~Ernst~~ Pflanz Berlin N / Feldstr. 12
Städel Museum, Frankfurt am Main, erworben 1918 vom Künstler, Inv. SG 615
Finke/von Wiese 2026, Nr. 511

Kat. 17, Seite 17
Prof. Ferdinand Sauerbruch, 1915

Ferdinand Sauerbruch war bei Beginn des Krieges 1914 als Professor der Chirurgie und Klinikdirektor in Zürich tätig. Wie viele deutsche Intellektuelle reagierte er mit Begeisterung auf den Krieg, ließ sich auf unbestimmte Zeit beurlauben und meldete sich freiwillig zum Dienst. Als beratender Chirurg wurde er in den Vogesen und bei Ypern eingesetzt; im Mai 1915 lernte er Beckmann kennen. Nahezu bildfüllend und dadurch betont distanzlos hat der Künstler das Gesicht des Arztes ins Bild gerückt. Nur wenige Schraffen bauen es plastisch auf. Umso stärker wirkt der intensive Blick Sauerbruchs, der hinter dezenten Brillengläsern den Betrachter – und damit zunächst den zeichnenden Beckmann – aufmerksam, fast hypnotisch fixiert.

Bleistift
230 × 140 mm
Bez. o. r.: Herrn Prof. Sauerbruch zum / Andenken an den Mai 1915 / M. Beckmann
Privatbesitz, Bonn
Finke/von Wiese 2026, Nr. 546

Kat. 18, Seite 19
Selbstporträt beim Zeichnen, 1915

Im Mai 1915 schuf Beckmann nicht nur das Porträt Sauerbruchs (Kat. 17), sondern auch eines der ausdrucksstärksten Selbstbildnisse seiner Kriegszeit. Die leicht geneigte Kopfhaltung und der eindringliche Blick sind beiden Darstellungen gemeinsam. Doch der Strich ist beim Selbstporträt durch das Medium der Feder noch spröder, härter geworden. Das Bildnis wirkt dadurch schonungsloser, radikaler. Mit Erkennungsmarke und Brustbeutel für das Soldbuch gibt sich Beckmann als Künstler im Krieg unmittelbar beim Zeichnen wieder. Kompromisslos kritisch nimmt er sich selbst in den Blick.

Feder in Schwarz
314 × 241 mm
Bez. o. r.: Verwik 10.5.15 / B
Staatsgalerie Stuttgart, Graphische Sammlung, Geschenk 1968, Inv. C 1968/1676
Finke/von Wiese 2026, Nr. 544

Kat. 19, Seite 20
Grumbensferm (Groenenburg-Ferme), 1915

Spätestens im Juni 1915 arbeitete Beckmann an Zeichnungen zu einem Buch mit Gedichten von Soldaten des XV. Armeekorps. Es erschien im September desselben Jahres unter dem Titel *Kriegslieder des XV. Korps 1914–1915 von den Vogesen bis Ypern* bei Paul Cassirer in Berlin. Die Erlöse waren der Pflege von Soldatengräbern zugedacht. Beckmanns Motive, die teils nach Fotografien (Kat. 19) oder Ansichtskarten (Kat. 20) entstanden, sind fast durchweg Kriegslandschaften. Das zerstörte Gehöft Groenenburg-Ferme bei Ypern tauchte er in eine apokalyptische Sonnenstimmung mit dramatischen Schatten. Den in einer Mulde liegenden *Waldfriedhof* säumte er mit kahlen Baumstämmen, die wie Speere in den Himmel ragen. Die Natur, einst idyllisch, ist verheert.

Feder und Pinsel in Schwarz
238 × 287 mm
Bez. u. l.: Grumbensferm; u. r.: Beckmann
Sammlung Karin & Rüdiger Volhard
Finke/von Wiese 2026, Nr. 589

Kat. 20, Seite 20
Waldfriedhof, 1915

Feder in Schwarz
228 × 289 mm
Bez. u. r.: Waldfriedhof
Hessen Kassel Heritage, Inv. GS 1232
Finke/von Wiese 2026, Nr. 600
Vgl. den Text zu Kat. 19.

Kat. 21, Seite 21
Kanalknie, 1915

1915 sah Beckmann an der Front die von Schützengräben zerfurchte Landschaft. „Seltsam unwirkliche, mondgebirgartige Städte sind da entstanden“, schrieb er am 28. April an seine Frau (Beckmann 1993, Nr. 118, S. 123). Unweit einer stark umkämpften Stellung auf dem Höhenrücken entlang des Ypern-Comines-Kanals skizzierte er die vom Grabenkrieg radikal überformte Natur (Kat. 21). Für das bei Paul Cassirer in Berlin erschienene Buch *Kriegslieder* setzte er das Motiv aus einem anderen Blickwinkel in einer Federzeichnung um (Kat. 22), allerdings detaillierter – und apokalyptischer. Die Erfahrung verwüsteter Landschaft wurde für sein unvollendet gebliebenes Gemälde *Auferstehung* (Abb. 1, S. 138) grundlegend.

Bleistift
140 × 234 mm
Bez. u. l.: Kanalknie 4.15. Beckmann
Privatsammlung, Österreich
Finke/von Wiese 2026, Nr. 597

Kat. 22, Seite 21
Das Kanalknie, 1915

Feder in Schwarzbraun über Bleistift
247 × 397 mm
Bez. u. l.: Das Kanal Knie
Musée d’Art Moderne et Contemporain de Strasbourg, Inv. 55.997.0.4
Finke/von Wiese 2026, Nr. 596
Vgl. den Text zu Kat. 21.

Kat. 23, Seite 22
Selbstbildnis als Sanitäter, 1915

Nach den erschütternden Erfahrungen hinter der Front skizzierte sich Beckmann 1915 selbst – inmitten von Notizen zum aktuellen Kriegsgeschehen. Der stechende Blick, der sich auf der weniger ausgeführten Gesichtshälfte ins geradezu Wahnhafte steigert, ist bis heute von fesselnder Intensität. Es ist das Bildnis eines Traumatisierten, den auch das Zeichnen nicht mehr gegen „Tod und Gefahr“ sichert (Brief an Minna Beckmann-Tube vom 3.10.1914, Beckmann 1993, Nr. 92, S. 97).

Bleistift
362 × 253 mm
Bez. verso u. r.: Beckmann; sowie Notizen zum aktuellen Kriegsgeschehen
Privatbesitz
Finke/von Wiese 2026, Nr. 543

Kat. 24, Seite 24
Erster Entwurf zu *Auferstehung*, 1914

Noch im Dezember 1914 entstanden Entwürfe für das Gemälde *Auferstehung*, das Beckmann 1915 in Straßburg beginnen, jedoch nie vollenden sollte (Abb. 1, S. 138; vgl. Zeiller 2006, S. 98–100). Im Gegensatz zur früheren Version des Themas von 1907/08 (Staatsgalerie Stuttgart) entbehrt die im Krieg konzipierte Fassung jeglicher Hoffnung auf Erlösung. Tote steigen aus ihren Gräbern und versammeln sich in einem zersplitterten, schwer zu deutenden Raumgefüge. Von einem Sieg über den Tod, einer Himmelfahrt der Gerechten im Jüngsten Gericht ist nichts zu sehen.

Feder in schwarzer Tusche über Bleistift
122 × 196 mm
Bez. u. l.: Erster Entwurf z. Auferstehung Dezember 14; u. r.: Beckmann
Bayerische Staatsgemäldesammlungen, München, Max Beckmann Archiv, Dauerleihgabe der Freunde des Max Beckmann Archivs e. V., Schenkung Dr. Hubert Burda, Inv. MBG VIII 8
Finke/von Wiese 2026, Nr. 378

Kat. 25, Seite 25
Liegender Akt einer alten Frau, 1915 (?)

Die Aktstudie ist in Straßburg oder Frankfurt entstanden. Sie zeigt in der Überbetonung der Gliedmaßen und der perspektivischen Verkürzung Beckmanns neue Figurenauffassung. In das Gemälde *Auferstehung* (Abb. 1, S. 138) und die seitenverkehrte Radierung desselben (Kat. 27) wurde die Figur mittig unterhalb der stehenden, zur Sonne blickenden Gestalt nahezu unverändert übernommen. Rasch skizziert ist sie auch auf der großen Entwurfszeichnung (Kat. 26) wiederzuerkennen. – Vgl. auch den Essay von Hedda Finke im vorliegenden Katalog, S. 146–147.

Bleistift
208 × 306 mm
Bez. u. r. (nachträglich): Beckmann / 16
Museum der bildenden Künste Leipzig, Nachlass Mathilde Q. Beckmann, Inv. LV 170
Finke/von Wiese 2026, Nr. 616

Kat. 26, Seite 26
Große Entwurfszeichnung zu *Auferstehung*, 1915/16

Vor wenigen Jahren wurde im Nachlass von Beckmanns zweiter Frau, Mathilde Q., eine große Entwurfsfassung zu dem Gemälde *Auferstehung* (vgl. Abb. 1, S. 138) aufgefunden. Hier ist die Komposition des in Straßburg begonnenen Ölbildes in knappen Umrissen festgehalten. Ebenso aus eigenen Kriegserfahrungen wie aus quälenden (Alb-)Träumen gespeist, steigen die Toten aus ihren Gräbern und schreiten durch eine apokalyptisch zerborstene Landschaft. Beckmanns düstere Vision einer disparaten Welt nach Kriegsende zeigt in den überlängten Figuren zugleich seine neue Figurenauffassung und sein gewandeltes Kunstverständnis.

Bleistift
870 × 1477 mm
Bezeichnet mit mehreren Maßangaben
Privatbesitz, Deutschland
Finke/von Wiese 2026, Nr. 618

Kat. 27, Seite 27
Auferstehung, 1918

Der Sammler und Verleger Reinhard Piper war ein häufiger Gast in Beckmanns Frankfurter Atelier. Er sah dort das unvollendete, mit 3,45 mal 4,97 Metern größte Gemälde Max Beckmanns: die *Auferstehung* (Abb. 1, S. 138). 1918 bat er den Künstler, das Ölbild in einer Radierung festzuhalten. Einzelne Bildelemente, die Beckmann im Gemälde nicht mehr ausführte, sind hier ergänzt.

Kaltnadel
372 × 451 mm (Blatt),
240 × 332 mm (Platte)
Bez. u. r.: Beckmann
Städel Museum, Frankfurt am Main, erworben 1949 mit der Beckmann-Sammlung von Ugi und Fridel Battenberg, Inv. SG 3044
Hofmaier 1990, Nr. 132 II B b

„Operationsbasis" Frankfurt am Main

Nach den einschneidenden Erfahrungen des Ersten Weltkriegs kehrte Beckmann nicht zu seiner Familie zurück. Während Minna Beckmann-Tube im November 1915 eine Stelle als Opernsängerin in Elberfeld antrat, zog Max Beckmann zu Freunden nach Frankfurt am Main. Anfangs entstanden dort kaum Gemälde. In der Druckgrafik und Zeichnung fand Beckmann seine neue Bildsprache. Hier brachte er die künstlerischen Überlegungen der Kriegszeit in seine Auseinandersetzung mit den internationalen Avantgarden und der altdeutschen Kunst ein. Reduzierte, häufig in die Fläche projizierte Formen bestimmten bald das Bildgefüge. Perspektivische Verzerrungen erzeugten Instabilität und Dynamik. Und immer wieder richtete Beckmann den Blick auf die Unvollkommenheit der Welt.

Der Erfolg ließ nicht lange auf sich warten: Es folgten Einzelausstellungen und Ankäufe seiner Werke durch Museen. Von der Frankfurter „Operationsbasis" aus (J.B. Neumann, „Sorrow and Champagne", in: Harter/von Wiese 2011, S. 292) steuerte Beckmann in den späten 1920er-Jahren die großen Kunstzentren an: Berlin, New York, Basel und vor allem Paris, wohin er 1929 seinen Hauptwohnsitz verlegte.

1915
Umzug nach Frankfurt am Main; häufige Reisen nach Berlin

1918
Erste Ankäufe von Beckmann-Werken für das Städel Museum

1925
Scheidung von Minna Beckmann-Tube; Heirat mit Mathilde von Kaulbach; Berufung an die Frankfurter Kunstgewerbeschule (heute Städelschule)

1928
Große Beckmann-Ausstellung in Mannheim

1929–1932
Paris ist Hauptwohnsitz; wegen der Lehrverpflichtungen an der Kunstgewerbeschule monatliche Besuche in Frankfurt

Kat. 28, Seite 29
Selbstporträt, 1917

Formal steht dieses Bildnis in enger Beziehung zu dem im Krieg geschaffenen *Selbstporträt beim Zeichnen* (Kat. 18, Abb. S. 19). Beide Blätter zeigen den Künstler bei der Arbeit, beide prägt ein zügiger, kantiger Strich, der das Gesicht erfasst, ohne zu beschönigen. Hier begegnen wir „[i]n der Nacht um 4 Uhr früh“ einem übernächtigten, angestrengten Beckmann mit halb geschlossenen Lidern, das Kinn müde in die eine Hand gestützt, während die andere die Feder führt.

Feder in Schwarz
387 × 316 mm
Bez. o. r.: Beckmann / Mitte März des glücklichen / Jahres 1917 / In der Nacht um 4 Uhr früh
The Art Institute of Chicago, Gift of Mr. and Mrs. Allan Frumkin, Inv. 1975.1127
Finke/von Wiese 2026, Nr. 720

Kat. 29, Seite 30
Das Schäferstündchen, 1915

Als Beckmann im Jahr 1915 von Straßburg aus nach Frankfurt kam, fand er Zuflucht bei einem Studienfreund aus Weimarer Tagen: bei Ugi Battenberg und seiner Frau Fridel, die ihn bei sich in der Schweizer Straße 3 aufnahmen und ihm auch das dortige Atelier überließen. Beckmanns früheste in Frankfurt entstandene Skizzen erzählen von einem Rückzug ins Private. Auch das vom Künstler selbst *Das Schäferstündchen* betitelte Blatt ist einer intimen Szene, hier unter den Freunden, gewidmet. Es zeigt das Ehepaar auf der Couch. Ugi, den Kopf im Schoß seiner Frau, ist eingeschlafen.

Feder in Schwarz und Braun
152 × 196 mm
Bez. o. r.: Das Schäferstündchen / d. l. Ugis / 26.11.15 Beckmann
Städel Museum, Frankfurt am Main, erworben 1949 mit der Beckmann-Sammlung von Ugi und Fridel Battenberg, Inv. SG 2963
Finke/von Wiese 2026, Nr. 628

Kat. 30, Seite 31
Bildnis Fridel Battenberg, 1916

Die Pianistin Fridel Battenberg war die Ehefrau von Beckmanns Weimarer Studienfreund Ugi und dem Künstler eine enge Vertraute. Dieser hat die junge Frau hier mit eindringlichem, aufmerksamem Blick wiedergegeben. Das Missverhältnis von großem Kopf und kleinen, knochigen Händen verleiht dem Bildnis nichtsdestotrotz etwas Irritierendes, das vielen Zeichnungen Beckmanns jener Jahre innewohnt. Darin drückt sich sein skeptischer Blick auf die Wirklichkeit aus.

Bleistift
308 × 235 mm
Bez. o. r.: Meiner lieben Titti / Beckmann / 19.8.16.
Städel Museum, Frankfurt am Main, erworben 1949 mit der Beckmann-Sammlung von Ugi und Fridel Battenberg, Inv. SG 3282
Finke/von Wiese 2026, Nr. 673

Kat. 31, Seite 33
Studie zu *Das Nizza in Frankfurt am Main*, 1921

Das dargestellte Haus steht noch heute in Frankfurt, wenn auch baulich verändert, an der Ecke Untermainkai/Mainluststraße, unweit der Parkanlage „Nizza“. Beckmann dürfte die Studie vom Mainufer aus auf einem seiner vielen Stadtspaziergänge gezeichnet haben, höchstwahrscheinlich im Kontext der Arbeit an dem Gemälde *Das Nizza in Frankfurt am Main*. Dieses erwarb der Städel-Direktor Georg Swarzenski 1922 beim Künstler. Heute befindet sich das 1937 als „entartet“ beschlagnahmte Gemälde im Kunstmuseum Basel; die Zeichnung gelangte 1983 als Geschenk von Georg Swarzenskis Sohn Hanns ins Städel Museum.

Bleistift
378 × 302 mm
Bez. u. r.: Beckmann / F. 1921 [„25“ überschrieben]
Städel Museum, Frankfurt am Main, erworben 1983 als Schenkung von Hanns Swarzenski, Inv. 16340
Finke/von Wiese 2026, Nr. 874

Kat. 32, Seite 34
Drei Zuschauer vor einer Bühne, 1917

Nach den Erlebnissen im Krieg begann sich Beckmann erst allmählich wieder mit dem gesellschaftlichen Leben in seiner Umgebung auseinanderzusetzen. Lockere Skizzen dokumentieren sein aufmerksames Beobachten bei Besuchen im Varieté, von Jahrmärkten, Theater- und Opernvorstellungen – für ihn wurden sie Metaphern für die gesellschaftliche Realität. Die oft überraschenden Blickwinkel sprechen davon, dass sich der Zeichner selbst in den Rängen der Zuschauer befand, und lenken den Blick häufig auf Groteskes.

Bleistift
160 × 239 mm
Bez. u. r.: Beckmann / 17
Privatbesitz Dunja Siegel
Finke/von Wiese 2026, Nr. 735

Kat. 33, Seite 34
Dirigent und Zuschauer in der Oper, 1917

Bleistift
161 × 240 mm
Bez. u. r.: Beckmann / 17
Privatbesitz Dunja Siegel
Finke/von Wiese 2026, Nr. 734
Vgl. den Text zu Kat. 32.

Kat. 34, Seite 35
Selbstbildnis beim Mittagsschlaf, 1919

Nicht ohne Humor hat Beckmann sich hier beim Mittagsschlaf wiedergegeben. Bildbestimmend sind allerdings der Ausblick aus dem Fenster und insbesondere die Madonnenfigur, die sein Interesse an mittelalterlichen Bildwerken belegt. Skulpturen dieser Art konnte Beckmann in Frankfurt im Liebieghaus studieren und bei Fridel Battenbergs (vgl. Kat. 30) Bruder Walter Carl, einem Kunsthändler und Sammler. Mit ihm tauschte sich Beckmann angeregt über dessen mittelalterliche Holzskulpturen aus – „als ob wir von moderner Kunst sprechen würden“ (Carl 1984, S. 136). – Vgl. auch den Essay von Hedda Finke im vorliegenden Katalog, S. 148–149.

Feder in Braun
318 × 240 mm
Bez. o. r.: 16.2.19 / B.
Privatsammlung, courtesy Galerie Michael Werner, Berlin, London & New York
Finke/von Wiese 2026, Nr. 781

Kat. 35, Seite 36
Studie zu *Christus und die Sünderin*, 1917

Wie intensiv sich Beckmann mit der Kunst des Mittelalters auseinandersetzte, dokumentiert diese Studie zu seinem Gemälde *Christus und die Sünderin* (Saint Louis Art Museum). Motivisch ist sie angelehnt an die in Passionszyklen dargestellten Spötter, die Christus verhöhnen. Beckmann hat die Darstellung auf die Konturen hin vereinfacht, gleichzeitig eine verzerrende, den Kopf betonende Untersicht gewählt und die Figur dadurch karikaturesk übersteigert. Eine ähnlich klare Form und betonte Gebärdenrhetorik schätzte er an gotischer Holzskulptur.

Feder in Schwarz
215 × 140 mm
Bez. u. mittig: Beckmann
Privatbesitz, Österreich
Finke/von Wiese 2026, Nr. 718

Kat. 36, Seite 38
Die Letzten – Erste Fassung, 1919

Zu den Schlüsselwerken der Frankfurter Zeit zählt Beckmanns lithografische Folge *Die Hölle* von 1919. Sie handelt von Elend und Verrohung, Vergnügungssucht und blinder Aggression in der Krisenzeit nach dem Ersten Weltkrieg. Das vorletzte Blatt des Zyklus, *Die Letzten*, thematisiert die bürgerkriegsähnlichen Zustände in der Weimarer Republik. Uniformierte und Zivilisten haben sich in einer Dachkammer verschanzt und kämpfen verbissen bis zum Äußersten.

Die Zeichnungen wurden mit spezieller Lithokreide auf Papier ausgeführt, später im Umdruckverfahren auf den Stein übertragen und anschließend gedruckt (Kat. 38). Im Falle von *Die Letzten* hat sich neben der Originalzeichnung (Kat. 37), die über einer in blauem Kopierstift angelegten blassen Vorzeichnung ausgeführt ist, eine erste Fassung (Kat. 36) erhalten. Sie spielt – wie die Straßenlaterne verdeutlicht – im Außenraum, ist im Bildaufbau dichter, chaotischer als die beiden anderen Blätter und arbeitet mit Schrift, einem Formelement, das Kubisten und Dadaisten für sich entdeckt hatten. Für die endgültige Fassung verlegte Beckmann die Szene in eine Dachkammer und veränderte das Figurenpersonal an den Bildrändern so, dass sich eine zirkulierende Bewegungsrichtung ergibt. Sie steigert die Dynamik, aber auch den Eindruck von Ausweglosigkeit.

Schwarze Lithokreide
845 × 610 mm
Bez. u. r.: Beckmann 19
Privatsammlung, courtesy
Richard Nagy Ltd., London
Finke/von Wiese 2026, Nr. 801

Kat. 37, Seite 39
Die Letzten – Originalzeichnung, 1919

Schwarze Lithokreide über Bleistift
und blauem Kopierstift
857 × 613 mm
Bez. u. l.: Originalzeichnung zu
„Die Letzten“ 1919; u. r.: Beckmann
Städel Museum, Frankfurt am Main,
Dauerleihgabe aus der Sammlung
Karin & Rüdiger Volhard
Finke/von Wiese 2026, Nr. 802
Vgl. den Text zu Kat. 36.

Kat. 38, Seite 40
Die Letzten. Blatt 9 aus der Folge *Die Hölle*, 1919

Kreidelithografie (Umdruck)
843 × 603 mm (Blatt),
758 × 460 mm (Darstellung)
Bez. u. l.: „Die Letzten“ (Probedruck);
u. r.: Beckmann d. F. / 1919 2.[?] Juni
Städel Museum, Frankfurt am Main, erworben
1949 mit der Beckmann-Sammlung von
Ugi und Fridel Battenberg, Inv. SG 3075
Hofmaier 1990, Nr. 148 A
Vgl. den Text zu Kat. 36.

Kat. 39, Seite 41
Closet (Die Mutter), 1922

Beckmann war von Frankfurt aus häufig zu Besuch in Berlin. Die Metropole hatte sich zu einem wichtigen internationalen Kunstzentrum entwickelt. 1922 verarbeitete der Künstler die Eindrücke in der lithografischen Folge *Berliner Reise*. Als beobachtender Flaneur schildert er darin die Großstadt mit ihren Widersprüchlichkeiten. Die vorliegende Zeichnung entstand für eine erste Fassung der Folge (vgl. die ausgeführte Lithografie *Die Nacht*, Abb. 8, S. 148; Hofmaier 1990, Nr. 215, Kommentar S. 552). Grimmig beschreibt sie das Elend des Proletariats: Handlungsort (Abort), Handlungszeit (Nacht) und die weit heruntergebrannte Kerze unterstreichen die Hoffnungslosigkeit der Situation. – Vgl. auch die Essays von Stephan von Wiese und Hedda Finke im vorliegenden Katalog, S. 139–140, 149.

Lithokreide über Bleistift
416 × 255 mm
Bez. o. mittig: Closet.
Germanisches Nationalmuseum, Nürnberg.
Sammlung Hans Kinkel, Inv. Hz 10854
Finke/von Wiese 2026, Nr. 910

Kat. 40, Seite 42
Peter lesend, auf die Armlehne eines Sofas gestützt, 1922

Bis etwa 1925 nehmen Bildnisse in Beckmanns Schaffen einen großen Raum ein, insbesondere solche aus dem Familien- und Freundeskreis. Die den lithografischen Zeichnungen der *Berliner Reise* (Kat. 39) formal verwandte, intime Studie zeigt einen flotten Strich und eine starke Vereinfachung: Großzügige Konturlinien und nur wenige Schraffen beschreiben den in seine Lektüre versunkenen Sohn des Künstlers; der voluminöse Sessel ist nur angedeutet.

Schwarze Kreide oder Kohle
226 mm × 260 mm
Bez. u. r.: Beckmann
Privatbesitz, Deutschland
Finke/von Wiese 2026, Nr. 947

Kat. 41, Seite 43
Selbstbildnis mit Sektglas, 1919

Kein Bildnis von Beckmanns Hand fasst das Doppelbödige der Weimarer Republik präziser als dieses Selbstporträt: Frohe Ausgelassenheit kippt hier plötzlich ins Abgründige. Während die anderen noch feiern, sitzt der Künstler im Abseits, mit erhobenem Sektglas und teurer Zigarre in der unnatürlich verdrehten, leichenhaft erstarrten Hand. Das eingefallene Gesicht ist in einem schiefen Lächeln eingefroren. Die Wirklichkeit offenbart sich Beckmann als bizarres Welttheater – eine Erkenntnis, die der Künstler mithilfe von Ausdrucksmitteln ins Bild übersetzt, die er sich zuvor in Druckgrafik und Zeichnung erarbeitet hatte: Der Raum ist instabil und klaustrophobisch verschachtelt, die Formen sind reduziert, Gestik und Mimik fratzenhaft überzeichnet.

Öl auf Leinwand
65 × 55,5 cm
Bez. o. l.: Beckmann / Frankfurt a/M / Sept. 19.
Städel Museum, Frankfurt am Main, erworben 2020 mit Fördermitteln der Beauftragten der Bundesregierung für Kultur und Medien und mit Unterstützung der Kulturstiftung der Länder sowie privater Spenden. Gemeinsames Eigentum mit dem Städelschen Museums-Verein e.V. und der Ernst von Siemens Kunststiftung, Inv. 2535
Göpel 1976, Nr. 203; MB-G 203

Kat. 42, Seite 44
Porträt Marie Swarzenski, 1923

Bleistift
462 × 290 mm
Bez. u. r.: Beckmann; o. r. Farbangaben
Harvard Art Museums/Fogg Museum, Gift of Meta and Paul J. Sachs, Inv. 1956.28
Finke/von Wiese 2026, Nr. 974
Vgl. den Text zu Kat. 44.

Kat. 43, Seite 44
Porträt Carola Netter, 1923

Schwarze Kreide
500 × 328 mm
Bez. u. r.: Beckmann
Privatbesitz, München
Finke/von Wiese 2026, Nr. 975
Vgl. den Text zu Kat. 44.

Kat. 44, Seite 45
Doppelbildnis, 1923

Das gemalte Doppelbildnis von Marie Swarzenski, der Ehefrau des Städel-Direktors Georg Swarzenski, und der 18-jährigen Carola Netter entstand ohne Auftrag (Göpel 1976, S. 164). Beide Frauen saßen dem Künstler getrennt Modell, Netter wie in der vorbereitenden Zeichnung (Kat. 43) zunächst mit Fächer. Möglicherweise reizte Beckmann die Gegenüberstellung der charakterlich so unterschiedlichen Frauen, die mit Kurzhaarschnitt und knielangem Kleid dennoch beide dem Image der ‚neuen Frau' entsprachen. Für die ernste, distanzierte Marie Swarzenski wählte er in der Zeichnung entsprechend einen spitzen Bleistift (Kat. 42), für Carola Netter die weichere Kreide.

Öl auf Leinwand
80,3 × 65 cm
Bez. o. r.: Beckmann F. 23.
Städel Museum, Frankfurt am Main, erworben 1924 als Schenkung des Künstlers, zurückgezogen 1937, zurückgegeben 1951, Inv. SG 348
Göpel 1976, Nr. 222; MB-G 222

Kat. 45, Seite 46
Pizchen und Quappi, 1924

In schwungvollen Konturen und wenigen, vor allem horizontalen Schraffen hat Beckmann dieses innige Doppelbildnis aufs Papier gesetzt. Die verwendete, besonders fetthaltige Kreide lässt darauf schließen, dass die Zeichnung ursprünglich als Druckgrafik gedacht war und in einem speziellen Umdruckverfahren auf einen Lithostein übertragen werden sollte. Es sind allerdings keine Abzüge bekannt.

Dargestellt sind Mathilde von Kaulbach, die jüngste Tochter des Malers Friedrich August von Kaulbach, und ihre Freundin Marie-Louise von Motesiczky („Pizchen"). Beckmann hatte Mathilde Q., deren Spitzname, „Quappi", sich aus einem Wortspiel zu Kaulbach/Kaulquappe ableitet, 1924 bei der Familie Motesiczky in Wien kennengelernt; im Jahr darauf heiratete er sie. Marie-Louise von Motesiczky wurde später seine Schülerin.

Lithokreide
465 × 315 mm
Bez. u. r. (nachträglich): Beckmann / 1925
The British Museum, Inv. 2021,7064.2
Finke/von Wiese 2026, Nr. 1021

Kat. 46, Seite 47
Spiegel auf einer Staffelei, 1926

Ein Spiegel steht auf einer Staffelei im Atelier des Künstlers. Er reflektiert die Sicht, die sich aus einem vergitterten Fenster bietet. Links sind ein Türblatt und eine Pflanze angedeutet, rechts ist ein Polstermöbel zu erkennen, doch der Raum bleibt schwer fassbar und seltsam in die Fläche verspannt, allenfalls das Spiegelbild entwickelt Tiefenwirkung. Programmatisch verhandelt die Zeichnung damit das Thema Schein und Wirklichkeit – eine Frage, die künstlerisch zu durchdringen Beckmann zeitlebens beschäftigte.

Schwarze Kreide oder Kohle
502 × 648 mm
Bez. u. r.: Beckmann / 26
The Museum of Modern Art, New York. Gift of Sanford Schwartz in memory of Irving Drutman, 1979, Inv. 87.1979
Finke/von Wiese 2026, Nr. 1090

Kat. 47, Seite 49
Überflutete Stadt, um 1928 (?)

Die märchenhaft anmutende Landschaft ist in Beckmanns Werk einzigartig. Wie durch ein schmales Flugzeugfenster blicken wir über üppige Vegetation hinweg auf eine versinkende Stadt. Fabrikschlot und Kirchturm, Stahlbrücke und Häusergiebel ragen aus den Fluten. Ob sich der Künstler ein untergehendes Frankfurt vorstellte? Oder das sagenumwobene Atlantis? Beckmann fesselte das Wasser als Ursprung allen Lebens. Er besaß mehrere Bände über Unterwasserarchäologie und von Meeren verschluckten Kulturen (vgl. Ausst.-Kat. München 2022, S. 149).

Kreide in Schwarz, über Bleistift
581 × 468 mm
Nicht bez.
Museum der bildenden Künste Leipzig, Nachlass Mathilde Q. Beckmann, Inv. LV 267
Finke/von Wiese 2026, Nr. 1127

Kat. 48, Seite 50
Zwei Matrosen an einer Palme, 1925

Ab 1924 fuhr Beckmann in den Sommermonaten regelmäßig nach Italien. Er wolle, so schrieb er seinem Kunsthändler J. B. Neumann, dort ein „einfach daseiendes Leben" darstellen (9.8.1924, Beckmann 1993, Nr. 264, S. 254). Auch auf der Hochzeitsreise mit Mathilde Q. 1925 entstanden in Viareggio solche lebensbejahenden, durchaus augenzwinkernden Gelegenheitsskizzen wie jene der beiden Matrosen (Kat. 48) oder die auf italienisches Briefpapier gezeichnete Studie der schlafenden Mathilde Q. mit Fuchsstola (Kat. 49).

Bleistift
175 × 141 mm
Nicht bez.
Privatsammlung, Berlin
Finke/von Wiese 2026, Nr. 1072

Kat. 49, Seite 50
Quappi schlafend, mit Fuchsstola, 1925

Bleistift
185 × 225 mm
Nicht bez.
Privatbesitz
Finke/von Wiese 2026, Nr. 1044
Vgl. den Text zu Kat. 48.

Kat. 50, Seite 51
Italienische Zeitungsverkäuferin, 1928

Auf Grundlage einer Skizze, die 1925 wohl in Neapel entstanden war (Abb. 9, S. 149), schuf Beckmann dieses enigmatische Bildnis einer Unbekannten. Format und Ausführungsgrad unterstreichen die Eigenständigkeit der Zeichnung. Eingerahmt von der gepunkteten Bluse, dem gestreiften Tuch und den Zeitungen, die sie halten, kommt den Händen größere Aufmerksamkeit zu als dem feinen Gesicht. Die wechselnden Muster, kombiniert mit Schrift, wecken dabei Assoziationen an kubistische Stillleben-Collagen. – Vgl. auch den Essay von Hedda Finke im vorliegenden Katalog, S. 149–150.

Schwarze Kreide
650 × 500 mm
Bez. o. r.: Beckmann / F. 28
Courtesy Arnoldi-Livie, München
Finke/von Wiese 2026, Nr. 1124

Kat. 51, Seite 53
Quappi mit Spielkarten (Patience), 1926

Beckmanns Ambitionen richteten sich früh auf die Kunstszene in Paris; Pablo Picasso und den Kubismus registrierte er spätestens 1912. Auch wenn er für beide den polemischen Begriff „Picassoschachbrettchen" (Pillep 1984, S. 41) prägte, finden sich kubistische Elemente in vielen seiner Werke. Hier hat er zwei Blickpunkte miteinander kombiniert. Die Patience legende Mathilde Q. Beckmann sehen wir von einem leicht erhöhten Standpunkt aus, den Tisch mit den Spielkarten aber wie ein Stillleben nach oben in die Fläche geklappt. Die elegant überlängten Arme und Finger vermitteln und richten den Blick auf das Spiel, das dadurch bedeutungsvoll aufgeladen wird.

Schwarze Kreide
645 × 497 mm
Bez. u. r.: Beckmann / F. 26
Städel Museum, Frankfurt am Main,
Dauerleihgabe aus der Sammlung
Karin & Rüdiger Volhard
Finke/von Wiese 2026, Nr. 1088

Kat. 52, Seite 55
Junge mit Hummer, 1926

Als sich Mitte der 1920er-Jahre Beckmanns Interesse von der Druckgrafik wieder auf die Malerei verschob, entstand eine Reihe autonomer Zeichnungen mit bildmäßigem Anspruch (vgl. Kat. 50–53, Abb. S. 51–57). *Junge mit Hummer* geht dabei auf eine Fotografie zurück, die das Ehepaar Beckmann am Strand von Spotorno aufgenommen hatte (Abb. 4, S. 141). Der Künstler löste daraus die Figur des Knaben, der in linkischem Stolz eine große Languste hält, und zeichnete sie bildfüllend zunächst als Kontur auf die Fläche des Papiers. Mit Kohle und weißer Deckfarbe steigerte er anschließend die Kontraste und verdichtete die Zeichnung schrittweise nach oben hin ins Räumliche. So ist ein Spannungsfeld zwischen Linie, Fläche und Raum entstanden – und eine intensive Bildwirkung. – Vgl. auch den Essay von Stephan von Wiese im vorliegenden Katalog, S. 140–142.

Kohle, mit Pinsel weiß gehöht
625 × 486 mm
Bez. u. r.: Beckmann / 26
Städel Museum, Frankfurt am Main,
Dauerleihgabe aus der Sammlung
Karin & Rüdiger Volhard
Finke/von Wiese 2026, Nr. 1092

Kat. 53, Seite 57
Quappi mit Kerze, 1928

Fläche und Raum, Licht und Schatten – Beckmann arbeitet in dieser ausdrucksstarken Zeichnung mit Gegensätzen. Das Drehmoment bildet der helle Schein der Kerze, der das Gesicht seiner Frau ebenso lebendig wie plastisch modelliert. Bräunliches Papier, schwarze Kreide und weiße Gouache sind die einzigen zeichnerischen Mittel, die Beckmann dafür eingesetzt hat. Das Papier gibt den dämmrigen Grundton der Szene, die Kreide beschreibt die gerundeten, aber flächig bleibenden Konturen der Figur, die Gouache öffnet die Darstellung in die dritte Dimension.

Schwarze Kreide und weiße Gouache
628 × 488 mm
Bez. u. r.: Beckmann / F. 28
Kunstmuseum Basel, Kupferstichkabinett,
Ankauf 1928, Inv. 1928.314
Finke/von Wiese 2026, Nr. 1123

Kat. 54, Seite 58
Rimini, 1927

Diese Landschaftszeichnung, die größte in Beckmanns Werk, ist aus wenigen schwungvollen, fast geometrischen Formen aufgebaut. Den Ausgangspunkt bildete möglicherweise eine Fotografie des Strandes von Rimini (vgl. Peter 1993, S. 92), an dem Beckmann 1927 seine Sommerferien verbrachte. Bis zum Horizont erstreckt sich die Landschaft, mittig überspannt von einer Brücke, die sich mit den Passanten im Wasser spiegelt. In ihrer rhythmischen Ausgewogenheit transzendiert die Komposition jegliche Naturschilderung zu einem Sinnbild der Unendlichkeit. – Das Pastell war bis zur Beschlagnahme durch die Aktion „Entartete Kunst" eine der Schlüsselzeichnungen Beckmanns in der Graphischen Sammlung des Städel Museums.

Schwarze Kreide und Pastell
500 × 648 mm
Bez. u. r.: Beckmann / Rimini / 27
Privatbesitz
Beckmann/Gohr 2006, Nr. 25; MB-A/P 25

Kat. 55, Seite 59
Ruderer, 1928

Ende der 1920er-Jahre erreichte Beckmann in seinen Zeichnungen eine Einfachheit und Strenge der Form, die verschiedentlich als ‚neue Klassik' bezeichnet wurde. Das nach einem Aufenthalt in Scheveningen entstandene Motiv der *Ruderer* zählt zu diesen Darstellungen, die dadurch eine geradezu monumentale Bildwirkung entfalten. In der Figur rechts könnte sich Beckmann selbst dargestellt haben (vgl. Erpel 1985).

Schwarze Kreide
554 × 727 mm
Bez. u. r.: Beckmann / 28
Sammlung Deutsche Bank im
Städel Museum, Frankfurt am Main
Finke/von Wiese 2026, Nr. 1114

Zäsur Nationalsozialismus

1933
Ernennung Adolf Hitlers zum Reichskanzler; Beckmann wird aus dem Lehramt an der Frankfurter Kunstgewerbeschule entlassen; Umzug des Ehepaares Beckmann nach Berlin

1934
Erste Erwägungen der Eheleute zu einer Emigration nach Paris oder Amsterdam

1937
Werke Beckmanns aus deutschen Museen werden bei der Aktion „Entartete Kunst" beschlagnahmt; Ausreise nach Amsterdam

Mit der Machtübernahme der Nationalsozialisten verlor Beckmann im April 1933 seine Lehrstelle an der Frankfurter Kunstgewerbeschule. Seine Werke wurden als „entartet" diffamiert. Der Künstler zog sich zunehmend in seine Arbeit zurück, Ausstellungen waren so gut wie nicht mehr möglich. Nur ein enger Kreis aus befreundeten Sammlern und Mäzeninnen blieb Beckmann verbunden. An seine Frankfurter Erfolge sollte er erst nach seiner Emigration in die USA ab 1947 wieder anknüpfen können.

Beckmanns Kunst wurde in den Jahren des Nationalsozialismus zunehmend mythologisch aufgeladen und schwerer entschlüsselbar. Die besondere Gruppe der 1933 entstandenen Aquarelle legt davon beredtes Zeugnis ab.

Kat. 56, Seite 61
Der Mord, 1933

Von der frühen Doppelskizze eines gewaltsam zu Tode gekommenen Mannes (Kat. 7, Abb. S. 7) über die Grausamkeiten im Gemälde *Die Nacht* (Abb. 7, S. 147) bis zu diesem 1933 gemalten Aquarell – Mord ist in Beckmanns Schaffen ein wiederkehrendes Thema. Dargestellt ist eine chaotische Szene, fast ein Stillleben, das dank der kühlen Pastelltöne harmloser wirkt, als es ist. Das Grauen erschließt sich erst, wenn man die Füße des Toten unter dem blutgetränkten Laken entdeckt und das Durcheinander als wilden Überlebenskampf deutet. Der wehende Vorhang steigert die Unmittelbarkeit der beklemmend zeitlosen Szene.

Aquarell und Pinsel in Schwarz
über schwarzer Kreide
498 × 455 mm
Bez. u. l.: Beckmann / 33.
Städel Museum, Frankfurt am Main,
Dauerleihgabe aus der Sammlung
Karin & Rüdiger Volhard
Beckmann/Gohr 2006, Nr. 59; MB-A/P 59

Kat. 57, Seite 62
Geschwister, 1933 (1937?)

Das 1933 geschaffene Gemälde *Geschwister* (Privatbesitz) war für Beckmann von solcher Bedeutung, dass er es für sich in einem Aquarell wiederholte. Angeregt von Richard Wagners *Ring des Nibelungen* (Göpel 1976, S. 261) zeigt die intime, verschlungene Komposition Bruder und Schwester in einer zaghaften Beinahe-Berührung. Ein gewaltiges Schwert oder ein Dolch, in harten Farben ausgeführt, ist zwischen ihre nackten, verletzlichen Körper getrieben. Beckmann hat in seinen Werken immer wieder die sexuellen Rollen von Mann und Frau hinterfragt. Der Inzest-Stoff bot ihm hier Gelegenheit, über Macht und gesellschaftlich normiertes Handeln nachzudenken, aber auch über die Vorstellung einer in Bruder und Schwester aufgelösten Geschlechterdifferenz (Erbsmehl 2012, S. 530).

Aquarell über Kohle
650 × 505 mm
Bez. u. l.: Beckmann / 33
Privatbesitz, Schweiz
Beckmann/Gohr 2006, Nr. 63; MB-A/P 63

Kat. 58, Seite 63
Schlangenkönig und Hummerfrau, 1933

An einem verlassenen Meeresstrand stehen sich zwei halbmenschliche Fabelwesen wie Adam und Eva gegenüber: der Schlangenkönig mit massiven, geschuppten Armen und die Hummerfrau mit scharfen Scherenhänden. Das interpretatorisch schwer aufzulösende Aquarell, das Beckmann im Juli 1934 dem Komponisten Bernhard Heiden und seiner Frau Cola zur Hochzeit schenkte, verarbeitet dabei theosophisch gefärbte, pseudowissenschaftliche Überlegungen zu den Ursprüngen der Menschheit. Die Geschlechterpolarität und menschliche Triebhaftigkeit versuchte der Künstler hier – geprägt von Helena Petrovna Blavatskys *Geheimlehre* – esoterisch zu ergründen (vgl. Erbsmehl 2012, S. 531–537). – Vgl. auch den Essay von Stephan von Wiese im vorliegenden Katalog, S. 143–144.

Aquarell und Gouache
625 × 492 mm
Bez. u. r.: Beckmann / 33
Bernhard and Cola Heiden Collection, Eskenazi Museum of Art, Indiana University, Inv. 2000.135
Beckmann/Gohr 2006, Nr. 60; MB-A/P 60

Exil in Amsterdam

Aufgrund der bedrohlichen politischen Entwicklung in Deutschland reiste das Ehepaar Beckmann 1937 nach Amsterdam. Der eigentlich als Zwischenstation auf dem Weg nach Paris geplante Aufenthalt sollte aufgrund des baldigen Beginns des Zweiten Weltkriegs nahezu zehn Jahre andauern. Die schon 1940 beabsichtigte Ausreise in die USA gelang erst 1947. Beckmann erlebte die Amsterdamer Zeit als Exil, überschattet von existenziellen Ängsten, die nicht nur die drohenden Einberufungen auslösten. Die Verbindungen nach außen, zu Sammlerinnen und Mäzenen insbesondere aus Frankfurt, aber auch zu Helmuth Lütjens in Amsterdam, dem Leiter der Kunsthandlung Cassirer, sowie nach Kriegsende zu dem Galeristen Curt Valentin in New York waren für ihn überlebenswichtig.

Georg Hartmann, dem Inhaber der Bauerschen Gießerei in Frankfurt, verdankte er zwei bedeutende Aufträge: die Lithografien zur *Apokalypse* (1941/42) und im Anschluss daran die Zeichnungen zu Johann Wolfgang von Goethes *Faust. Der Tragödie zweiter Teil*. Diese wurden zu einem Hauptwerk der Amsterdamer Zeit, an das Beckmanns zeichnerisches Œuvre noch Jahre später anknüpfte.

1937
Emigration nach Amsterdam

1938/39
Für neun Monate in Paris; Beginn des Zweiten Weltkriegs; Rückkehr des Ehepaares Beckmann nach Amsterdam

1940
Einmarsch deutscher Truppen in Amsterdam; Beckmann verbrennt seine Tagebücher; eine Ausreise in die USA scheitert am nicht erteilten Visum

1945
Alliierte Truppen befreien Amsterdam

Kat. 59, Seite 64
Faust II, Blatt 4
Faust: Am farbigen Abglanz haben wir das Leben, 1943

Nach ersten Bleistiftskizzen, die während der Lektüre entstanden, schuf Beckmann 1943/44 insgesamt 143 Federzeichnungen zu Johann Wolfgang von Goethes *Faust. Der Tragödie zweiter Teil*. Sie sind nicht als Illustrationen im strengen Sinn zu verstehen, dafür ist Beckmanns Zugang zu persönlich: Während Goethe seinen Faust zu Beginn des Dramas die „Magie des Göttlichen" (Zeiller 2014, S. 37) beim Anblick der Natur erkennen lässt, erschloss sich für Beckmann das Unsichtbare nur im künstlerischen Prozess. Konsequent hat er daher die Natur in ein Landschaftsgemälde auf der Staffelei übersetzt (Kat. 59). Trotz dieser grundlegenden Differenz zu Goethe konnte sich Beckmann mit der Figur des rastlos suchenden Faust identifizieren. Er schrieb der Gestalt – und bisweilen der von Mephisto – die eigenen Gesichtszüge ein (Kat. 62) und verhandelte über die Geschichte so weitgespannte Themen wie das Verhältnis von Mann und Frau (Kat. 63) oder das aktuelle Kriegsgeschehen (Kat. 61). – Vgl. auch den Essay von Hedda Finke im vorliegenden Katalog, S. 150–151.

Feder in Schwarz über Bleistift
246 × 174 cm
Verso bez. o.: Akt. 1 / Am farbigen Abglanz haben wir das Leben
Bundesrepublik Deutschland und Museum Wiesbaden, Dauerleihgabe im Freien Deutschen Hochstift/Frankfurter Goethe-Museum, Inv. Z 447
Finke/von Wiese 2026, Nr. 1305

Kat. 60, Seite 64
Faust II, Blatt 38
Mephistopheles: Versinke denn! ich könnt' auch sagen: steige!, 1943

Feder in Schwarz
244 × 167 mm
Verso bez. o.: 1. Akt. Galerie / Mephisto zu Faust / Versinke denn, ich könnt auch sagen / steige
Bundesrepublik Deutschland und Museum Wiesbaden, Dauerleihgabe im Freien Deutschen Hochstift/Frankfurter Goethe-Museum, Inv. Z 481
Finke/von Wiese 2026, Nr. 1339
Vgl. den Text zu Kat. 59.

Kat. 61, Seite 65
Faust II, Blatt 127
Faust, auf dem Balkon: Von oben welch ein singend Wimmern?, 1944

Feder in Schwarz
244 × 95 mm
Verso bez. o.: 5 Akt / Faust auf d. Balkon. / Von oben, welch ein singend / Wim̄ern?
Bundesrepublik Deutschland und Museum Wiesbaden, Dauerleihgabe im Freien Deutschen Hochstift/Frankfurter Goethe-Museum, Inv. Z 570
Finke/von Wiese 2026, Nr. 1428
Vgl. den Text zu Kat. 59.

Kat. 62, Seite 65
Faust II, Blatt 129
Faust im Palast: Vier sah ich kommen, drei nur gehen (Faust und Sorge), 1944

Feder in Schwarz
243 × 182 mm
Verso bez. o. l.: 5 Akt / Faust (im Palast) / Vier sah ich kom̄en / Drei nur gehen, – –
Bundesrepublik Deutschland und Museum Wiesbaden, Dauerleihgabe im Freien Deutschen Hochstift/Frankfurter Goethe-Museum, Inv. Z 572
Finke/von Wiese 2026, Nr. 1430
Vgl. den Text zu Kat. 59.

Kat. 63, Seite 66
Faust II, Variante zu Blatt 43
Astrolog: Nicht Knabe mehr! Ein kühner Heldenmann, 1943

Feder in Schwarz
252 × 175 mm
Bez. u. r.: Beckmann; verso: Zu Faust II Astrolog: „Nicht Knabe mehr"
Privatbesitz
Finke/von Wiese 2026, Nr. 1293
Vgl. den Text zu Kat. 59.

Kat. 64, Seite 68
Doppelbildnis Max und Quappi Beckmann, 1944

Das einzige zeichnerische Doppelbildnis von Max und Mathilde Q. Beckmann zeigt die Eheleute in einem Zustand der Vereinzelung: Sie befinden sich im selben Raum, doch es gibt keine Berührung, keinen Blickkontakt. Mit der existenziellen Anspannung im ihnen fremden Amsterdam gehen sie unterschiedlich um. Während Mathilde Q. den Pekinesen Butchy an sich drückt, weist Beckmann in Morgenmantel und Schlafmütze demonstrativ nach unten. Dort hat der Künstler eine einzelne Wellenlinie gezogen: ein Hinweis auf die angesichts des Krieges hoffnungslos erscheinenden Pläne des Paares zur Überfahrt in die USA?

Feder in Schwarz über Bleistift
406 × 279 mm
Bez. u. r.: Beckmann
Harvard Art Museums/Busch-Reisinger Museum, Gift of Belinda Rathbone in honor of Perry and Euretta Rathbone, Inv. 2021.53
Finke/von Wiese 2026, Nr. 1472

Kat. 65, Seite 69
Die Weintraube, 1944

Im Buch Mose des Alten Testaments wird die Geschichte der Flucht des Volkes Israel aus der ägyptischen Gefangenschaft erzählt. Auf der Suche nach dem gelobten Land kehren Kundschafter mit einer riesigen Weintraube zurück, die unermessliche Fruchtbarkeit verspricht. Der 60-jährige Beckmann griff dieses Motiv im Frühjahr 1944 auf, um über Hoffnungen und Zweifel im Exil nachzudenken, über Aufbruch und Neuanfang. Die riesige Weintraube ist nun auf einen Pferdekarren geladen, den der müde Kutscher mit seiner Begleiterin über eine geschwungene Brücke an einer plakatierten Litfaßsäule vorbeilenkt – sie verankert die Darstellung in Beckmanns Gegenwart. – Vgl. auch den Essay von Hedda Finke im vorliegenden Katalog, S. 151–152.

Feder in Schwarz (Tusche) über Bleistift
265 × 370 mm
Bez. u. r.: Beckmann; verso: „die Weintraube" 25. April 44 / A'dam
Städel Museum, Frankfurt am Main, erworben 2003 mit Mitteln von Dierck und Angelika Borchert, Eigentum des Städelschen Museums-Vereins e.V., Inv. 16806
Finke/von Wiese 2026, Nr. 1459

Kat. 66, Seite 71
Haltestelle, 1945

Vor einer geschlossenen Häuserfront warten fünf Menschen an einer Haltestelle: Wie aufgereiht stehen sie nebeneinander, starr und isoliert. Nur der Radfahrer im Hintergrund ist in Bewegung. Und einzig einer der Männer in der zweiten Reihe hat ein Gesicht –

wenn auch nur ein maskenhaftes. Er trägt zudem eine Leiter, die geradezu symbolisch aus dem Bild hinausführt. Beckmann zeichnete die Komposition im Winter 1945, als Trambahnen längst nicht mehr fuhren, in dichter Federschraffur; dabei übersetzte er eine scheinbar alltägliche Situation in ein unheimliches Sinnbild der eigenen Exilerfahrung.

Feder in Schwarz über Bleistift
325 × 355 mm
Nicht bez.
Collection Museum Boijmans Van Beuningen, Rotterdam. Loan Stichting Museum Boijmans Van Beuningen. Purchased with the support of Stichting Bevordering van Volkskracht, Inv. St 246
Finke/von Wiese 2026, Nr. 1555

Kat. 67, Seite 72
Abtransport der Sphinxe II, 1946

In zwei übervolle Karren sind sphingenartige Frauenleiber gepfercht. Leere gähnt in der Öffnung des Tempels im Hintergrund. Der Abtransport ist zum Scheitern verurteilt: Zum einen werden die Mischwesen dem Wagen entgleiten. Zum anderen scheinen die beiden Kreaturen, die als Zugtiere vorgespannt sind, sich weder in Bewegung setzen zu können – noch dies zu wollen. Ein Jahr zuvor, in den Wochen vor und nach dem Kriegsende, hatte Beckmann im gleichnamigen Gemälde eine hoffnungsvollere Vision anlässlich der deutschen Kapitulation und des ersehnten Endes des Nationalsozialismus geschaffen (Abb. 5, S. 143). In dieser Zeichnung vom November 1946 scheint die Aussicht auf einen geistig-ideologischen Neuanfang wieder verflogen zu sein. – Vgl. auch den Essay von Stephan von Wiese im vorliegenden Katalog, S. 144–145.

Feder in Schwarz über Bleistift
309 × 385 mm
Nicht bez.
Städel Museum, Frankfurt am Main, Dauerleihgabe aus der Sammlung Karin & Rüdiger Volhard
Finke/von Wiese 2026, Nr. 1615

Kat. 68, Seite 74
Die großen Kellner, 1944

Auch in Amsterdam ging Beckmann regelmäßig in Cafés und Kneipen. Der Kunsthistoriker Erhard Göpel, der von 1942 bis 1944 für den „Sonderauftrag Linz“ – als Chefeinkäufer für das sogenannte Führermuseum – vor allem in den Niederlanden tätig war und Beckmann in dieser Zeit oft besuchte, berichtete, dass „sich ein Lokal beim Eintreten Beckmanns verwandelte, zu Beckmannschem Bildraum wurde“, und „Kellner und Portiers, die für die Hintergründe einer Persönlichkeit Witterung haben, sahen ihn sofort als Hauptperson an“ (Göpel 1953, S.17). In der Zeichnung hat Beckmann genau diese Aufmerksamkeit der Kellner in den Blick genommen. – Vgl. auch den Essay von Hedda Finke im vorliegenden Katalog, S. 152.

Feder in Schwarz über Bleistift
366 × 228 mm
Bez. u. r.: Beckmann; verso: = Die großen [ergänzt von Mathilde Q. Beckmann mit Bleistift:] Kellner 26. April 1944 = / A'dam
Dr. M. Moeller & Cie., Hamburg
Finke/von Wiese 2026, Nr. 1463

Kat. 69, Seite 75
Murder (Mord), 1945

„R[ops]. f[ecit].“ notierte Beckmann unter diese blutrünstige Szene. Er gab damit zu erkennen, dass sich die Darstellung auf eine Vorlage des belgischen Symbolisten Félicien Rops bezieht: auf die Druckgrafik *À un dîner d'Athées*. Dabei handelt es sich um dessen Illustration zu einer Erzählung von Jules Barbey d'Aurevillys *Les Diaboliques* von 1874. Unter Beckmanns spitzer Feder wird die schwül-erotische Fantasie um eine Femme fatale allerdings zu einem grausamen Sexualmord – ein Thema, das in Kunst und Literatur der Weimarer Republik vielfach aufgegriffen worden war.

Feder in Schwarz, Aquarell und etwas Deckfarbe in Weiß
452 × 315 mm
Bez. u. r.: Beckmann / A. 45 ~~u~~ o R[ops]. f[ecit].
Städel Museum, Frankfurt am Main, Dauerleihgabe aus der Sammlung Karin & Rüdiger Volhard
Beckmann/Gohr 2006, Nr. 109; MB-A/P 109

Kat. 70, Seite 76
Champagnerfantasie (Vergrößerungsglas), 1945

Champagner, Beckmanns Leibgetränk, bildet hier den Ausgangspunkt einer surrealen Vision, die an *Faust* (vgl. Kat. 59–63, Abb. S. 64–66) nicht nur im zeichnerischen Strich anknüpft. Durch eine Lupe, die eine Hand vor die Champagnerflöte hält, sehen wir im Schaum Menschlein, Gliedmaßen, ein Auge, ein feistes Grinsen, kurzum eine „Ursuppe“ (Schick 2020, S. 201) mit Gestaltformen aus dem Umkreis von Fausts Homunculus. *Champagnerfantasie* greift damit frühere Überlegungen zu einem Urgeschlecht der Menschen auf (vgl. Kat. 58, Abb. S. 63).

Feder in Schwarz, grau laviert, über Bleistift
502 × 260 mm
Bez. u. r.: Beckmann / A. 45
Caroline und Stephen Adler
Finke/von Wiese 2026, Nr. 1547

Kat. 71, Seite 77
Spaziergang (Der Traum), 1946

Energisch schreitet die schwarze Gestalt eines Mannes über einen hohen Steg. Er bemerkt den drohenden Abgrund nicht, der sich vor ihm auftut: Der Steg, der sich in eine dunkle und eine helle Seite teilt, ist in der Mitte unterbrochen. In der Tiefe liegt ein weiblicher Akt – umspült von Wasser, jenem lebensspendendem Element, von dem für Beckmann eine große Faszination ausging. *Spaziergang (Der Traum)* zählt zu den wenigen Blättern des Künstlers, die als surrealistisch bezeichnet werden können.

Feder in Schwarz und Pinsel in Schwarzbraun
320 × 270 mm
Bez. u. r.: Beckmann / A. 46
Privatbesitz
Finke/von Wiese 2026, Nr. 1570

Neuanfang in den USA

1947/48
Befristeter Lehrauftrag in Saint Louis; im Juni 1948 kurzzeitige Rückkehr nach Amsterdam

1948
Im September definitive Emigration in die USA; große Einzelausstellung im City Art Museum, Saint Louis, mit weiteren Stationen in Los Angeles, Detroit, Baltimore und Minneapolis

1949
Beginn der Tätigkeit an der Brooklyn Museum Art School in New York

1950
Max Beckmann stirbt am 27. Dezember in New York

Schon 1940 hatte Beckmann eine Ausreise in die USA angestrebt. Doch erst 1947 erhielt er ein Besuchsvisum für einen befristeten Lehrauftrag in Saint Louis. Im September 1948 folgte schließlich die Einreiseerlaubnis: Jetzt konnte das Ehepaar Beckmann endgültig in die Vereinigten Staaten übersiedeln.

Dank eines wachsenden Netzwerks an befreundeten Kunsthändlern, Sammlerinnen und Museumsmitarbeitern in den USA fasste Beckmann rasch Fuß in der dortigen Kunstszene. Neben Reisen, Lehraufgaben und Vorträgen setzte er sein bisheriges Schaffen konsequent fort. Unbeeindruckt von den zunehmenden Abstraktionstendenzen in der zeitgenössischen Kunst rang er um Figuration und Raum und um die Wahrheit hinter dem Sichtbaren.

Kat. 72, Seite 78
Students (Studenten), 1947

Die humoristische Federzeichnung entstand während Beckmanns erstem USA-Aufenthalt im Kontext seines Lehrauftrags an der School of Art der Washington University in Saint Louis. Bildbestimmend ist das riesenhafte männliche Aktmodell mit lässig hochgestelltem Bein. Die konzentriert arbeitenden Studenten hat Beckmann so individuell charakterisiert, dass unter anderem der schlaksige junge Mann am linken Bildrand als Walter Barker identifiziert werden konnte, sein Schüler und Assistent, dem der Künstler freundschaftlich zugetan war (vgl. Ausst.-Kat. Frankfurt am Main 2011, S. 112).

Feder in Schwarz und Braun über Bleistift
314 × 418 mm
Bez. mittig r.: Beckmann / St. Louis / 5.12.47; u. l.: Students
Privatbesitz
Finke/von Wiese 2026, Nr. 1661

Kat. 73, Seite 79
Blick aus dem Hotelfenster in Chicago, 1948

Auch in den USA schuf Beckmann Fensterbilder (vgl. Kat. 34, Abb. S. 35, und Kat. 46, Abb. S. 47). Er zeichnete oder malte den Blick von innen nach außen wie hier aus seinem Chicagoer Hotelfenster im Januar 1948. Mit raschem Strich notierte er die Fensterstreben und dahinter die Hochhäuser und Wolkenkratzer mit ihren Feuerleitern und Balkonen. Links geben sie den Blick frei auf den Lake Michigan. Im Gesamtwerk Beckmanns spielt die Erfahrung US-amerikanischer Großstadtarchitektur dennoch eine untergeordnete Rolle.

Feder in Braun
265 × 180 mm
Nicht bez.
Sammlung Karin & Rüdiger Volhard
Finke/von Wiese 2026, Nr. 1690

Kat. 74, Seite 80
Rodeo, 1949

Am 31. Juli 1949 besuchte Beckmann in Colorado ein Rodeo. In seinem Tagebuch fand er dafür keine enthusiastischen Worte (Beckmann 1979, S. 342).

Dennoch schuf er diese dynamische Federzeichnung eines von einem Stier hinuntergebuckelten Cowboys. Wie in einer akrobatischen Tanzfigur segelt der Reiter durch die Luft. Die Clowns, die zum Schutz des Abgeworfenen eigentlich das gestresste Tier ablenken sollen, scheinen den Sturz eher zu bejubeln. In der Beckmann-Literatur wurde der Cowboy verschiedentlich als Selbstidentifikation des Künstlers interpretiert (vgl. Ausst.-Kat. Frankfurt am Main 2011, S. 130).

Feder in Schwarz über Bleistift
603 × 435 mm
Bez. u. r.: Beckmann 49 / Boulder
Caroline und Stephen Adler
Finke/von Wiese 2026, Nr. 1733

Kat. 75, Seite 81
Selbstbildnis mit Fisch, 1949

Ebenso wie die Federzeichnung *Rodeo* (Kat. 74) entstand das eindrückliche *Selbstbildnis mit Fisch* im Sommer 1949. Beckmann verbrachte damals zehneinhalb Wochen als Dozent in Boulder am Rande der Rocky Mountains. Der Künstler hat sich hier als Cowboy mit ‚Holzfällerhemd', Zigarette im Mund und symbolträchtigem Fisch in der Hand wiedergegeben. Deutlich spiegelt das in kräftigen Strichlagen angelegte Bildnis dabei das Spannungsverhältnis zwischen Anpassung an die ihm neue Lebensumgebung und energischer Selbstbehauptung.

Pinsel in Schwarz über Kohle
580 × 452 mm
Bez. u. r.: Beckmann / Boulder / 8. August 49
Hamburger Kunsthalle, Kupferstichkabinett, Inv. 1951-61
Finke/von Wiese 2026, Nr. 1736

Kat. 76, Seite 83
Begegnung (The Meeting), 1948

Das späte Selbstbildnis steht zeichnerisch noch den *Faust II*-Darstellungen (vgl. Kat. 59–63, Abb. S. 64–66) nahe. Es zeigt Beckmann frontal, skeptisch zum Betrachter blickend. Eine geschwungene Linienform bedeckt seinen Mund und verbindet ihn zugleich mit einem antikischen Profilgesicht. Diese idealisierte Gestalt, die durch die geschlossenen Augen ganz auf sich bezogen bleibt, könnte für die Wahrheit hinter dem Sichtbaren stehen (vgl. Ausst.-Kat. Frankfurt am Main 2011, S. 248), die Beckmann stets zu gestalten anstrebte. Die Betonung der Augen ist (angesichts der Verhüllung des Mundes) ein Bekenntnis zum Visuellen – und damit zur bildenden Kunst.

Feder in Schwarz über Bleistift
318 × 498 mm
Bez. u. r.: Beckmann 48 St. L.; in der Darstellung u. mittig: Begegnung (the meeting)
Privatbesitz, Deutschland
Finke/von Wiese 2026, Nr. 1697

Kat. 77, Seite 84
The Last Duties of Perseus (Perseus' letzte Aufgaben), 1948

Trotz des Titels, den der Künstler selbst auf die Zeichnung notierte, bleibt die Darstellung rätselhaft. Sie steht exemplarisch für Beckmanns subjektive Aneignung mythologischer Stoffe. Wie hier bei Perseus' Enthauptung der Medusa gestaltete er sie nie erzählerisch und setzte sie auch nicht ‚textgetreu' um. Erneut geht es um den Kampf der Geschlechter, aber auch um das Erfüllen von „last dutys": letzter und – mit Blick auf das weibliche Höllentier – schier unlösbarer Aufgaben. So dürfte Beckmann mit dieser bildmäßigen Komposition auch über sein Selbstverständnis als Künstler nachgedacht haben.

Feder in Schwarz, laviert, und Kohle über Bleistift
351 × 507 mm
Bez. u. r.: Perseus l. d. – Beckmann 48; u. l.: „the last dutys [sic] of Perseus!
Privatsammlung
Finke/von Wiese 2026, Nr. 1692

Kat. 78, Seite 85
Die Wespe – Torpedo, 1949

Im Sommer 1949 las Beckmann in Colorado das *Nibelungenlied* in der Übersetzung von Karl Simrock und schuf dazu mehrere Zeichnungen. „Große Sache", notierte er in sein Tagebuch (11.8.1949, Beckmann 1979, S. 344). *Die Wespe* entstand in diesem Kontext; sie dürfte auf die Begegnung des Helden Hagen mit zwei „Meerweibern" an der Donau anspielen – in einem Brunnen badende Frauen, die er ihrer Kleider beraubte. Zum Rücktausch bieten sie ihm die Weissagung seines Schicksals an: den Untergang. In Beckmanns Unterwasserszene nähert sich den beiden erschrockenen Frauen ein eindeutig männlich konnotiertes, geflügeltes Geschoss. Im Abwehrgestus der Frau rechts vorn zitiert Beckmann eigene Kompositionen aus der Mitte der 1940er-Jahre – ein Gestus, der hier in leicht übersteigerter Form beinahe parodistisch erscheint.

Feder in Schwarz über Kohle
454 × 598 mm
Bez. u. l.: Beckmann / Boulder 29 July / 1949
Privatbesitz
Finke/von Wiese 2026, Nr. 1732

Kat. 79, Seite 87
Backstage (Hinter der Bühne), 1950

Ebenso wie das Triptychon *Argonauten* (National Gallery of Art, Washington, D. C.) gehört *Backstage* zu den letzten Gemälden Beckmanns. Der Künstler arbeitete noch am Tag vor seinem Tod daran. Einzelne, wohl in Pastell vorgezeichnete Partien wurden möglicherweise nicht mehr in Öl übergangen. In der düsteren Komposition wagt Beckmann einen Blick hinter die Kulissen seines Welttheaters. Die achtlos abgestellten Requisiten können mit der Kabbala, den Nibelungen, auch mit den Schriften Helena Petrovna Blavatskys in Verbindung gebracht werden (vgl. Ausst.-Kat. Frankfurt am Main 2011, S. 242): So sind chiffrenartig die Quellen versammelt, aus denen Beckmann seine Weltanschauung formte.

Öl auf Leinwand
101,5 × 127 cm
Nicht bez.
Städel Museum, Frankfurt am Main, erworben 1989 mit Mitteln der Stadt Frankfurt am Main, der Hessischen Kulturstiftung und der Dresdner Bank, Inv. SG 1268
Göpel 1976, Nr. 830; MB-G 830

Kat. 80, Seite 89
Bildnis Georg Swarzenski, 1950

Am 15. Dezember 1950 porträtierte der Künstler den frühen Förderer und ebenfalls in die USA emigrierten einstigen Städel-Direktor Georg Swarzenski in seinem New Yorker Atelier. Das Bildnis war für eine Festschrift zu Swarzenskis 65. Geburtstag gedacht. „Noch nie", so berichtete der Dargestellte seinem Sohn Hanns später, „hätte er eine Portrait-Sitzung gehabt, in der während der Arbeit der Künstler so angespannt und mit solcher Intensivität gearbeitet hätte" (Ausst.-Kat. Frankfurt am Main 1978, S. 80). Das einfühlsame Bildnis spricht von dem großen Respekt zwischen Künstler und ehemaligem Museumsdirektor. Zwölf Tage später erlitt Beckmann bei einem Spaziergang einen Herzinfarkt und starb.

Kohle, teilweise gewischt und radiert
590 × 450 mm
Bez. u. r.: Beckmann / N. Y. 50
Städel Museum, Frankfurt am Main, erworben 1985 als Schenkung von Hermann Josef Abs, Inv. 16354
Finke/von Wiese 2026, Nr. 1783

Max Beckmann. Drawings

Max Beckmann (1884–1950) was a prominent figure of European modernism. He received academic training as a painter and was initially influenced by Impressionism. After his traumatic experiences of World War I, he developed an unmistakable pictorial language of his own. He sought to expose the hidden mechanisms of a world that he perceived as a grotesque theatre.

His point of departure was personal experience. The art historian Julius Meier-Graefe referred to the keen observer Max Beckmann as a 'life digger' (Meier-Graefe 1924, p. 34). Yet the artist also took important impulses from the philosophical, religious and esoteric writings as well as the poetry and mythology he studied in great depth. He interrogated this material with regard to such aspects as underlying truths, his role as an artist and the relationship between the sexes. His approach was deeply subjective, and the result was an 'art of the self' (Westheim 1923, p. 101) that transcended the bounds of the purely autobiographical by way of allusion and mystification.

Drawing forms the core of Beckmann's prolific oeuvre and opens the door to a cosmos all its own. Throughout his career, it aided the artist in transformation processes – both form- and content-related – and served him as a means of collecting motifs and finding and inventing imagery. It was not by chance that Wilhelm Hausenstein coined the term 'painter-draughtsman' for him in 1921 (Hausenstein 1921).

Beginnings in Berlin

Beckmann's early oeuvre bears close stylistic affinities to German Impressionism; his painting and drawing technique betray the influence of Max Liebermann and Lovis Corinth. In terms of content, however, he parted ways with those forebears: for Beckmann, art was a metaphor for life, for fundamental, existential conflicts. He confidently carried out monumental history paintings on biblical and mythological themes as well as contemporary occurrences – and met with success. The first monograph on Max Beckmann came out in 1913 (Kaiser 1913).

However, it was a period in which Expressionism was gaining ever wider recognition. After critics slammed Beckmann's ambitious painting on the sinking of the Titanic (1912/13, Saint Louis Art Museum) in 1913, he felt compelled to define his artistic position. Now he increasingly explored his own firsthand experiences, particularly of modern big-city life, as a source for his subject matter.

1884
Max Beckmann is born in Leipzig on 12 February; in 1895 the family moves to Braunschweig

1900–1903
Attends the Grossherzoglich-Sächsische Kunstschule in Weimar

1904
Moves to Berlin after a six-month stay in Paris

1906
Exhibits successfully at the Berliner Secession; marriage to Minna Tube

1908
Birth of their son Peter

1913
First solo exhibition at Paul Cassirer in Berlin

Cat. 1, page 1
Self-Portrait, 1912

On this drawing, Beckmann added the word 'unfinished' to his signature. It portrays the under-thirty-year-old fixing an intense, sceptical – indeed, openly critical – gaze on himself and society. In the manner typical of his early 'impressionistic' style, he has used soft, slightly rubbed hatching to develop the face from light and shade.

Pencil
235 × 207 mm
Signed l. r.: Beckmann 12 / unvollendet.
Germanisches Nationalmuseum, Nuremberg. Hans Kinkel Collection, inv. Hz 10838
Finke/von Wiese 2026, no. 244

Cat. 2, page 2
Le Début, 1906

Beckmann met Minna Tube, a fellow artist two years his senior, at the art school in Weimar. They married in September 1906; their son Peter was born in 1908. At Beckmann's behest, Minna – whom he called 'Mink' – gave up painting and instead made a career for herself as a singer. The couple remained in contact even after their divorce in 1925. The rapid sketch portrays her as a composed, self-confident woman. The title *Le Début* could refer to Minna's first performance as a singer (Wieg 2005, pp. 17–18) or to the dedication of the drawing in conjunction with Beckmann's participation in an exhibition at the Berlin Secession (see Bayerische Staatsbibliothek, Munich, Bequest Göpel, Ana 415, Bestand Max Beckmann, A. XI, Der Zeichner – Vorarbeiten).

Pencil
192 × 278 mm
Signed l. l.: 22.4.06. (Le Début) / Mei en lieben Minkchen.; l. l.: Beckmann
Private collection, Germany
Finke/von Wiese 2026, no. 108

Cat. 3, page 3
Minna Beckmann-Tube, Holding Her Son Peter, 1911

Pencil
289 × 244 mm
Signed l. r.: Beckmann / 5.12.11
Staatliche Museen zu Berlin, Kupferstichkabinett, Ident.-Nr. SZ M. Beckmann 7
Finke/von Wiese 2026, no. 231
See the text on cat. 2

Cat. 4, page 4
Elephant Battle, 1908

Here, with rapid strokes of the pen and brush, Beckmann sketched a composition for a history painting he never carried out: a tumultuous battle scene with a mounted elephant at the centre. He may have been trying his hand at the story of Hannibal, the Carthaginian general who crossed the Alps with elephants during the Second Punic War. The real subject, however, is the mass of human beings engaged in an existential struggle – a topic the artist explored repeatedly in varying constellations in the years leading up to World War I.

Pen and brush in black, washed, over pencil
288 × 390 mm
Signed l. r.: Beckmann / 08
Private collection, Germany
Finke/von Wiese 2026, no. 133

Cat. 5, page 5
Study for *The Prisoners*, 1910

In preparation for his history paintings, Beckmann carried out numerous sketches and careful studies of models. The figure of a woman stretched out provocatively in her state of helplessness forms the central motif of the painting *The Prisoners* (Saint Louis Art Museum). In the period from which this drawing dates, the artist – inspired by the philosophical theories of Friedrich Nietzsche – was seeking ways to capture 'pulsating fleshly life in its entirety' (*Tagebuch* [Diary], 28 January 1909, Beckmann 1966, p. 34) – an endeavour that also seems to have informed this study.

Black chalk
192 × 268 mm
Signed l. r.: 9.5.10
Staatsgalerie Stuttgart, Department of Prints, Drawings and Photographs, acquired 1965, inv. C 1965/1402
Finke/von Wiese 2026, no. 176

Cat. 6, page 6
Evening Street Scene, 1913 (?)

Presumably working in his studio, the artist depicted this street scene atmospherically in pen and black chalk. It is one of a group of early drawings he carried to such a degree of completion that they can be considered on a par with paintings. The city became a subject in Beckmann's art around 1911/12. Still indebted to the artist's visual experiences of Impressionism, the balls of light emanating from the streetlamps are especially defining elements. The art historian Erhard Göpel, a friend of Beckmann's, conjectured that, of the two pedestrians seen from the back in the left foreground, the one on the right was a self-depiction of the artist (Göpel 1954, Bilderverzeichnis, no. 6, unpag.).

Pen in black and black pastel chalk, washed
252 × 177 mm
Unsigned
Germanisches Nationalmuseum, Nuremberg. Hans Kinkel Collection, inv. Hz 10839
Finke/von Wiese 2026, no. 314

Cat. 7, page 7
Sketch for *The Night*, 1912

In dismay, a group of figures stand around the lifeless body of a man who has fallen on his back from a bed, evidently a victim of violence. In the two pen sketches, Beckmann recorded a scene he had witnessed firsthand – quite in contrast to the frequently mythological, biblical or literary subject matter of his early work (see letter of 3 April 1915 to Minna Beckmann-Tube, Beckmann 1993, no. 107, p. 114). The colour specifications suggest that the artist originally intended to carry out a painting of the scene. His first use of the motif, however, was for an etching of 1914 entitled *Night*. It was not until four years later that he formulated the experience in the forceful painting *The Night*, if in an entirely different fashion (fig. 7, p. 169).

Pen in blackish brown
208 × 186 mm
Signed l. l.: Entwurf zur Nacht 19.3.12; l. r.: Beckmann; colour specifications in the upper drawing
Saint Louis Art Museum, Neumann/Frumkin Collection, purchased with funds provided by the bequest of Morton D. May, by exchange, the bequest of Florene M. Schoenborn in honour of her father, David May, by exchange, Emily Rauh Pulitzer, Museum Shop Fund, Mr. and Mrs. Lester A. Crancer Jr., Phoebe and Mark Weil, The Sidney S. and Sadie Cohen Print Purchase Fund, Mr. and Mrs. David C. Farrell, the Julian and Hope Edison Print Fund, gift of George Rickey, by exchange, bequest of Helen K. Baer, by exchange, Suzanne and Jerry Sincoff, Museum Shop Fund, by exchange, gift of the Buchholz Gallery, by exchange, Museum Purchase, by exchange, Jerome F. and Judith Weiss Levy, bequest of Horace M. Swope, by exchange, and funds given by Fielding Lewis Holmes through the 1988 Art Enrichment Fund, by exchange, inv. 419:2002
Finke/von Wiese 2026, no. 281

The Artist in the War

Beckmann hoped – at first euphorically – to gain new impulses for his art from World War I and volunteered for medical service. His letters to his wife, published in the magazine *Kunst und Künstler* in 1914 and 1915, testify to his initial enthusiasm. In numerous drawings he recorded his impressions of the soldiers' everyday life and the Flemish landscape and its inhabitants, but also the direct effects of the war: destroyed villages, dead cattle, hospital scenes and 'war-weary soldiers' (cat. 10, fig. p. 10).

1914
World War I begins on 1 August; starting in September, Beckmann is in East Prussia for two months accompanying a transport of private donations and volunteering as a medical orderly; he subsequently reports for medical service in the military

1915
Service in field hospitals in Belgian Flanders, the last being one near Ypres; wall painting for a military bathing facility in Wervik; in August transferred to the Imperial Hygiene Institute in Strasbourg to serve as a draughtsman; late 1915 military leave for health reasons; moves to Frankfurt am Main

1917
Release from military service

Hard lines increasingly replaced the soft gradations of his earlier works. Reduced, distorted forms came to dominate the artist's depictions of figures. In Strasbourg, Beckmann began work on *Resurrection*, the only oil painting in which he reflected directly on his war experiences. He never finished it (fig. 1, p. 160).

Cat. 8, page 8
Neidenburg, 1914

In September 1914, Beckmann accompanied a privately organized donation transport to East Prussia and there made up his mind to volunteer as a medical orderly. Gutted and destroyed towns such as Neidenburg (Nidzica) inspired him to carry out large-scale drawings formulating what he had seen in well-thought-out compositions. He captured the devastation aesthetically – as described, for example, in a letter he wrote to his wife two days after making this drawing: 'Yesterday N. was fabulous. Like after a huge earthquake' (18 September 1914, Beckmann 1993, no. 89, pp. 93–94).

Reed pen and brush in black and grey over pencil, washed
316×473 mm
Signed l. r.: Beckmann / Neidenburg / 16.9.14.
Staatliche Museen zu Berlin, Kupferstichkabinett, gift of Erhard and Barbara Göpel, Ident.-Nr. KdZ 31462
Finke/von Wiese 2026, no. 351

Cat. 9, page 9
In the Wagon to Allenstein, 1914

Formally speaking, these two drawings (cat. 9 and 10) – carried out during the artist's first stint as a voluntary medical orderly in East Prussia – could hardly be more different. In the one, the artist used densely clustered strokes to reproduce the interior of a dark, overcrowded railway wagon. He captured the atmosphere of the scene as on a picture-frame stage. The figures viewed from the back in the foreground serve both as observers and as a barrier. The drawing *War-Weary Soldiers*, on the other hand, makes much more economical use of the medium. The integration of the paper surface in the depiction serves to call our attention to the soldiers' body language: there is no trace of the euphoria of war in this keenly perceptive 'stocktaking'.

Pen and brush in black ink, washed
248×228 mm
Signed l. r.: 30.9.14 / Beckmann / Im Wagon / nach Allenstein
Staatliche Museen zu Berlin, Kupferstichkabinett, gift of Erhard and Barbara Göpel, Ident.-Nr. KdZ 31463
Finke/von Wiese 2026, no. 371

Cat. 10, page 10
War-Weary Soldiers, 1914

Pen in black and brush in grey, washed in grey in places
305 × 470 mm
Signed l. r.: Beckmann / [illegible] / 14
Private collection
Finke/von Wiese 2026, no. 370
See the text on cat. 9.

Cat. 11, page 11
Wounded Soldier with Bandaged Head, 1915

While serving as a medical orderly on the western front in Belgium, Beckmann made numerous small sketches (cat. 11–14) recording scenes he witnessed in various field hospitals and operating theatres. The soft transitions of his earlier works are sought in vain in these rapidly dashed-off scenes, which reproduce the artist's impressions in stenograph-like close-ups – like an 'inner diary' (Von Wiese 1978, p. 48). Human beings, in all their infirmity and vulnerability, occupy centre stage.

Pencil
151 × 120 mm
Signed l. r.: 2.3
Museum der bildenden Künste Leipzig, Mathilde Q. Beckmann Bequest, inv. LV 98
Finke/von Wiese 2026, no. 443

Cat. 12, page 11
Soldier Undergoing Medical Eye Treatment, 1915

Pencil
148 × 120 mm
Unsigned
Museum der bildenden Künste Leipzig, Mathilde Q. Beckmann Bequest, inv. LV 101
Finke/von Wiese 2026, no. 444
See the text on cat. 11.

Cat. 13, page 12
The Eye Clinic, 1915

Pencil
114 × 182 mm
Unsigned
Städel Museum, Frankfurt am Main, acquired in 1928 from the artist with funds from the Frankfurter Künstlerhilfe, inv. SG 969
Finke/von Wiese 2026, no. 441
See the text on cat. 11.

Cat. 14, page 13
Two Doctors at the Sickbed of a Wounded Man, 1915

Pencil
181 × 114 mm
Signed u. r.: 1.3 [?]
Städel Museum, Frankfurt am Main, acquired in 1928 from the artist with funds from the Frankfurter Künstlerhilfe, inv. SG 968
Finke/von Wiese 2026, no. 442
See the text on cat. 11.

Cat. 15, page 14
Dead Man Laid Out, 1915

With sparse contours, here Beckmann presents us with a strongly foreshortened figure of a fallen soldier. The face is no longer recognizable. The drawing describes the head as a dehumanized, almost abstract shape. The unusual perspective further heightens the unsettling effect. Beckmann made use of this figure again in the drypoint etching *The Morgue* (1915), one of only ten prints in his oeuvre bearing a relation to specific war experiences.

Pencil
233 × 274 mm
Signed l. r.: B. 15
Germanisches Nationalmuseum, Nuremberg. Hans Kinkel Collection, inv. Hz 10848
Finke/von Wiese 2026, no. 579

Cat. 16, page 15
Home Guardsman Ernst Pflanz, 1915

In early April 1915, Beckmann portrayed the home guardsman Ernst Pflanz in Wervik, Belgium. Although the clusters of strokes are now far choppier, the portrait bears a relation to the artist's earlier Impressionist-influenced works in the chiaroscuro of the dense hatching. In another version, today in private holdings, the linework is more reductive. The likeness may have been intended for printing in a war newspaper.

Pencil
365 × 253 mm
Signed u. r.: Beckmann / Verwik 6.4. / 15; verso: Landsturmmann ~~Ernst~~ Pflanz Berlin N / Feldstr. 12
Städel Museum, Frankfurt am Main, acquired in 1918 from the artist, inv. SG 615
Finke/von Wiese 2026, no. 511

Cat. 17, page 17
Prof. Ferdinand Sauerbruch, 1915

When the war began in 1914, Ferdinand Sauerbruch was a professor of surgery and a clinic director in Zurich. Like many German intellectuals, he reacted enthusiastically to the turn of events, took an indefinite leave of absence and volunteered for military service. He was assigned to the Vosges and a location near Ypres as a consulting surgeon. Beckmann and Sauerbruch met in May 1915. There is something emphatically obtrusive about the way the artist zoomed in on the doctor's face, which owes its three-dimensionality to just a few clusters of hatching. All the more piercing is Sauerbruch's gaze, which he fixes attentively, almost hypnotically, on the viewer – and thus first and foremost on the artist in the process of drawing – from behind his modest eyeglasses.

Pencil
230 × 140 mm
Signed u. r.: Herrn Prof. Sauerbruch zum / Andenken an den Mai 1915 / M. Beckmann
Private collection, Bonn
Finke/von Wiese 2026, no. 546

Cat. 18, page 19
Self-Portrait While Drawing, 1915

Not only the portrait of Sauerbruch (cat. 17) but also one of the most forceful self-portraits of the artist's time at war date from May 1915. The two likenesses share the slight tilt of the head and the piercing gaze. Owing to the use of a pen, however, the lines in the self-portrait are harder, more brittle, lending it a blunter, more radical quality. By including his identification tag and the neck pouch for his service book, Beckmann presents himself here as an artist in war service in the very act of drawing. The portrait is an uncompromisingly critical self-examination.

Pen in black
314 × 241 mm
Signed u. r.: Verwik 10.5.15 / B
Staatsgalerie Stuttgart, Department of Prints, Drawings and Photographs, gift, 1968, inv. C 1968/1676
Finke/von Wiese 2026, no. 544

Cat. 19, page 20
Grumbensferm (Groenenburg-Ferme), 1915

In June 1915, perhaps even earlier, Beckmann was working on drawings for a book containing poems by soldiers of the XVth army corps. Entitled *Kriegslieder des XV. Korps 1914–1915 von den Vogesen bis Ypres*, the volume was published by Paul Cassirer in Berlin in September of the same year. The proceeds were to go towards tending the graves of soldiers. Beckmann's motifs, which were partially based on photographs (cat. 19) and postcards (cat. 20), are nearly all war landscapes. The destroyed Groenenburg-Ferme farmstead near Ypres is bathed in an apocalyptic sunlit atmosphere with dramatic shadows. The *Forest Cemetery* is in a hollow surrounded by bare tree trunks pointing skywards like spears. Nature, once idyllic, is now devastated.

Pen and brush in black
238 × 287 mm
Signed l. l.: Grumbensferm; l. r.: Beckmann
Karin & Rüdiger Volhard Collection
Finke/von Wiese 2026, no. 589

Cat. 20, page 20
Forest Cemetery, 1915

Pen in black
228 × 289 mm
Signed l. r.: Waldfriedhof
Kassel, Hessen Kassel Heritage, inv. GS 1232
Finke/von Wiese 2026, no. 600
See the text on cat. 19.

Cat. 21, page 21
Canal Bend, 1915

In 1915, Beckmann saw the landscape furrowed by trenches at the front. 'Oddly unreal, lunar-mountain-like cities have grown up there', he wrote to his wife on 28 April (Beckmann 1993, no. 118, p. 123). He sketched the natural scenery radically reshaped by trench warfare not far from a fiercely contested position on the ridge along the Ypres-Comines Canal (cat. 21). For the book *Kriegslieder* published by Paul Cassirer in Berlin, he captured the motif from a different angle in a pen drawing (cat. 22). This view is more detailed – and more apocalyptic. The experience of ravaged landscape would be fundamental for the artist's never-completed painting *Resurrection* (fig. 1, p. 160).

Pencil
140 × 234 mm
Signed l. l.: Kanalknie 4.15. Beckmann
Private collection, Austria
Finke/von Wiese 2026, no. 597

Cat. 22, page 21
Canal Bend, 1915

Pen in blackish brown over pencil
247 × 397 mm
Signed l. l.: Das Kanal Knie
Strasbourg, Musée d'Art Moderne et Contemporain, inv. 55.997.0.4
Finke/von Wiese 2026, no. 596
See the text on cat. 21.

Cat. 23, page 22
Self-Portrait as Medical Orderly, 1915

In 1915, after the harrowing experiences behind the front, Beckmann carried out a self-portrait. The image at the centre of the sheet is surrounded by notes on the current war events. The penetrating gaze – which takes on an almost delusional quality in the less detailed half of the face – has lost nothing of its riveting intensity to this day. It is a portrait of a traumatized person whom even drawing no longer protects from 'death and danger' (letter of 3 October 1914 to Minna Beckmann-Tube, Beckmann 1993, no. 92, p. 97).

Pencil
362 × 253 mm
Signed verso l. r.: Beckmann; with notes on current war events
Private collection
Finke/von Wiese 2026, no. 543

Cat. 24, page 24
First Sketch for *Resurrection*, 1914

As late as December 1914, Beckmann was still sketching ideas for the painting *Resurrection*, which he would begin in Strasbourg in 1915 but would never complete (fig. 1, p. 160; see Zeiller 2006, pp. 98–100). In contrast to the earlier version of 1907/08 (Staatsgalerie Stuttgart), the one conceived at war lacks all hope of salvation. The dead rise from their graves and gather in a fragmented space that defies interpretation. There is not the slightest hint of victory over death or the ascension of the righteous on the Day of Judgement.

Pen in black ink over pencil
122 × 196 mm
Signed l. l.: Erster Entwurf z. Auferstehung Dezember 14; l. r.: Beckmann
Bayerische Staatsgemäldesammlungen, Munich, Max Beckmann Archiv, on permanent loan from the Freunde des Max Beckmann Archivs, gift of Dr. Hubert Burda, inv. MBG VIII 8
Finke/von Wiese 2026, no. 378

Cat. 25, page 25
Recumbent Nude of an Old Woman, 1915 (?)

Beckmann carried out this nude study in Strasbourg or Frankfurt. With the overemphasis on the limbs and the perspectival foreshortening, it demonstrates his new conception of the figure. In the painting *Resurrection* (fig. 1, p. 160) and the (mirror-image) etching of the same (cat. 27), the old woman appears almost entirely unchanged at the centre, below the standing figure gazing at the sun. It is also discernible, rapidly dashed off, in the large composition sketch (cat. 26). – Also see the essay by Hedda Finke in this catalogue, pp. 168–169.

Pencil
208 × 306 mm
Signed l. r. (at a later date): Beckmann / 16
Museum der bildenden Künste Leipzig, Mathilde Q. Beckmann Bequest, inv. LV 170
Finke/von Wiese 2026, no. 616

Cat. 26, page 26
Large Sketch for *Resurrection*, 1915/16

Just a few years ago, a large sketch of the *Resurrection* (see fig. 1, p. 106) was found in the bequest of Beckmann's second wife, Mathilde Q. In sparse contours, it records the composition of the painting begun in Strasbourg. Mirroring as much the artist's war experiences as his haunting nightmares, it depicts the dead rising from their graves and striding through a devastated apocalyptic landscape. The elongated figures in this dismal vision of a disparate post-war world testify to his new conception of the human figure and of art in general.

Pencil
870 × 1477 mm
Inscribed with specifications on several measurements
Private collection, Germany
Finke/von Wiese 2026, no. 618

Cat. 27, page 27
Resurrection, 1918

The collector and publisher Reinhard Piper was a frequent guest in Beckmann's Frankfurt studio. There he saw the unfinished *Resurrection* (fig. 1, p. 106) – at 3.45 by 4.97 metres the artist's largest painting. In 1918 Piper asked Beckmann to record the oil painting in an etching. The latter exhibits certain pictorial elements never carried out in the work on canvas.

Drypoint etching
372 × 451 mm (sheet), 240 × 332 mm (plate)
Signed l. r.: Beckmann
Städel Museum, Frankfurt am Main, acquired in 1949 with the Beckmann collection from Ugi and Fridel Battenberg, inv. SG 3044
Hofmaier 1990, no. 132 II B b

'Base of Operations' in Frankfurt am Main

Following the life-changing experiences of World War I, Beckmann did not return to his family. Minna Beckmann-Tube started working as an opera singer in Elberfeld, while the artist moved in with friends in Frankfurt am Main. Hardly painting at first, he found his way to his new style in prints and drawings. He explored the international avant-gardes and Early German art, feeding his imagery with the artistic deliberations of his war-time service. Reductive forms, frequently projected onto the surface two-dimensionally, soon came to dominate the pictorial structure. Perspectival distortions created instability and dynamic. And Beckmann focused his gaze again and again on the world's imperfections.

Success for the artist was not long in coming and manifested in solo exhibitions and purchases of his works by museums. In the late 1920s, he travelled from his 'base of operations' in Frankfurt (J. B. Neumann, 'Sorrow and Champagne', in: Harter/von Wiese 2011, p. 292) to the major art centres: Berlin, New York, Basel and above all Paris, which he made his primary place of residence in 1929.

1915
Move to Frankfurt am Main; frequent trips to Berlin

1918
First purchases of Beckmann works for the Städel Museum

1925
Divorce from Minna Beckmann-Tube; marriage to Mathilde von Kaulbach; appointment to the Frankfurt School of Arts and Crafts (Kunstgewerbeschule, now the Städelschule)

1928
Major Beckmann exhibition in Mannheim

1929–1932
Paris is the artist's main place of residence; monthly visits to Frankfurt to fulfil his teaching obligations at the School of Arts and Crafts

Cat. 28, page 29
Self-Portrait, 1917

Formally, this portrait bears a close resemblance to the *Self-Portrait While Drawing* (cat. 18, fig. p. 19) dating from the artist's time in war service. Both drawings depict him at work; both are distinguished by rapid, edgy pen strokes that capture the face with uncompromising honesty. Here we encounter a tense, bleary-eyed Beckmann 'at 4 o'clock in the morning' with half-closed lids, his chin propped wearily on one hand while the other hand wields the pen.

Pen in black
387×316 mm
Signed u. r.: Beckmann / Mitte März des glücklichen / Jahres 1917 / In der Nacht um 4 Uhr früh
The Art Institute of Chicago, gift of Mr. and Mrs. Allan Frumkin, inv. 1975.1127
Finke/von Wiese 2026, no. 720

Cat. 29, page 30
The Lovers' Tryst, 1915

When Beckmann came to Frankfurt from Strasbourg in 1915, he found refuge with a friend from his time at the art school in Weimar: Ugi Battenberg. Ugi and his wife Fridel took him into their home at Schweizer Strasse 3 and let him use the studio there. Beckmann's earliest Frankfurt sketches tell of a withdrawal into the private sphere. Showing his friends on the couch, the drawing *Lovers' Tryst* (a translation of the artist's title *Schäferstündchen*) is devoted to one such intimate scene. Ugi has fallen asleep, his head nestled in his wife's lap.

Pen in black and brown
152×196 mm
Signed u. r.: Das Schäferstündchen / d. l. Ugis / 26.11.15 Beckmann
Städel Museum, Frankfurt am Main, acquired in 1949 with the Beckmann collection from Ugi and Fridel Battenberg, inv. SG 2963
Finke/von Wiese 2026, no. 628

Cat. 30, page 31
Portrait of Fridel Battenberg, 1916

The pianist Fridel Battenberg was the wife of Beckmann's Weimar art-school friend Ugi and a close confidante of the artist. Here he portrayed her with an intent and observant gaze. The disproportionality between the large head and the small, bony hands nevertheless lends the likeness a disconcerting quality inherent to many of Beckmann's drawings of those years. It is an expression of his own sceptical view of reality.

Pencil
308×235 mm
Signed u. r.: Meiner lieben Titti / Beckmann / 19.8.16.
Städel Museum, Frankfurt am Main, acquired in 1949 with the Beckmann collection from Ugi and Fridel Battenberg, inv. SG 3282
Finke/von Wiese 2026, no. 673

Cat. 31, page 33
Study for *The Nizza in Frankfurt am Main*, 1921

The house depicted here is still standing – albeit structurally changed – on the corner of Untermainkai and Mainluststrasse in Frankfurt, not far from Nizza Park. Beckmann presumably carried out the study from the bank of the River Main on one of his many walks about town, quite likely in conjunction with work on the painting *The Nizza in Frankfurt am Main*. Georg Swarzenski, the Städel director at the time, purchased the latter work from the artist in 1922. It was confiscated as 'degenerate art' in 1937 and now belongs to the Kunstmuseum Basel. The drawing found its way into the Städel collection in 1983 as a gift from Georg Swarzenski's son Hanns.

Pencil
378×302 mm
Signed l. r.: Beckmann / F. 1921 ['25' overwritten]
Städel Museum, Frankfurt am Main, acquired in 1983 as a gift from Hanns Swarzenski, inv. 16340
Finke/von Wiese 2026, no. 874

Cat. 32, page 34
Three Spectators in Front of a Stage, 1917

After his war experiences, Beckmann only gradually turned his attention once again to his social surroundings. Loose sketches document his careful observations during visits to cabarets, funfairs, plays and operas, which he regarded as metaphors for social reality. Apart from indicating that the draughtsman himself was in the spectator stands, the often-surprising perspectives frequently draw attention to the grotesque.

Pencil
160×239 mm
Signed l. r.: Beckmann / 17
Private collection of Dunja Siegel
Finke/von Wiese 2026, no. 735

Cat. 33, page 34
Conductor and Audience at the Opera 1917

Pencil
161×240 mm
Signed l. r.: Beckmann / 17
Private collection of Dunja Siegel
Finke/von Wiese 2026, no. 734
See the text on cat. 32.

Cat. 34, page 35
Self-Portrait, Having an Afternoon Nap, 1919

There is something decidedly funny about the idea of a self-portrait while napping. The composition is dominated, however, by the view through the window and especially the Madonna figure testifying to the artist's interest in medieval sculpture. Beckmann would have had the opportunity to study works of this kind in Frankfurt both at the Liebieghaus and in the collection of Fridel Battenberg's (see cat. 30) brother Walter Carl. The artist is known to have had animated discussions with the art dealer and collector about the medieval wooden sculptures in the latter's holdings – 'as if we were talking about modern art' (Carl 1984, p. 136). – Also see the essay by Hedda Finke in this catalogue, pp. 170–171.

Pen in brown
318×240 mm
Signed u. r.: 16.2.19 / B.
Private collection, courtesy Galerie Michael Werner, Berlin, London & New York
Finke/von Wiese 2026, no. 781

Cat. 35, page 36
Study for *Christ and the Sinner*, 1917

This study for his painting *Christ and the Sinner* (Saint Louis Art Museum) testifies to the intensity with which Beckmann studied medieval art. In terms of motif, it draws on the mockers depicted jeering at Christ in Passion cycles. Here he reduced the figure to its contours. At the same time, he chose a distortive view from below that emphasizes the head and exaggerates the figure to a caricature-like degree. Beckmann admired Gothic wooden sculpture for its similarly clear forms and emphatic gestural rhetoric.

Pen in black
215 × 140 mm
Signed l. centre: Beckmann
Private collection, Austria
Finke/von Wiese 2026, no. 718

Cat. 36, page 38
The Last Ones – First Version, 1919

Beckmann's lithographic series *Hell* of 1919 is one of the key works of his Frankfurt period. It revolves around hardship and brutalization, hedonism and blind aggression in the crisis era following World War I. The second-to-last sheet in the cycle *The Last Ones* addresses the civil-war-like conditions in the Weimar Republic. Civilians and men in uniform have retreated to a garret room and fight grimly to the bitter end.

The artist carried out the drawings with a special lithographic crayon on paper, permitting their transfer to lithographic stones from which they were then printed (cat. 38). The original drawing (cat. 37) of *The Last Ones* was executed over a faint preliminary sketch laid out in blue copying pencil. An initial conception of the work (cat. 36) has also come down to us. In this version, as indicated by the streetlamp, the action takes place out of doors. The work is denser in structure and more chaotic than the other two sheets and also integrates text – a formal element the Cubists and Dadaists had discovered for themselves. For the final version, Beckmann moved the scene to an attic room and changed the figures at the edges in such a way as to create a rotating movement that heightens the dynamic while also conveying the sense of a hopeless and inescapable struggle.

Black lithographic crayon
845 × 610 mm
Signed l. r.: Beckmann 19
Private collection, courtesy Richard Nagy Ltd., London
Finke/von Wiese 2026, no. 801

Cat. 37, page 39
The Last Ones – Original Drawing, 1919

Black lithographic crayon over pencil and blue copying pencil
857 × 613 mm
Signed l. l.: Originalzeichnung zu „Die Letzten" 1919; l. r.: Beckmann
Städel Museum, Frankfurt am Main, on permanent loan from the Karin & Rüdiger Volhard Collection
Finke/von Wiese 2026, no. 802
See the text on cat. 36.

Cat. 38, page 40
The Last Ones: Sheet 9 of the series *Hell*, 1919

Crayon lithography (transfer lithography)
843 × 603 mm (sheet),
758 × 460 mm (image)
Signed l. l.: „Die Letzten" (Probedruck); l. r.: Beckmann d. F. / 1919 2. [?] Juni
Frankfurt am Main, Städel Museum, acquired in 1949 with the Beckmann collection from Ugi and Fridel Battenberg, inv. SG 3075
Hofmaier 1990, no. 148 A
See the text on cat. 36.

Cat. 39, page 41
Closet (The Mother), 1922

From Frankfurt, Beckmann made frequent visits to Berlin. The city had become an important international art centre. In 1922, the artist processed his impressions in the lithograph series *Trip to Berlin*. He portrayed the bustling city, with all its contradictions, from the perspective of the observant flâneur. This drawing was carried out for an initial version of the series (see lithograph *Night*, fig. 8, p. 170; Hofmaier 1990, no. 215, commentary p. 552). It grimly describes the hardship of the proletariat. The scene's setting (a privy) and time of day (night) as well as the burnt-down candle underscore the hopelessness of the situation. – Also see the essays by Stephan von Wiese and Hedda Finke in this catalogue, pp. 161–162, 170–171.

Lithographic crayon over pencil
416 × 255 mm
Signed top centre: Closet.
Germanisches Nationalmuseum, Nuremberg. Hans Kinkel Collection, inv. Hz 10854
Finke/von Wiese 2026, no. 910

Cat. 40, page 42
Peter Reading, Leaning on the Armrest of a Sofa, 1922

Until around 1925, portraits – primarily of family members and friends – accounted for a significant proportion of Beckmann's output. Bearing close formal resemblance to the lithographic drawings for *Trip to Berlin* (cat. 39), this intimate study exhibits a rapid stroke and strong simplification. Generous contours and sparse hatching portray the artist's son immersed in his reading; the voluminous armchair is merely alluded to.

Black chalk or charcoal
226 mm × 260 mm
Signed l. r.: Beckmann
Private collection, Germany
Finke/von Wiese 2026, no. 947

Cat. 41, page 43
Self-Portrait with Champagne Glass, 1919

None of the artist's portraits capture the ambiguity of the Weimar Republic as succinctly as this self-likeness: here, cheerful exuberance suddenly veers into the abysmal. While the others carry on with their revelling, the artist sits off to the side, raising his champagne glass and – in his unnaturally twisted, cadaverously rigid other hand – holding an expensive cigar. His sunken face is frozen in a wry smile. Reality reveals itself to Beckmann as a bizarre world theatre – an insight that the artist here translates into imagery with the aid of expressive means he had developed in the printmaking and drawing mediums. The space is unstable and claustrophobically convoluted, the forms reduced, and the gestures and facial expression exaggerated to the point of grotesquery.

Oil on canvas
65 × 55.5 cm
Signed l. l.: Beckmann / Frankfurt a/M / Sept. 19.
Städel Museum, Frankfurt am Main, acquired in 2020 with funds from the Federal Republic of Germany's Commissioner for Culture and the Media and support from the Cultural Foundation of the German Federal States as well as private donors. Joint property with the Städelscher Museums-Verein e.V. and the Ernst von Siemens Kunststiftung, inv. 2535
Göpel 1976, no. 203; MB-G 203

Cat. 42, page 44
Portrait of Marie Swarzenski, 1923

Pencil
462×290 mm
Signed l. r.: Beckmann; u. r.: colour specifications
Harvard Art Museums/Fogg Museum, gift of Meta and Paul J. Sachs, inv. 1956.28
Finke/von Wiese 2026, no. 974
See the text on cat. 44.

Cat. 43, page 44
Portrait of Carola Netter, 1923

Black chalk
500×328 mm
Signed l. r.: Beckmann
Private collection, Munich
Finke/von Wiese 2026, no. 975
See the text on cat. 44.

Cat. 44, page 45
Double Portrait, 1923

Beckmann had not been commissioned to carry out the painted double portrait of Marie Swarzenski, the wife of Städel director Georg Swarzenski, and the eighteen-year-old Carola Netter (Göpel 1976, p. 164). The two women had sat for the artist separately, with Netter originally holding a fan as seen in the preparatory drawing (cat. 43). The appeal for Beckmann may have been the juxtaposition of two women of such different character who nevertheless – with their short haircuts and knee-length dresses – both conformed to the image of the 'new woman' of their time. For the serious, aloof Marie Swarzenski he used a sharp pencil (cat. 42), and for Carola Netter the softer medium of chalk.

Oil on canvas
80.3×65 cm
Signed u. r.: Beckmann F. 23.
Städel Museum, Frankfurt am Main, acquired in 1924 as a gift from the artist, withdrawn 1937, restituted 1951, inv. SG 348
Göpel 1976, no. 222; MB-G 222

Cat. 45, page 46
Pizchen and Quappi, 1924

Beckmann carried out this intimate double portrait in spirited contours and scanty, largely horizontal hatching. The fact that he used a crayon with especially high grease content indicates that the drawing was initially intended for printing and was to be transferred to the lithographic stone. However, no prints of the image are known to exist.

The subjects are Mathilde von Kaulbach, the youngest daughter of the painter Friedrich August von Kaulbach, and her friend Marie-Louise von Motesiczky ('Pizchen'). Mathilde Q.'s nickname 'Quappi' came from a pun on the name Kaulbach and the German word 'Kaulquappe' (tadpole). Beckmann had met her in 1924 at the home of the Motesiczky family in Vienna; the two married the following year. Marie-Louise von Motesiczky later became his pupil.

Lithographic crayon
465×315 mm
Signed l. r. (at a later date): Beckmann / 1925
The British Museum, inv. 2021,7064.2
Finke/von Wiese 2026, no. 1021

Cat. 46, page 47
Mirror on an Easel, 1926

A mirror has been propped up on an easel in the artist's studio. It reflects the view that presents itself through a barred window. A door and a plant are alluded to on the left; a piece of upholstered furniture is discernible on the right. On the whole, however, the room is difficult to grasp and strangely two-dimensional; only the mirror provides a sense of depth. The drawing is thus a programmatic commentary about reality versus appearances – a question Beckmann sought to fathom throughout his career.

Black chalk or charcoal
502×648 mm
Signed l. r.: Beckmann / 26
The Museum of Modern Art, New York, gift of Sanford Schwartz in memory of Irving Drutman, 1979, inv. 87.1979
Finke/von Wiese 2026, no. 1090

Cat. 47, page 49
Flooded City, ca. 1928 (?)

This fairy-tale-like landscape is unique in Beckmann's oeuvre. We gaze as if through a narrow airplane window past lush vegetation at a sinking city. Factory smokestack and church steeple, steel bridge and house gables poke up out of the floodwaters. Was the artist imagining a drowning Frankfurt? Or the legendary Atlantis? As the source of all life, water fascinated Beckmann. He possessed several books about maritime archaeology and cultures swallowed up by the sea (see exh. cat. Munich 2022, p. 149).

Chalk in black, over pencil
581×468 mm
Unsigned
Museum der bildenden Künste Leipzig, Mathilde Q. Beckmann Bequest, inv. LV 267
Finke/von Wiese 2026, no. 1127

Cat. 48, page 50
Two Sailors by a Palm Tree, 1925

From 1924 onwards, Beckmann regularly spent his summer months in Italy. His aim there, he wrote to his art dealer J. B. Neumann, was to depict 'life simply existing' (9 August 1924, Beckmann 1993, no. 264, p. 254). On his honeymoon with Mathilde Q. in 1925, he produced casual, life-affirming – and tongue-in-cheek – sketches like the one of the two sailors (cat. 48) and the study of the sleeping Mathilde Q. with a fox fur stole, drawn on Italian stationery (cat. 49).

Pencil
175×141 mm
Unsigned
Private collection, Berlin
Finke/von Wiese 2026, no. 1072

Cat. 49, page 50
Quappi with Fox Fur Stole, Sleeping, 1925

Pencil
185×225 mm
Unsigned
Private collection
Finke/von Wiese 2026, no. 1044
See the text on cat. 48.

Cat. 50, page 51
Italian Newspaper Seller, 1928

Beckmann carried out this enigmatic portrait of an unknown woman on the basis of a sketch he had presumably made in Naples in 1925 (fig. 9, p. 171). The format and degree of completeness underscore the drawing's painting-like status. Framed as they are by the polka-dotted blouse, the striped shawl, and the newspapers they are holding, the hands command more attention than the fine-featured face. The mix of patterns combined with text sparks associations with Cubist still-life collages. – Also see the essay by Hedda Finke in this catalogue, pp. 171–172.

Black chalk
650 × 500 mm
Signed u. r.: Beckmann / F. 28
Courtesy Arnoldi-Livie, Munich
Finke/von Wiese 2026, no. 1124

Cat. 51, page 53
Quappi with Playing Cards (Patience), 1926

Beckmann's ambitions centred on the Paris art scene early on; he had taken note of Pablo Picasso and Cubism by 1912 at the latest. Even if he coined the polemic term 'little Picasso chessboards' for those phenomena (Pillep 1984, p. 41), Cubist elements are found in many of his works. Here he combined two perspectives. We see Mathilde Q. Beckmann playing patience from a slightly elevated vantage point. The table and the playing cards, however, are depicted like a still life tipped upwards to be parallel to the surface of the drawing paper. The elegantly elongated arms and fingers mediate between the two angles of view and draw our gaze to the game, thus charging it with meaning.

Black chalk
645 × 497 mm
Signed l. r.: Beckmann / F. 26
Städel Museum, Frankfurt am Main, on permanent loan from the Karin & Rüdiger Volhard Collection
Finke/von Wiese 2026, no. 1088

Cat. 52, page 55
Boy with Lobster, 1926

When Beckmann's interest shifted from printmaking back to painting in the mid-1920s, he produced a number of quite elaborate and autonomous drawings (see cat. 50–53, figs. pp. 51–57). A case in point is *Boy with Lobster*, which was based on a photo the Beckmanns had taken on the beach of Spotorno (fig. 4, p. 163). The artist extracted the figure of a boy holding a large crayfish with awkward pride and drew its contours so large as to fill the sheet from top to bottom. Then he heightened the contrasts with charcoal and white body colour and densified the drawing with details that lend it ever more three-dimensionality from bottom to top. The result is a charged tension between line, surface and space – and an intense pictorial effect. – Also see the essay by Stephan von Wiese in this catalogue, pp. 162–164.

Charcoal, heightened in white with brush
625 × 486 mm
Signed l. r.: Beckmann / 26
Städel Museum, Frankfurt am Main, on permanent loan from the Karin & Rüdiger Volhard Collection
Finke/von Wiese 2026, no. 1092

Cat. 53, page 57
Quappi with Candle, 1928

Flatness and depth, light and shade: in this forceful drawing Beckmann worked with opposites. The depiction culminates in the bright shine of the candlelight that models his wife's face, lending it depth and bringing it to life. Brownish paper, black chalk and white gouache are the sole drawing mediums used here. The paper provides the scene's dusky tone, the chalk describes the figure's contours that, however curvy, remain completely flat, and the gouache introduces the third dimension to the portrayal.

Black chalk and white gouache
628 × 488 mm
Signed l. r.: Beckmann / F. 28
Kunstmuseum Basel, Kupferstichkabinett, purchased in 1928, inv. 1928.314
Finke/von Wiese 2026, no. 1123

Cat. 54, page 58
Rimini, 1927

Beckmann constructed this landscape drawing, the largest in his oeuvre, with no more than a few almost geometrical dynamic forms. His point of departure may well have been a photo of the beach of Rimini (see Peter 1993, p. 92), where he spent his summer holidays in 1927. Stretching back to the distant horizon, the landscape is traversed in the middle ground by a footbridge which, like the pedestrians crossing it, is mirrored in the water below. Borne by a rhythmical equilibrium, the scene transcends the mere depiction of nature, elevating it to a metaphor for the infinite.

Until its confiscation in the framework of the 'degenerate art' campaign, the pastel was one of the key Beckmann works in the Städel Museum's collection of prints and drawings.

Black chalk and pastel
500 × 648 mm
Signed l. r.: Beckmann / Rimini / 27
Private collection
Beckmann/Gohr 2006, no. 25; MB-A/P 25

Cat. 55, page 59
Rowers, 1928

In the late 1920s, Beckmann attained a simplicity and formal rigour in his drawings that in various contexts was referred to as 'the new Classicism'. The motif of the *Rowers*, carried out after a stay in Scheveningen, is an example of how this style endowed the depictions with a virtually monumental effect. The artist may have portrayed himself in the figure at the far right (see Erpel 1985).

Black chalk
554 × 727 mm
Signed l. r.: Beckmann / 28
Deutsche Bank Collection in the Städel Museum, Frankfurt am Main
Finke/von Wiese 2026, no. 1114

The Nazi Era: A Defining Break

1933
Adolf Hitler is appointed Reich chancellor; Beckmann is dismissed from his teaching post at the Frankfurt School of Arts and Crafts; the Beckmanns move to Berlin

1934
The Beckmanns begin considering emigration to Paris or Amsterdam

1937
In the framework of the 'degenerate art' campaign, works by Beckmann are confiscated from German museums; the Beckmanns leave Germany for Amsterdam

When the National Socialists took power in April 1933, Beckmann lost his teaching post at the Frankfurt School of Arts and Crafts. His art came to be vilified as 'degenerate'. Soon, exhibitions were all but impossible, and the artist increasingly took refuge in his work. The only collectors and patrons to uphold their ties to him were a small circle with whom he was friends. It would nevertheless take him until after his emigration to the U.S. in 1947 to pick up the thread of the success he had enjoyed in Frankfurt.

During the N.S. era, Beckmann's art became increasingly charged with mythological content and ever more difficult to decipher. A special group of watercolours carried out in 1933 bears eloquent witness to this new phase of his oeuvre.

Cat. 56, page 61
The Murder, 1933

From the early double sketch of a man who has died a violent death (cat. 7, fig. p. 7) to the cruelties depicted in the painting *Night* (fig. 7, p. 169) to this watercolour of 1933: murder is a recurring theme in Beckmann's oeuvre. What we see is a chaotic scene, almost a still life. The cool pastel colours make it look more harmless than it really is. The sense of horror only sets in when we discover the dead man's feet poking out from under the blood-soaked sheet and realize that the mess has been caused by a wild struggle for survival. The billowing curtain heightens the immediacy of the oppressive, timeless scene.

Watercolour and brush in black over black chalk
498 × 455 mm
Signed l. l.: Beckmann / 33.
Städel Museum, Frankfurt am Main, on permanent loan from the Karin & Rüdiger Volhard Collection
Beckmann/Gohr 2006, no. 59; MB-A/P 59

Cat. 57, page 62
Brother and Sister, 1933 (1937?)

The 1933 painting *Brother and Sister* (private collection) held such significance for Beckmann that he repeated the motif in a watercolour. Inspired by Richard Wagner's *Ring of the Nibelung* (Göpel 1976, p. 261), the intimate, convoluted composition depicts a brother and sister in a tentative moment of near-union. A mighty sword or dagger executed in hard colours has been driven between their vulnerable naked bodies. Beckmann questioned the sexual roles of man and woman repeatedly in his works. Here the subject of incest offered him an opportunity to reflect on power and societal norms, as well as the suspension of the gender difference in brother–sister relationships (Erbsmehl 2012, p. 530).

Watercolour over charcoal
650 × 505 mm
Signed l. l.: Beckmann / 33
Private collection, Switzerland
Beckmann/Gohr 2006, no. 63; MB-A/P 63

Cat. 58, page 63
The Snake King and the Lobster Woman, 1933

On a deserted ocean beach, two semi-human mythical creatures stand facing one another like Adam and Eve: the snake king with massive scaly arms and the lobster woman with sharp scissor hands. The artist gave this watercolour to the composer Bernhard Heiden and his wife Cola for their wedding in July 1934. It takes as its point of departure theosophically tinged, pseudo-scientific deliberations on the origins of man but otherwise defies interpretation. Under the influence of Helena Petrovna Blavatsky's *Secret Doctrine*, Beckmann here sought to fathom human libido and the polarity between the sexes from an esoteric perspective (see Erbsmehl 2012, pp. 531–537). – Also see the essay by Stephan von Wiese in this catalogue, p. 165.

Watercolour and gouache
625 × 492 mm
Signed u. r: Beckmann / 33
Bernhard and Cola Heiden Collection, Eskenazi Museum of Art, Indiana University, inv. 2000.135
Beckmann/Gohr 2006, no. 60; MB-A/P 60

Exile in Amsterdam

In 1937, in response to the threatening political developments in Germany, the Beckmanns left the country and went to Amsterdam. Owing to the beginning of World War II, their stay there – actually intended merely as a temporary stop on the way to Paris – would end up lasting nearly ten years. Although the couple had conceived the plan in 1940, it was not until 1947 that they managed to emigrate to the U.S. Beckmann experienced his time in Amsterdam as an exile overshadowed by existential fears triggered not only by the threat of being conscripted. His contacts to the outside, not only to collectors and patrons – particularly those in Frankfurt – but also to Helmuth Lütjens (the head of the Cassirer art dealership) in Amsterdam and, after the war's end, to the gallerist Curt Valentin in New York, were vitally important to him.

He had Georg Hartmann, the owner of the Bauersche Gießerei (foundry) in Frankfurt, to thank for two important commissions: the lithographs for the *Apocalypse* (1941/42) and subsequently the drawings for Johann Wolfgang von Goethe's *Faust: The Second Part of the Tragedy.* They constituted one of the major works of Beckmann's Amsterdam period, and his drawing oeuvre would continue to hark back to them even many years later.

1937
Leaves Germany for Amsterdam

1938/39
In Paris for nine months; World War II begins; the Beckmanns return to Amsterdam

1940
German troops march into Amsterdam; Beckmann burns his diaries; the attempt to leave Europe for the U.S. fails due to lack of visas

1945
Allied troops liberate Amsterdam

Cat. 59, page 64
Faust II, sheet 4
Faust: Our life's a spectrum-sheen of borrowed glory, 1943

In 1943/44, after making initial pencil sketches while reading the play, Beckmann carried out 143 pen drawings in total for Johann Wolfgang von Goethe's *Faust: The Second Part of the Tragedy*. They are not to be understood as illustrations in the strict sense: Beckmann's approach was too personal for that. Whereas at the beginning of the drama, Goethe has Faust recognize the 'magic of the divine' (Zeiller 2014, p. 37) in the sight of nature, for Beckmann the invisible revealed itself only in the artistic process. He accordingly translated nature into a landscape painting on an easel (cat. 59). Despite this fundamental difference between Goethe and himself, Beckmann identified with the figure of the restlessly searching Faust. He endowed his depictions of that character – and sometimes those of Mephisto as well – with his own facial features (cat. 62), and by way of the story addressed such wide-ranging themes as the relationship between man and woman (cat. 63) and the unfolding events of the war (cat. 61). – Also see the essay by Hedda Finke in this catalogue, pp. 172–173.

Pen in black over pencil
246 × 174 cm
Verso signed at top: Akt. 1 / Am farbigen Abglanz haben wir das Leben
Federal Republic of Germany and Museum Wiesbaden, on permanent loan to Freies Deutsches Hochstift / Frankfurter Goethe-Museum, inv. Z 447
Finke/von Wiese 2026, no. 1305

Cat. 60, page 64
Faust II, sheet 38
Mephistopheles: Descend then! I could say ascend!, 1943

Pen in black
244 × 167 mm
Verso signed at top: 1. Akt. Galerie / Mephisto zu Faust / Versinke denn, ich könnt auch sagen / steige
Federal Republic of Germany and Museum Wiesbaden, on permanent loan to Freies Deutsches Hochstift / Frankfurter Goethe-Museum, inv. Z 481
Finke/von Wiese 2026, no. 1339
See the text on cat. 59.

Cat. 61, page 65
Faust II, sheet 127
Faust on the balcony: From overhead, what song of woe?, 1944

Pen in black
244 × 95 mm
Verso signed at top: 5 Akt / Faust auf d. Balkon. / Von oben, welch ein singend / Wim̄ern?
Federal Republic of Germany and Museum Wiesbaden, on permanent loan to Freies Deutsches Hochstift / Frankfurter Goethe-Museum, inv. Z 570
Finke/von Wiese 2026, no. 1428
See the text on cat. 59.

Cat. 62, page 65
Faust in the palace: I saw four come, I only saw three go (Faust and Care), 1944

Pen in black
243 × 182 mm
Verso signed l. l.: 5 Akt / Faust (im Palast) / Vier sah ich kom̄en / Drei nur gehen, – –
Federal Republic of Germany and Museum Wiesbaden, on permanent loan to Freies Deutsches Hochstift / Frankfurter Goethe-Museum, inv. Z 572
Finke/von Wiese 2026, no. 1430
See the text on cat. 59.

Cat. 63, page 66
Faust II, variant of sheet 43
The astrologer: Now he's a boy no more! A hero's arms, 1943

Pen in black
252 × 175 mm
Signed l. r.: Beckmann; verso: Zu Faust II Astrolog: „Nicht Knabe mehr"
Private collection
Finke/von Wiese 2026, no. 1293
See the text on cat. 59.

Cat. 64, page 68
Double Portrait Max and Quappi Beckmann, 1944

The only double portrait of Max and Mathilde Q. Beckmann in the drawing medium shows the couple in a state of divided isolation. They are in the same room, but there is no contact – not even visual – between them. They deal differently with the existential tension of their lives in Amsterdam, a city strange to them. Whereas Mathilde Q. presses the Pekinese Butchy to her breast, Beckmann, wearing a dressing gown and a nightcap, points demonstratively downwards. There he has drawn a single wavy line: a reference to the couple's plans – seemingly hopeless in view of the war – to go to the U.S.?

Pen in black over pencil
406 × 279 mm
Signed l. r.: Beckmann
Harvard Art Museums/Busch-Reisinger Museum, gift of Belinda Rathbone in honour of Perry and Euretta Rathbone, inv. 2021.53
Finke/von Wiese 2026, no. 1472

Cat. 65, page 69
The Bunch of Grapes, 1944

The Old Testament Books of Moses tell the story of the Israelites' flight from Egyptian captivity. The spies sent out to search for the Promised Land return with a huge bunch of grapes that promises immense fruitfulness. The sixty-year-old Beckmann drew on this motif in the spring of 1944 as a way of reflecting on hope and doubt in exile, departures and new beginnings. The giant cluster of grapes has now been loaded onto a horse cart steered by a tired carter with a female companion across a curving bridge and past a placarded advertising pillar – the element that embeds the depiction in Beckmann's present. – Also see the essay by Hedda Finke in this catalogue, p. 173.

Pen in black (ink) over pencil
265 × 370 mm
Signed l. r.: Beckmann; verso: „die Weintraube" 25. April 44 / A'dam
Städel Museum, Frankfurt am Main, acquired in 2003 with funds from Dierck and Angelika Borchert, property of the Städelscher Museums-Verein e.V., inv. 16806
Finke/von Wiese 2026, no. 1459

Cat. 66, page 71
Tram Stop, 1945

Against the backdrop of an unbroken row of houses, five people are waiting at a tram stop: they stand as if planted one next to the other, rigid and isolated. Only the cyclist in the background is in motion. And only the man behind the five waiting figures has a face, albeit a mask-like one. Moreover, he carries a ladder that points up and out of the picture in a downright symbolic manner. Beckmann drew the composition in the winter of 1945 – when trams had already long been out of operation – with dense pen hatching. In the process, he translated a seemingly mundane situation into a sinister allegory of his own experience of exile.

Pen in black over pencil
325 × 355 mm
Unsigned
Collection Museum Boijmans Van Beuningen, Rotterdam. Loan from Stichting Museum Boijmans Van Beuningen. Purchased with support from Stichting Bevordering van Volkskracht, inv. St 246
Finke/von Wiese 2026, no. 1555

Cat. 67, page 72
Removal of the Sphinxes II, 1946

Sphinge-like female bodies have been heaped onto two overloaded carts. The portal of the temple in the background opens into a yawning void. The transport is doomed to failure. For one thing, the hybrid beings will slide off the cart. For another, the two creatures hitched up to the wagon seem neither able nor willing to set it in motion. A year earlier, in the weeks before and after the war's end, Beckmann had responded to the German capitulation and the longed-for end of National Socialism with a more hopeful vision in the painting of the same title (fig. 5, p. 165). In this drawing of November 1946, the prospect of a new intellectual-ideological beginning seems to have evaporated again. – Also see the essay by Stephan von Wiese in this catalogue, pp. 166–167.

Pen in black over pencil
309 × 385 mm
Unsigned
Städel Museum, Frankfurt am Main, on permanent loan from the Karin & Rüdiger Volhard Collection
Finke/von Wiese 2026, no. 1615

Cat. 68, page 74
Head Waiters, 1944

During his years in Amsterdam, Beckmann continued his longstanding habit of going to cafés and bars. Erhard Göpel – an art historian who visited the artist often in the period 1942 to 1944, when he was working, primarily in the Netherlands, as chief buyer for the 'Sonderauftrag Linz' (the so-called Führermuseum) – later recalled that 'an establishment transformed when Beckmann entered, became a Beckmannesque pictorial space'. 'Waiters and porters', he continued, 'who have a good nose for a person's background, immediately saw him as a big shot' (Göpel 1953, p. 17). In the drawing, the artist focused on precisely this alertness on the part of the waiters. – Also see the essay by Hedda Finke in this catalogue, p. 174.

Pen in black over pencil
366 × 228 mm
Signed l. r.: Beckmann; verso: = Die großen [added by Mathilde Q. Beckmann in pencil:] Kellner 26. April 1944 = / A'dam
Dr. M. Moeller & Cie., Hamburg
Finke/von Wiese 2026, no. 1463

Cat. 69, page 75
Murder (Mord), 1945

'R[ops]. f[ecit].' Beckmann scribbled beneath this bloodthirsty scene. He thus revealed that the depiction bears a connection to a work by the Belgian Symbolist Félicien Rops: the print *À un dîner d'Athées.* The latter is an illustration Rops carried out for Jules Barbey d'Aurevilly's 1874 short story *Les Diaboliques*. Under Beckmann's sharp pen, however, the sultry erotic fantasy about a femme fatale turns into a horrific sexual murder – a theme frequently addressed in the art and literature of the Weimar Republic.

Pen in black, watercolour and some white body colour
452 × 315 mm
Signed l. r.: Beckmann / A. 45 ʉ o R[ops]. f[ecit].
Städel Museum, Frankfurt am Main, on permanent loan from the Karin & Rüdiger Volhard Collection
Beckmann/Gohr 2006, no. 109; MB-A/P 109

Cat. 70, page 76
Champagne Fantasy (Magnifying Glass), 1945

Champagne, Beckmann's favourite drink, here forms the starting point for a surreal vision that picks up on the artist's Faust works (see cat. 59–63, figs. pp. 64–66) – and not only in terms of drawing style. Through a magnifying glass held by a hand in front of the champagne flute, we see in the bubbly beverage little people, limbs, an eye, a cheeky grin – in short, a 'primordial soup' (Schick 2020, p. 201) with ingredients from the realm of Faust's homunculus. *Champagne Fantasy* thus echoes earlier deliberations about a primal human gender (see cat. 58, fig. p. 63).

Pen in black, washed in grey, over pencil
502 × 260 mm
Signed l. r.: Beckmann / A. 45
Caroline and Stephen Adler
Finke/von Wiese 2026, no. 1547

Cat. 71, page 77
A Walk (The Dream), 1946

A black male figure strides energetically across a high footbridge, unaware of the abyss that has opened up before him: there is a gap between the bridge's two ends, one dark and one light. In the depths lies a female nude seemingly half-submerged in water – the life-endowing element Beckmann found so fascinating. *A Walk (The Dream)* is one of the artist's few works that can be referred to as surrealistic.

Pen in black and brush in blackish brown
320 × 270 mm
Signed l. r.: Beckmann / A. 46
Private collection
Finke/von Wiese 2026, no. 1570

Fresh Start in the U.S.

1947/48
Temporary teaching assignment in Saint Louis; in June 1948 brief return to Amsterdam

1948
In September official emigration to the U.S.; large solo exhibition at the Saint Louis City Art Museum with further venues in Los Angeles, Detroit, Baltimore and Minneapolis

1949
Begins working at the Brooklyn Museum Art School in New York

1950
Max Beckmann dies in New York on 27 December

Beckmann had already undertaken steps to emigrate to the U.S. back in 1940. It was not until 1947, however, that he was issued a visitor visa for a temporary teaching assignment in Saint Louis. The Beckmanns finally received their entry permits in September 1948, enabling them to settle in the United States once and for all.

Thanks to a growing network of art dealers, collectors and museum people, the artist quickly gained a foothold in the American art world. In addition to travelling, teaching and giving lectures, he pursued his artistic work as persistently as ever. Unfazed by the increasing tendency towards abstraction in the art of his time, he continued his endeavour to depict figures, space and the truth behind outward appearances.

Cat. 72, page 78
Students (Studenten), 1947

Beckmann carried out this amusing pen drawing during his first stay in the U.S. in the context of a teaching assignment at the Washington University School of Art in Saint Louis. The dominant pictorial element is the giant male nude with one foot propped nonchalantly on a table. The students around him are hard at work. Beckmann captured them so individually that it has been possible to identify, among others, the lanky young man at the left edge as his pupil and assistant Walter Barker, of whom he was quite fond (see exh. cat. Frankfurt am Main 2011, p. 112).

Pen in black and brown over pencil
314 × 418 mm
Signed centre r.: Beckmann / St. Louis / 5.12.47; l. l.: Students
Private collection
Finke/von Wiese 2026, no. 1661

Cat. 73, page 79
View from a Hotel Window in Chicago, 1948

The world seen through a window was an ever-recurring theme in Beckmann's imagery, including in his American phase (see cat. 34, fig. p. 35, and cat. 46, fig. p. 47). A case in point is this view from his hotel window in Chicago in January 1948. With rapid strokes he captured the window sashes and behind them the high-rises and skyscrapers with their fire escapes and balconies. At the left, the scene opens onto Lake Michigan. Beckmann's experience of urban architecture in the U.S. nevertheless plays only a minor role in his oeuvre.

Pen in brown
265 × 180 mm
Unsigned
Karin & Rüdiger Volhard Collection
Finke/von Wiese 2026, no. 1690

Cat. 74, Page 80
Rodeo, 1949

On 31 July 1949, Beckmann went to a rodeo. In his diary, he had nothing very enthusiastic to say about it (Beckmann 1979, p. 342). The pen drawing of a cowboy thrown from the back of a bucking bull, in contrast, is full of dynamicism. The buckaroo sails through the air like an acrobatic dancer. The clowns, whose job is actually to distract the distressed animal from the rider of which it has rid itself, seem instead to be cheering his fall. In the Beckmann literature, the cowboy has repeatedly been interpreted as an identification figure for the artist (see exh. cat. Frankfurt am Main 2011, p. 130).

Pen in black over pencil
603 × 435 mm
Signed l. r.: Beckmann 49 / Boulder
Caroline and Stephen Adler
Finke/von Wiese 2026, no. 1733

Cat. 75, Page 81
Self-Portrait with Fish, 1949

Like the pen drawing *Rodeo* (cat. 74), Beckmann carried out the striking *Self-Portrait with Fish* in the summer of 1949. He was in the town of Boulder on the periphery of the Rocky Mountains for ten and a half weeks for a teaching assignment. Here the artist depicted himself as a cowboy in a lumberjack shirt, with a cigarette clamped between his lips and a highly symbolic fish held in his left hand. Executed with forceful clusters of pen strokes, the likeness clearly mirrors the friction between adaptation to his new surroundings and energetic self-assertion.

Brush in black over charcoal
580 × 452 mm
Signed l. r.: Beckmann / Boulder / 8. August 49
Hamburger Kunsthalle, Kupferstichkabinett, inv. 1951-61
Finke/von Wiese 2026, no. 1736

Cat. 76, Page 83
Begegnung (The Meeting), 1948

In terms of drawing style, this late self-portrait bears a close relation to the artist's *Faust II* depictions (see cat. 59–63, figs. pp. 64–66). Here he has portrayed himself frontally, meeting the viewer's gaze with a sceptical expression. A curving linear form conceals his mouth while at the same time connecting him to an antique-style profile. With its closed eyes, the idealized figure remains wholly self-absorbed – and may symbolize the truth that lies concealed behind outer appearances (see exh. cat. Frankfurt am Main 2011, p. 248), a theme Beckmann constantly sought to visualize. Particularly in view of the covered mouth, the emphasis on the eyes is an affirmation of the visual – and thus of visual art.

Pen in black over pencil
318 × 498 mm
Signed l. r.: Beckmann 48 St. L.; in the image l. centre: Begegnung (the meeting)
Private collection, Germany
Finke/von Wiese 2026, no. 1697

Cat. 77, Page 84
The Last Duties of Perseus (Perseus' letzte Aufgaben), 1948

The title noted by the artist at the bottom edge of the drawing does nothing to demystify the scene, which is an instructive example of Beckmann's subjective appropriation of mythological material. As exemplified by this depiction of Perseus beheading the Medusa, he never takes a narrative approach, nor does he remain faithful to the ancient texts. Once again, his concern here is with the struggle between the sexes, but also with the fulfilment of 'last [and, in view of the female beast of hell, sheer unsolvable] dutys [sic]'. In this elaborate composition, Beckmann may have been reflecting on his self-conception as an artist.

Pen in black, washed, and charcoal over pencil
351 × 507 mm
Signed l. r.: Perseus l. d. – Beckmann 48; l. l.: „the last dutys [sic] of Perseus!
Private collection
Finke/von Wiese 2026, no. 1692

Cat. 78, Page 85
The Wasp – Torpedo, 1949

During his summer in Colorado in 1949, Beckmann read the *Song of the Nibelungs* in the translation by Karl Simrock and processed it in several drawings. 'A big thing', he noted in his diary (*Tagebuch* [Diary], 11 August 1949, Beckmann 1979, p. 344). *The Wasp* is one of those drawings. It may allude to the encounter between the hero Hagen and two 'mermaids' on the Danube – bathing women whose clothing he steals. To get it back, they offer to prophecy his fate: his downfall. In Beckmann's underwater scene, a clearly male-connotated winged projectile approaches the terrified women. Flinging her arm up in defence, the figure at the front right quotes Beckmann's own compositions of the mid-1940s. Depicted in slightly exaggerated manner, the gesture here appears almost like a parody of itself.

Pen in black over charcoal
454 × 598 mm
Signed l. l.: Beckmann / Boulder 29 July / 1949
Private collection
Finke/von Wiese 2026, no. 1732

Cat. 79, Page 87
Backstage (Hinter der Bühne), 1950

Like the triptych *Argonauts* (National Gallery of Art, Washington, D. C.), *Backstage* is one of Beckmann's last paintings. He did some work on it the day before his death. Some sections of what might be a preliminary drawing in pastel were never gone over in oil as may have been intended. In this gloomy composition, the artist ventures a look behind the scenes of his world theatre. The heedlessly deposited props can be linked to the cabala, the Nibelungs, and the writings of Helena Petrovna Blavatsky (see exh. cat. Frankfurt am Main 2011, p. 242): The scene thus assembles cipher-like allusions to the sources Beckmann drew on to form his worldview.

Oil on canvas
101.5 × 127 cm
Unsigned
Städel Museum, Frankfurt am Main, acquired in 1989 with means provided by the City of Frankfurt am Main, the Hessische Kulturstiftung and the Dresdner Bank, inv. SG 1268
Göpel 1976, no. 830; MB-G 830

Cat. 80, page 89
Portrait of Georg Swarzenski, 1950

On 15 December 1950, in his studio in New York, the artist portrayed his onetime patron Georg Swarzenski, a former Städel director who had also emigrated to the U.S. The likeness was meant for a publication commemorating Swarzenski's sixty-fifth birthday. 'Never in his life', Georg's son Hanns Swarzenski later recalled his father telling him, 'had he had a portrait sitting in which the artist had been so tense and worked with such intensity' (exh. cat. Frankfurt am Main 1978, p. 80). The sensitive portrait speaks of the great mutual respect between the artist and the former museum director. Twelve days later, while out on a walk, Beckmann suffered a heart attack and died.

Charcoal, partially rubbed and erased
590 × 450 mm
Signed l. r.: Beckmann / N. Y. 50
Städel Museum, Frankfurt am Main, acquired in 1985 as a gift from Hermann Josef Abs, inv. 16354
Finke/von Wiese 2026, no. 1783

Essays

Essays

Stephan von Wiese

Ein mythisches Menschenorchester

Max Beckmanns zeichnerisches Werk zwischen den Kriegen

Auferstehung, 1915–1918.
„Eine neue Kirche"

In Max Beckmanns unvollendetem, großformatigem Gemälde *Auferstehung* (1915–1918, Abb. 1, vgl. zudem Kat. 24–27, Abb. S. 24–27)[1] müssen sich die Kriegstoten nicht einem Jüngsten Gericht stellen, sondern sie werden bei ihrer Wiedergeburt unterschiedslos dazu verdammt, sich auf Erden mühevoll wieder zurechtzufinden. In seinem gleichzeitig entstandenen programmatischen Text „Ein Bekenntnis" (1918) spricht der Maler vom „Schmerzensgeschrei der armen getäuschten Menschen".[2] Das Werk sollte die Augen für diese verzweifelte Situation öffnen, es zeigt den Zustand nach dem fürchterlichen Kriegsgemetzel, offenbart das Mysterium der Menschheit. Das schräge Plateau des breiten Panoramabildes verbindet als künstlerische Vision die gemeinschaftliche körperliche Präsenz von Toten und Überlebenden im Spannungsfeld zwischen nackter, brutaler Leiblichkeit und spiritueller, geistiger Erhebung. Es vermittelt die Aussicht auf einen möglichen Weltenumbruch und ein zukünftiges Dasein auf Erden.[3]

In „Ein Bekenntnis" schreibt Beckmann über die damalige, ihn nun beflügelnde Grundvorstellung von seinem weiteren Werk: „Das ist ja meine verrückte Hoffnung, die ich nicht aufgeben kann und die trotz allem stärker ist in mir als je. Einmal Gebäude zu machen zusammen mit meinen Bildern. Einen Turm zu bauen, in dem die Menschen all ihre Wut und Verzweiflung, all ihre arme Hoffnung, Freude und wilde Sehnsucht ausschreien können. Eine neue Kirche. Vielleicht hilft mir die Zeit."[4] Durch die Darstellung des gemeinsamen menschlichen Schicksals, der Zukunftsvision, gewinnt das biblische Thema einen neuen, geheimnisvoll mythischen Sinngehalt. Max Beckmann sprach von „transzendente[r] Sachlichkeit".[5]

In Beckmanns Berliner Jahren vor dem Ersten Weltkrieg waren einzelne Großformate mit metaphorischen Darstellungen des menschlichen Lebens als Kampf, Schlacht, Gefangenschaft vorausgegangen. Figurative Bilder wie *Die Schlacht* (1907),[6] *Rivalen* (1908)[7] oder *Szene aus dem Untergang von Messina* (1909)[8] griffen kunsthistorische Vorbilder,

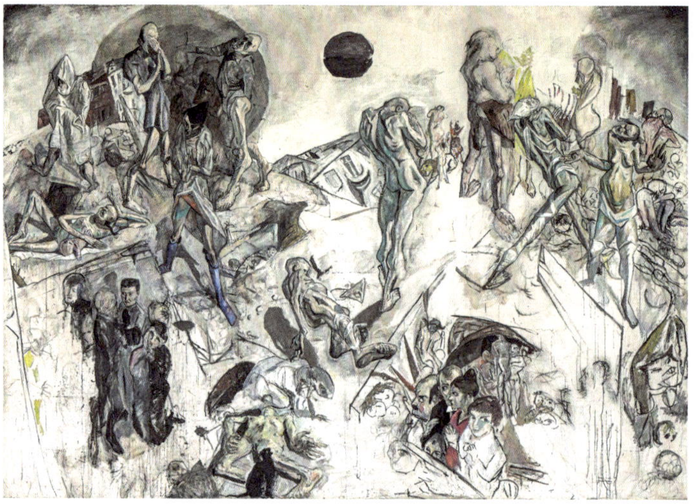

Abb. 1
***Auferstehung (unvollendet)*, 1915–1918**
Öl und Kohle auf Leinwand, 345 × 497 cm,
Staatsgalerie Stuttgart, Inv. 2673

etwa von Francisco de Goya, auf und aktualisierten sie: „Ein üppiges Leben ist darin, ein Raumgefühl".[9] Die kämpferischen Figurenszenen sind, wie Ernst Gerhard Güse gezeigt hat, inspiriert von dem damaligen heftigen Impuls, der von Friedrich Nietzsches neuer Lebensphilosophie ausging.[10] In der Gegenüberstellung des Apollinischen – vorzugsweise in der Musik – und des Dionysischen – vorzugsweise in der bildenden Kunst – hatte der Philosoph in seiner epochalen Schrift *Die Geburt der Tragödie aus dem Geiste der Musik* (1872) eine inspirierende neue Vorstellung von der klassischen griechischen Mythologie gegeben.[11] Beckmanns Kampfszenen nehmen diesen bewegenden Anstoß auf. Bei den jetzt im Städel Museum ausgestellten Zeichnungen gehört das autonome Blatt *Elefantenschlacht* von 1908 (Kat. 4, Abb. S. 4) zu dieser früheren Themengruppe eines ungestümen menschlichen Getümmels.

Der Erste Weltkrieg führte zu einer tiefen Zäsur in Beckmanns Werk. Der Künstler brachte nun das unmittelbare Leben ringsum zur Darstellung und Deutung. Die Vorstellung des Lebens als „Welttheater" bestimmte fortan seine Bildwelt.[12] Beckmann zeigt die wechselnden Rollen der Menschen in der Sozietät der frühen Weimarer Republik. Elend und Rausch, Arm und Reich, Realität und Traum wechseln sich ab, insbesondere jene, die Rollen am Rand der Gesellschaft spielen, hat er zugespitzt festgehalten. ‚Veristisch' versetzte er sich in ‚die Gesichte' der Zeit.[13] Herausragend sind unter anderem die beiden grafischen Zyklen *Die Hölle* (1919, vgl. Kat. 38, Abb. S. 40) und *Berliner Reise* (1922, vgl. Abb. 2 sowie Abb. 8, S. 148). Das Gemälde *Die Nacht* (Abb. 7, S. 147)[14] zeigt die latente Gewalt, die nach Kriegsende noch immer das Leben bestimmte.

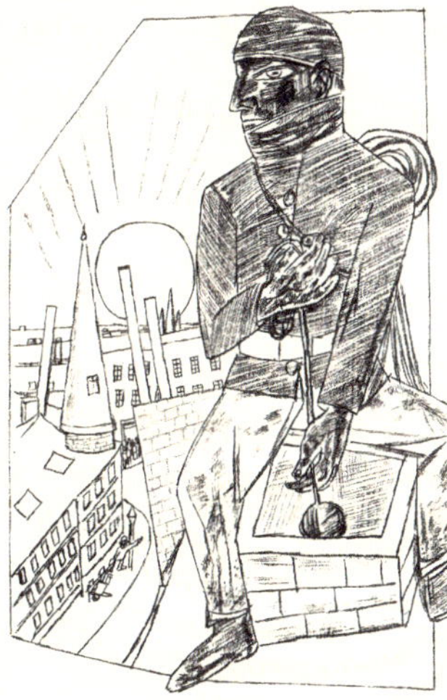

Abb. 2
***Der Schornsteinfeger*. Blatt 10 der Folge *Berliner Reise*, 1922**
Lithografie, 680 × 502 mm (Blatt), Städel Museum, Frankfurt am Main, Inv. SG 3056

Closet (Die Mutter), 1922. Elend in der Dachkammer

„Aber das große Menschenorchester ist doch die Stadt", hatte Max Beckmann 1918 in „Ein Bekenntnis" geschrieben.[15] Das Großstadtleben wurde zu seinem zentralen Thema in den frühen Jahren der Weimarer Republik. Die Darstellung einer in enger, elender Dachkammer schlafenden Mutter mit Säugling im Schoß ist unter dem Titel *Die Nacht* das dritte Blatt der *Berliner Reise*, des zehnteiligen lithografischen Streifzugs durch die Metropole (Abb. 8, S. 148).[16] Eine alternative Zeichnung auf Umdruckpapier hat Beckmann lakonisch mit *Closet* überschrieben (Kat. 39, Abb. S. 41). Diese armselige, verhärmte Mutter ist eine mythische Personifikation der Fürsorge, ist als „*Caritas* der Weimarer Republik"[17] zu verstehen. Daneben steht im zweiten Blatt der Folge mit *Die Enttäuschten I* eine Darstellung des Gegenteils von dieser hingebungsvollen Selbstlosigkeit; es gibt ein Bild von der zunächst durch den Weltkrieg persönlichen Gewinn erhoffenden herrschenden Klasse, die nun völlig ratlos erscheint.[18]

Die Lithografie *Die Nacht* und die Zeichnung *Closet (Die Mutter)* insistieren auf dem Aufzeigen der skandalösen Not einer unterprivilegierten Klasse, des Elends proletarischer Familien, insbesondere wenn der Vater im Weltkrieg umgekommen war. Petroleumlampe, Kerze, schäbiger Kamm sind so ziemlich die einzigen Habseligkeiten. Der realistischeren, detailreicheren lithografischen Lesart der Szene steht mit der Zeichnung *Closet* eine stärker mythisierende Darstellung der Situation gegenüber. Das Elend der proletarischen Randfigur in der Dachkammer ist hier ins Allgemeine transzendiert: Die

1 Vgl. Göpel 1976, Nr. 190; MB-G 190.
2 Pillep 1984, S. 91. Der Text wurde erstmals 1920 publiziert.
3 Vgl. Von Wiese 1987.
4 Pillep 1984, S. 91.
5 Ebd.
6 Museum Ludwig, Köln, vgl. Göpel 1976, Nr. 85; MB-G 85.
7 Sprengel Museum Hannover, vgl. Göpel 1976, Nr. 93; MB-G 93.
8 Saint Louis Art Museum, vgl. Göpel 1976, Nr. 106; MB-G 106.
9 Tgb., 28.1.1909, Beckmann 1966, S. 33. Die digitale Ausgabe der Tagebücher durch Nina Peter und Christiane Zeiller ist in Vorbereitung.
10 Güse 1977, S. 27–37.
11 Vgl. Hübner 1985, S. 223–226.
12 Vgl. Ausst.-Kat. Bremen 2017.
13 Vgl. Ausst.-Kat. Mannheim 2013.
14 Vgl. Göpel 1976, Nr. 200; MB-G 200.
15 Pillep 1984, S. 90.
16 Vgl. Hofmaier 1990, Nr. 215.
17 Von Wiese 1979 a.
18 Vgl. Hofmaier 1990, Nr. 214.

gesellschaftliche Not in dieser Zeit weist auf die überzeitliche, existenzielle Not des Menschen hin, auf seine – existenzphilosophisch gesprochen – generelle „Geworfenheit". Diese verkörpert für Beckmann den Mythos der Welt und des Lebens.[19] Das milieusymbolische Metapherngefüge hat er zu einem metaphysischen Symbolismus erweitert.

Damit löst sich der Milieuzusammenhang der Szene zunehmend auf. An seine Stelle tritt ein verschlüsselter Assoziationszusammenhang im Rahmen des Bedeutungsfeldes „metaphysisches Elend". In der Lithografie öffnet sich das Fenster auf eine Stadtansicht, was die Außenwelt spürbar werden lässt. Die reduziertere Darstellung in der Zeichnung hingegen erscheint vor dem dunklen Nachtfenster wie ortlos. Gerade das Rätselhafte, Mysteriöse gehört zum Assoziationszusammenhang eines übergeordneten Themas. „Unbehaustheit und Elend des Menschen" als Weltaspekt tritt nun bei Beckmann immer mehr in den Vordergrund. Damit gewinnt die Darstellung eine mythische Struktur.

Vermutlich ein verdecktes Selbstbildnis zeigt das zehnte und letzte Blatt der Folge: die Lithografie *Der Schornsteinfeger* (Abb. 2).[20] Schwarz von Kohlestaub säubert eine mit vielen Assoziationen verbundene dunkle Männerfigur auf den Dächern der Stadt die Kamine ihrer Bewohner. Der Künstler gibt damit seine spezifische Rolle zu verstehen: Er sorgt dafür, dass verkrustete Schlote wieder frei werden und die friedlichen Feuer in den Öfen der Menschen wieder so brennen können, dass ihre Städte nicht von schwarzem Qualm erstickt werden.

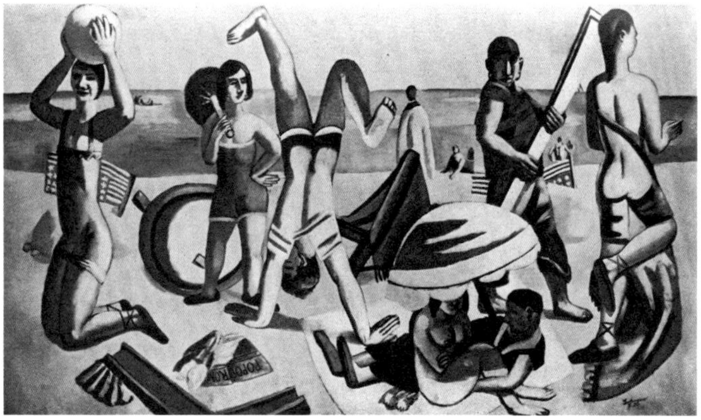

Abb. 3
***Der Strand*, 1927**
Öl auf Leinwand, 175 × 300 cm, Verbleib unbekannt

Junge mit Hummer, 1926. Fang aus der Urzeit[21]

„Ich war 14 Tage in Italien am adriatischen Meer und habe dort wundervolle Dinge gesehen an deren Verwirklichung ich [?] jetzt herangehen will. Ich male Port[r]aits Stillleben Landschaften Visionen von Städten die aus dem Meer auftauchen, schöne Frauen und groteske Scheusäler. Badende Menschen und weibliche Akte. Kurz ein Leben. Ein einfach daseiendes Leben. Ohne Gedanken oder Ideen. Erfüllt von Farben und Formen aus der Natur und aus mir selber. – So schön wie möglich. – Dieses wird die Arbeit der nächsten 10 Jahre sein", schreibt Max Beckmann am 9. August 1924 am Ende einer Reise nach Pirano an seinen Freund und Kunsthändler J. B. Neumann nach New York.[22]

Inspiriert vom mediterranen Fluidum des „Südmeer[s]"[23] wurde Max Beckmann auf sommerlichen Italienreisen von 1924 bis 1927 zu einer erneut vereinfachten, voluminösen, ja heiteren Form beflügelt, die sich von der vorausgegangenen spitzwinkligen Kleinteiligkeit, die noch von spätexpressiven, quasi ‚gotischen' Ausdruckselementen durchdrungen war, weitgehend befreite. Man kann die zweite Hälfte der 1920er-Jahre, für die die Zeichnung *Junge mit Hummer* (Kat. 52, Abb. S. 55) ein Schlüsselwerk darstellt, als neoklassizistische Periode im Werk von Max Beckmann bezeichnen.

In der Darstellung des Fischerjungen mit dem grotesk anmutenden Schalentier aus dem Meer kündigte sich die neue, sinnenfrohe Motivwelt Beckmanns zwischen den beiden Weltkriegen schon zeichnerisch an. Es geht jener bunten Schar von Alltagskomödianten voran, die sich lebensfroh in beziehungsreicher Aktion zur Schau stellen wie in dem Gemälde *Der Strand* von 1927 (Abb. 3),[24] das einst im Besitz des Städel Museums war. 1930 wurde es mit viel Wirbel als deutscher Beitrag auf der Biennale von Venedig präsentiert, 1937 in der Münchner Diffamierungsschau *Entartete Kunst* an den Pranger

19 Vgl. Ausst.-Kat. Mannheim 2013.
20 Vgl. Hofmaier 1990, Nr. 222.
21 Vgl. Von Wiese 2001.
22 Beckmann 1993, Nr. 264, S. 254.
23 Brief an Mathilde Q. Beckmann, 14.8.1926, Beckmann 1994, Nr. 404, S. 67.
24 Vgl. Göpel 1976, Nr. 267; MB-G 267, begonnen am 28. September 1926, beendet am 6. April 1927.
25 Privatbesitz, USA, vgl. Göpel 1976, Nr. 253; MB-G 253.
26 Harter/von Wiese 2011, Nr. 58, S. 137.
27 Vgl. Blunt/Pool 1962.
28 Zervos 1949, Nrn. 243–245 und 250.
29 Vgl. Blunt/Pool 1962.
30 Spieler 2023, S. 38.
31 Harter/von Wiese 2011, Nr. 52, S. 123.
32 Ebd., Nr. 58, S. 137, 139.
33 Vgl. Von Wiese 1978, S. 138.
34 Zeiller 2022, S. 150.
35 Sammlung Würth, Künzelsau, vgl. Göpel 1976, Nr. 819; MB-G 819. Eine Abbildung des Fotos findet sich in: Ausst.-Kat. München 2022, S. 144.

gestellt. Seitdem unauffindbar, ist es mit seiner fantastischen Inszenierung des animierten südlichen Badelebens für diese Periode im Werk Beckmanns – ebenso wie das ihm vorausgegangene, geheimnisvolle Bild *Die Barke* von 1926[25] – ein herausragendes Beispiel.

Von der kunsthistorischen Tragweite seiner neuen Visionen und Entdeckungen war Beckmann von vornherein überzeugt. Im temperamentvoll geführten Briefwechsel mit J. B. Neumann in New York findet der Künstler dafür klare Worte. Damit wirft er im Wettstreit mit den damaligen künstlerischen Weltchampions der Avantgardeszene den Hut in den Ring: „Nun geht der Kampf also wirklich los. […] Paris schreit nach uns", heißt es am 15. Dezember 1926.[26]

Pablo Picasso hatte sich ein knappes Jahrzehnt zuvor bei der überraschenden Konversion zurück zum neoklassizistischen Umrissstil ebenfalls durch eine Italienreise – 1917 nach Rom, Neapel, Pompeji – inspirieren lassen.[27] Sogar die Motive gleichen sich: Fischverkäuferinnen in den Straßen Neapels, wobei Ansichtskarten als Vorlage dienten; Badende und Fischer am Strand zeichnete er im folgenden Jahr auf der Hochzeitsreise nach Biarritz.[28] Die Liniensprache eines Jean-Auguste-Dominique Ingres und die Abstraktion des Kubismus standen wahlweise zur künstlerischen Verfügung – ein europäisches Signal zurück zur Figur.[29]

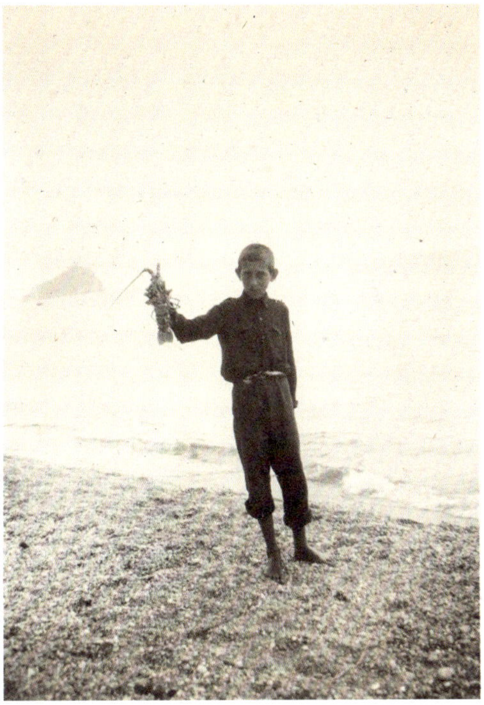

Abb. 4
***Junge mit Languste*, Schwarz-Weiß-Fotografie vom Strand von Spotorno, aufgenommen von Max oder Mathilde Q. Beckmann, 1926**

Fotoalbum Nr. 3, Bayerische Staatsgemäldesammlungen, München, Max Beckmann Archiv

Doch es gibt einen entscheidenden Unterschied: „Stil und Form scheinen bei Picasso immer Spiel und Experiment, während sie sich bei Beckmann aus existentiellen Lebensumständen generieren."[30] Den Schritt hin zu klassischer Einfachheit hat Beckmann über das formale Element hinaus inhaltlich begründet. Auch dies wird in den Briefen an Neumann mit der Kampfansage an Paris deutlich, wenn der Maler sofort das künstlerische Terrain absteckt: „Das Erbe Cézannes ist in Pariser Schneiderwerkstätten (Picasso, Braque) geendet. Vor diesen Laden hat man um die innere Armseligkeit zu cachieren griechische Götterstatuen aufgestellt. – Das ist Paris 1926 So ist also die Situation", heißt es polemisch etwa am 2. Juni 1926.[31] „Wir kommen nun mit dem neuen ‚Gegenstand' – Nicht neue Sachlichkeit. Die ist auch schon Pleite. – Was wir machen ist wirklich neu und die richtige Ergänzung zur werdenden Architektur in die sich die gegenstandslose Malerei hineinverirrt hatte. – Die neue Fläche im neuen Haus. Mit dem neu gesehenen Gegenstand. Scharf, kurz, prägnant und elegant präzisiert. – Was wir wollen ist wieder ein neuer Luxus des Gefühls. Nicht mehr Arabesken oder zusam̄engeleimte Raumausschnitte, sondern complexiste [sic] Malerei mit klaren Blickpunkten und unbeirrbar fest stehenden Gegenständen in einer neuen vollkom̄en irrealen Idealität. Meine Bilder werden im̄er aussehen, wie aus der Wand geschnitten […]. – Radiumhaltige Kraftkomplexe, zur Stärkung und Erfrischung des Beschauers", fährt er in einem Brief vom 15. Dezember 1926 fort.[32] Der „neu gesehene Gegenstand" – „scharf, kurz, prägnant und elegant präzisiert": Das ist die beckmannsche Variante der neoklassizistischen Umrisszeichnung, wie sie sich beim *Jungen mit Hummer* manifestiert.[33]

Aufschlussreich ist, dass Beckmanns Zeichnung auf eine Fotografie von ihm selbst oder seiner Frau Mathilde („Quappi") 1926 vom Strand von Spotorno zurückgeht, die dasselbe Motiv in anderer Proportion und ohne Verkürzung zeigt (Abb. 4). Mathilde Q. hat das für Laien damals noch recht neue Medium Fotografie im Leben des Malers erst etabliert: „Selbstaufgenommene Fotos als Souvenirs von Reisen und Schnappschüsse gab es vorher in Beckmanns Leben so gut wie gar nicht."[34] In Spotorno entstand auch die Fotovorlage für das Gemälde *Quappi in Blau im Boot*,[35] das

Beckmann gleichfalls 1926 in Frankfurt am Main schuf und das er 1950 in New York noch einmal überarbeitete. Die Aufnahme, nach der die Zeichnung *Junge mit Hummer* entstand, scheint offenzulegen: Das damals von einem jungen Burschen am Strand gefangene Krebstier war eine Languste, in der Überlieferung des Titels der Zeichnung avancierte aus dem Schalentier dann, wohl seit der ersten umfassenden Einzelausstellung Beckmanns in den USA, 1948 im City Art Museum in Saint Louis, ein „Lobster", also ein Hummer[36] – und dabei blieb es auch.

Ein Fischerjunge verkörpert zunächst ‚einfaches Dasein', von dem der Künstler ab 1924 als seinem neuen Thema sprach.[37] Mensch und Hummer haben trotz der stark divergierenden Körpergröße ähnliches künstlerisches Gewicht. Die Figur des Jungen hebt sich in einfachen runden und winkligen Konturen messerscharf vom Bildgrund ab, die Gestalt des Dekapoden – so heißt die Ordnung der höheren Krebse – erscheint bizarr. Die stachligen vier hinteren Laufbeinpaare hat der große Krebs, der sich gegen den gewalttätigen Griff zu wehren scheint, winklig an sich gepresst. Die wehrhaften Scheren an den vorderen Laufbeinen umklammern schützend den Thorax. Die beiden Antennen und die beweglichen, gestielten Augen sind widerstrebend nach hinten gerichtet. In der Abwehrhaltung verzerrt sich der Tierkörper zur chimärischen Gestalt. Dieser bizarre Teil der Zeichnung korrespondiert mit der verschatteten Gesichtshälfte des Fischerburschen. Auf die andere Gesichtsseite fällt dagegen – mit weißer Kreide markiert – das Sonnenlicht. Die Figur teilt sich somit auf in Licht- beziehungsweise Tagseite und Schatten- beziehungsweise Nachtseite, wobei die Nachtseite dem gefangenen Tier zugewandt ist.

Die neue monumentale Darstellung von Leiblichkeit hat Beckmann in anschließenden großen Zeichnungen weitergeführt, hingewiesen sei auf die Werke *Quappi mit Kerze* (Kat. 53, Abb. S. 57) und *Ruderer* (Kat. 55, Abb. S. 59), beide von 1928, sowie auf das weit ausgestreckte, konträr verschlungene Liebespaar auf Beckmanns größtem zeichnerischen Blatt aus demselben Jahr: *Die Nacht*.[38] Die Figuren wirken auf allen Bildern in ihrer Silhouettenform wie aus der Wand geschnittene Reliefs. Sie haben „Rundheit in der Fläche",[39] sind bald ‚verrätselte', bald offensichtliche Symbolträger.

Die Beckmann damit gelungene dialektische Spannung von Diesseits und Jenseits in seinen neuen Bildern beschreibt eine Briefäußerung vom 2. Juni 1926: „Mein Programm̄ ist endlos und entwickelt sich im̄er mehr nach einer vollkommen losgelösten (vom irdischen) Gegenständlichkeit. Ich bringe es fertig, im̄er mehr fertig, gänzlich gegenständlich und doch ungegenständlich zu arbeiten. [...] Die scheinbare Realität zur absoluten Idealität (im philosophischen Sinn) gekennzeichnet. Bewußt gemacht. [...] – Das ist der Witz. Nur dann hört man die Sphärenmusik hinter den Dingen, oder in den Dingen."[40]

Markant für Beckmanns neue Bildschöpfungen ist eine unfassbare Vitalität. Ausgehend von dem Bild des Jungen mit dem Hummer belegen mehrere folgende Bildmotive mit Fischen und Wasser die für den Künstler extrem präsente Magie des Lebens. Für Friedhelm W. Fischer ist der aus dem Wasser geholte Fisch ein „Dingsymbol" von „unberechenbarer, ja unheimlicher Vitalität".[41] Offensichtlich ist er bei Beckmann auch ein Phallussymbol, stellen die entsprechenden Szenen „improvisierte Fruchtbarkeitszeremonie[n]" dar.[42] Es sei in diesem Zusammenhang auf Beckmanns frühere Äußerung, von 1918, verwiesen: Er wolle mit seiner Kunst „dieses schaurig zuckende Monstrum von Vitalität packen", wolle es in „glasklare scharfe Linien und Flächen einsperren, niederdrücken, erwürgen".[43]

Es stellt sich die Frage, welche besondere Botschaft der überraschend aus dem Meer gefischte Hummer verkörpert. Das Reich der verborgenen Tiefe, aus dem das Krebstier ans Licht gebracht wurde, kann man auch in Analogie zum großen Komplex des Unbewussten in der menschlichen Psyche begreifen: Der Hummer bringt eine Botschaft aus uralter Vergangenheit ans Licht. Am 10. September 1926 – in jenen Spätsommertagen muss Beckmann diesem Boten aus längst verflossenen Zeiten am Meer begegnet sein – schreibt er aus seinem italienischen Ferienhotel in Viareggio seinem Händler J. B. Neumann nach New York: „Ich bade täglich 2 mal und fühle in mir wachsende Kraft. Pensez!"[44]

36 Ausst.-Kat. Saint Louis 1948. Die Ausstellung, die anschließend in vier weiteren Museen der USA zu sehen war, wurde von Hanns Swarzenski kuratiert.

37 Vgl. den bereits zitierten Brief an J. B. Neumann vom 9.8.1924, Beckmann 1993, Nr. 264, S. 254.

38 Pastellkreide auf weißer Deckfarbe auf Papier, 638 × 1789 mm, Stiftung von Gerda und Theo Garve in Erinnerung an Christoph und seine nach seiner Geburt verstorbene Mutter Else Garve (2000), Sprengel Museum Hannover, vgl. Finke/von Wiese 2026, Nr. 1116.

39 Max Beckmann, „Ein Bekenntnis", 1918, Pillep 1984, S. 89.

40 Brief an J. B. Neumann, Harter/von Wiese 2011, Nr. 52, S. 123.

41 Fischer 1972, S. 83.

42 Ebd.

43 Max Beckmann, „Ein Bekenntnis", 1918, Pillep 1984, S. 89.

44 Harter/von Wiese 2011, Nr. 56, S. 133. Das Ehepaar Beckmann verbrachte die Sommerferien 1926 zunächst in Viareggio, dann in Spotorno.

45 Beckmann 1988.

46 Privatbesitz, vgl. Beckmann/Gohr 2006, Nr. 61; MB-A/P 61.

47 Privatbesitz, vgl. Beckmann/Gohr 2006, Nr. 62; MB-A/P 62.

48 Spieler 1994, S. 96.

Schlangenkönig und Hummerbraut, 1933. Traum und Unterbewusstsein

„Wachsende Kraft“ bedeutete im Werk Max Beckmanns eine Erweiterung des mythischen Spektrums in Auseinandersetzung mit mythologischen Gottheiten, rituellen Gegenständen und Legenden.[45] Anfang der 1930er-Jahre, am Ende der Weimarer Zeit, setzte daher in mehreren großen Aquarellen die Rezeption antiker Mythenstoffe ein – so 1932/33 in den Blättern *Odysseus und Sirene*,[46] *Raub der Europa*[47] und *Geschwister* (Kat. 57, Abb. S. 62).

Es ging dem Künstler nun um das Verhältnis der Geschlechter als zeitloses Thema. Zeitlosigkeit – und damit auch der Ewigkeitsaspekt des Mythos – spiegelt sich in der neuartigen, spezifischen Art der Raumbildung in Beckmanns Werk: „In der abstrakten, perspektivlosen Flächigkeit der Darstellung von Meer und Himmel kommt die Zeit- und Ortlosigkeit als charakteristische Struktur des Mythos zum Ausdruck“.[48]

Darüber hinaus entwickelte sich eine eigene, individuelle Mythenbildung bei Beckmann. Die Frage des Woher und Wohin der Menschheit stand hier im Mittelpunkt, häufig in bewusst inkohärenter Gestaltungsform, die an gleichzeitige Werke des Surrealismus erinnert. Das Aquarell *Schlangenkönig und Hummerfrau* (Kat. 58, Abb. S. 63) spiegelt in Anlehnung an die Psychoanalyse Traum und Unterbewusstsein wider. Es ist in gewisser Weise eine Weiterführung des Junge-mit-Hummer-Blattes von 1926 (Kat. 52, Abb. S. 55). Jedoch verschmilzt hier die Magie des Lebens mit der des Unterbewussten. Max Beckmann studierte nun mit kritischer Inbrunst

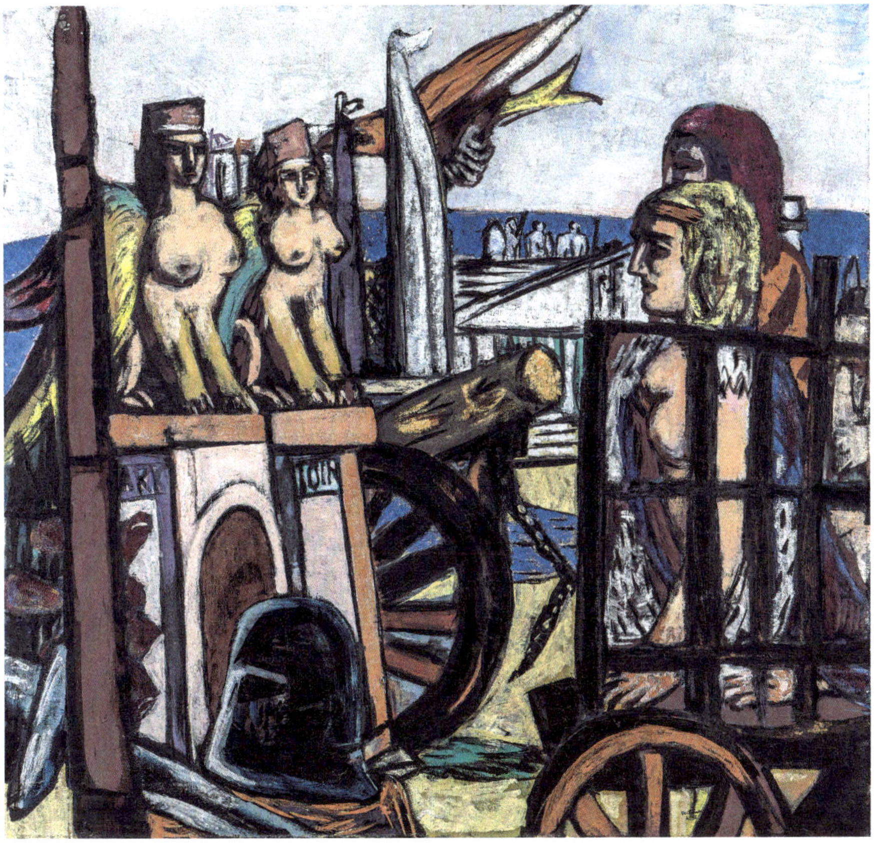

Abb. 5
***Abtransport der Sphinxe*, 1945**
Öl auf Leinwand, 130,5 × 140,5 cm,
Staatliche Kunsthalle Karlsruhe, Inv. 2606

Schriften der Gnosis, der Esoterik, der Theosophie, der Völkerkunde: „Ganz im Sinne der Surrealisten ist sein Verfahren der Bilderfindung nun assoziativ und kombiniert Zufälliges, Tagesereignisse, Seheindrücke und Lesefrüchte, eben das Chaos des Lebens [...]. Provokant konfrontiert er disparate Motive.“[49]

Mit *Departure*, zunächst betitelt *Abfahrt* (1932–1935),[50] begann Max Beckmann in Frankfurt und Berlin seine neue Bildform der Triptychen zu gestalten, die alte Mythen und moderne Bildvisionen zusammenschmiedet.[51] Das letzte Werk in dieser herausragenden Reihe, *Argonauten*,[52] vollendete er

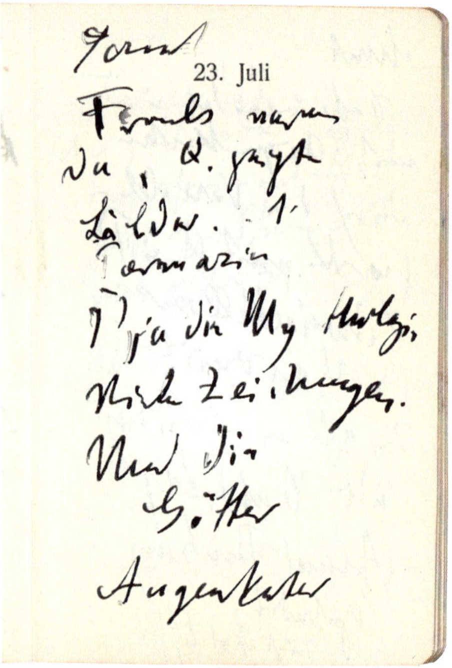

Abb. 6
Tagebucheintrag vom 23. Juli 1944

Max Beckmann Diaries, Rare Book and Manuscript Library, Columbia University in the City of New York

im Dezember 1950 in New York, einen Tag vor seinem Tod. Als historisches Format ist das Triptychon vornehmlich mit der Geschichte des Altarbildes verbunden. Bei Beckmann erfuhr es nun eine Aktualisierung und Revitalisierung. Gelegentlich haben sich hier zeichnerische Kompositionsskizzen erhalten, die im Werkverzeichnis der Zeichnungen aufgeführt sind.[53] Das unvollendete Panoramabild *Auferstehung* von 1915 bis 1918 (Abb. 1), die Quintessenz des erlebten Menschenelends im Ersten Weltkrieg, war dafür der Prototyp gewesen. Beckmanns „Menschenorchester“,[54] in welchem die Rezeption uralter Mythen mit eigenen Visionen virtuos verwoben ist, erscheint in immer wieder neuen, geheimnisvollen Varianten.

Abtransport der Sphinxe II, 1946. Dämonische Gefahr

In den letzten Kriegstagen im April/Mai 1945 vollendete Max Beckmann im Amsterdamer Exil das Gemälde *Abtransport der Sphinxe* (Abb. 5)[55] als Allegorie der Befreiung der Niederlande nach fünfjähriger deutscher Besetzung. „Dies ist Beckmanns Friedensbild“ war damals der spontane Eindruck des Kunsthändlers und engen Freundes Helmut Lütjens.[56] Die Bedeutung des Gemäldes im Kontext seines Gesamtwerks ist vergleichbar mit jener des Bildes *Guernica* (1937)[57] im Œuvre Picassos.

Im Bild von Beckmann sitzt eine blonde Sphinx im Hermelinmantel hinter einem angedeuteten Kerkergitter, den Henker neben sich, einem braunhaarigen Sphingen-Paar gegenüber. Dessen Blicke – das blaue weite Meer hinter sich – gehen in die Ferne. Unter ihm ruhen Helm und Schwert. Die Augen der blonden Sphinx suchen jene der Sphingen auf ihren Podesten, aber sie erreichen sie nicht mehr. Deren Macht ist nun in andere Hände übergegangen. Hier zeigt ein vom Grauen eines in dieser Dimension noch nie da gewesenen Krieges gezeichneter Künstler sein ambivalentes Verhältnis zu Siegern.

Die Sphinx ist in der antiken Mythologie ein Ungeheuer, ein dämonisches Mischwesen mit Flügeln, Löwenkörper, weiblichem Kopf und Brüsten, das Unheil, Zerstörung und Tod verkörpert. Beckmanns Inspiration dafür waren die beiden Sphinx-Figuren am Eingangstor zum Amsterdamer Wertheimpark, in der Nazizeit in Park Tuin umbenannt.[58]

Die Bildkomposition des Gemäldes *Abtransport der Sphinxe* fand ein Jahr später eine Revision in dem Blatt *Abtransport der Sphinxe II* (1946, Kat. 67, Abb. S. 72). Beckmann scheint nun in den zuvor hoheitsvoll dargestellten Sphingen nur noch ihres Tempels beraubte Wesen gesehen zu haben. Diese Zeichnung steht stärker als andere als Sinnbild bleibenden Unheils. In der neuen Version des Motivs ist eine Vielzahl von Sphingen und Engeln ähnlichen Mischwesen, zwischen denen auch Frauenkörper aufblitzen, brutal in zwei fest stehende Karren gepfercht. Innerhalb dieser Karren herrscht eine unglaubliche Dynamik. Die direkt darin – oder hinter ihren eigenen, oft geschlossenen Augen – gefangenen Mischwesen drohen ihrem Kerker auf abschüssigen Rampen zu entgleiten, andere sind eingekeilt und verbleiben. Ungeachtet des herrschenden Chaos stehen den Karren zwei Herren erstaunlich gelassen in kauernder Stellung vor. Im Vordergrund hockt eine

Männergestalt mit sorgfältig zurückgekämmtem, schütterem Haar. Dieses – ebenfalls nackte – Wesen trägt ein Halsband. Anscheinend wird es geführt von einer neben ihm im Gespann hockenden Teufelsgestalt mit riesigen Hörnern und drögem Blick.

Nur ein Jahr nach Kriegsende ist Beckmanns Skepsis gegenüber Siegern offenbar einer tiefen Resignation gewichen. Diese innere Wandlung des Künstlers spiegelt sich jedoch nur in dieser einen Zeichnung und einer vorbereitenden Skizze wider.[59] Den Schritt zum Gemälde ist Beckmann mit jener Komposition nicht gegangen. Vielleicht, weil er sich im Inneren gegen ein Manifestieren dieser Resignation wehren wollte. Insofern greift die Betrachtung von Marco Pesarese zu kurz: „Die Sphingen halten die Augen wie schlafend geschlossen, scheinen jedoch jederzeit erwachen und lebendig werden zu können. […] Wie konkret diese Bedrohung ist, zeigt die Schräglage der beiden großen Sphingen, deren Herunterrutschen wohl nur eine Frage der Zeit ist und spätestens beim Anfahren der Wagen unvermeidbar wäre. Der ‚Abtransport der Sphinxe' ist somit ein auswegloses, zum Scheitern bestimmtes Unterfangen, das mit einer Katastrophe enden wird."[60]

Doch Beckmanns Bildkomposition zeigt die bereits während des Stillstehens der Karren stattfindende Katastrophe: Ob Sphingen, Engel oder Menschen – alle befinden sich in einem haltlosen Chaos in ihren Karren. Letztere haben zwar Räder. Aber diese stehen still. Vor den Karren sieht Beckmann neue Gestalten. Sie sitzen im Gespann, machen aber keine Anstalten, die Gefährte in Bewegung zu setzen. Eher erscheinen sie als Wächter. Anders als in Marco Pesareses Deutung geht hier wohl weniger von Bewegung drohendes Unheil aus, sondern vom Stillstand der Karren, der anscheinend gewollt ist.

Tagebucheintrag vom 23. Juli 1944. „T'ja die Mythologie"

Der Mythos bei Beckmann lebt, aber er änderte sich je nach Lebens- und Weltsituation. In den von ihm überlieferten Texten hat der Künstler das Wort selbst gar nicht benutzt. In den Tagebüchern taucht es als „Mythologie" nur ein Mal auf (Abb. 6). Nach einem Atelierbesuch des deutschen Schriftstellers und Journalisten sowie Mitexilanten Wolfgang Frommel zusammen mit dessen Freundin Gisèle van Waterschoot notiert er, fast aufseufzend: „Sonnt / 23. Juli / Fromls waren / da, Q. zeigte / Bilder. 1' / […?] / T'ja die Mythologie / Viele Zeichnungen. / Und die / Götter / Augenkater."[61]

Erst später, als Beckmann in den USA lebte, erscheint folgende Notiz mit der Erwähnung von Seelöwen als Anmutung „wie altes mythologisches Monument": „4.07.1950. Carmel letzter Tag. / Noch mit Valentiner bei den ‚Seelöwen' / auf d. anderen Seite v. Carmel. Zuerst / waren nur die schwarzen Taucher da aber / plötzlich nacheinander tauchten 3 riesige / Seelöwen auf (alles auf d. noch sichtbaren / kleinen Inseln) und es war wirklich ein / fremdartiger und großer Eindruck, wie der / eine Seelöwe wie altes mythologisches Monument / schräg gegen d. Him̄el stand. – / Freiheit u. Unendlichkeit in dem Meerhorizont."[62]

49 Schwarz 2013, S. 17.
50 The Museum of Modern Art, New York, vgl. Göpel 1976, Nr. 412; MB-G 412.
51 Vgl. Von Wiese 2015, S. 218–227.
52 National Gallery of Art, Washington, D. C., vgl. Göpel 1976, Nr. 832; MB-G 832.
53 Vgl. Finke/von Wiese 2026.
54 Max Beckmann, „Ein Bekenntnis", 1918, Pillep 1984, S. 90.
55 Vgl. Göpel 1976, Nr. 702; MB-G 702.
56 Zit. nach Göpel 1976, Nr. 702, S. 420.
57 Museo Reina Sofía, Madrid.
58 Bormann 2013, S. 185. Vgl. auch die Zeichnung vom September 1946 im Museum der bildenden Künste Leipzig, Nachlass Mathilde Q. Beckmann, vgl. Finke/von Wiese 2026, Nr. 1607, sowie den Text von Jan Nicolaisen dazu in: Ausst.-Kat. Leipzig 1998, Kat. 328, S. 164.
59 Vgl. Anm. 58.
60 Marco Pesarese, in: Ausst.-Kat. Amsterdam 2007, Kat. 80, S. 322.
61 Freundliche Mitteilung und Transkription von Nina Peter, München.
62 Max Beckmann Diaries, Rare Book and Manuscript Library, Columbia University in the City of New York. Freundliche Mitteilung und Transkription von Christiane Zeiller, München.

Hedda Finke

„Viele von diesen gegenständlichen Details werde ich nicht brauchen können“

Wege von der Skizze zum Bild bei Max Beckmann

Die Skizze als flüchtige Bildnotiz des Gesehenen oder Erdachten kann im Werk zahlreicher Künstler als eigentliche ‚Geburtsstunde‘ späterer, komplexerer Bildformulierungen gelten. Sie hat in der Regel eher privaten Charakter, indem sie dem Künstler als Materialfundus dient und nur selten noch zu seinen Lebzeiten über einen Ankauf den Weg in eine Sammlung findet. So verblieben auch die über fünfzig Skizzenbücher Max Beckmanns und zahlreiche aus ihnen herausgetrennte Blätter für lange Zeit im Nachlass des Künstlers.[1] In Beckmanns Schaffen ist die Skizze Ausgangspunkt, Motivsammlung und eigenständiges Reflexions- und Beobachtungsmedium; sie flankiert den Werkprozess, spitzt Überlegungen zu, paraphrasiert sie, durchkreuzt sie auch oder leitet sie auf andere Sinnebenen um.

Der ‚große Wurf‘ der unvollendeten *Auferstehung*. Abbruch und künstlerischer Neubeginn

Eine beträchtliche Anzahl von Skizzen Beckmanns entstand während des Ersten Weltkriegs, von dem sich der Künstler nicht zuletzt Impulse für seine Kunst erhoffte. Als freiwilliger Krankenpfleger 1914 in Ostpreußen und wohl von Februar bis Juli 1915 in Flandern in verschiedenen Lazaretten tätig, hielt er kontinuierlich fest, was ihn umgab: Verwundete, Sterbende und Tote, Ärzte, Krankenpfleger und Soldaten, kriegszerstörte Ortschaften und Gehöfte sowie von Schützengräben, Unterständen und Kriegshandlungen verwüstete Landstriche (vgl. Kat. 8–23, Abb. S. 8–22).[2]

Aus dem etwa fünfzehn Kilometer von Ypern entfernten Wervik schrieb Beckmann am 28. April 1928 an seine Frau Minna Beckmann-Tube nach einer für ihn nicht alltäglichen Begehung der Stellungen und Unterstände nahe der Front, bei der er wie gewöhnlich ein Skizzenbuch bei sich getragen haben muss: „Viele von diesen gegenständlichen Details werde ich nicht brauchen können, aber allmählich sickert einem doch die Atmosphäre ins Blut über und gibt mir die Sicherheit zu den Bildern, die ich eigentlich schon vorher im Geiste gesehen habe. Ich will das alles innerlich verarbeiten, um dann nachher die Dinge fast zeitlos machen zu können.“[3] Für den ‚großen Wurf‘, der ihm vorschwebte – seine letztlich unvollendet gebliebene *Auferstehung* (Abb. 1, S. 138),[4] mit 3,45 mal 4,97 Metern sein größtes Gemälde – konnte er sich im Unterschied zu seinen frühen Katastrophenbildern wie dem 1912/13 entstandenen *Untergang der Titanic*,[5] für den er Studien im Hamburger Hafen angefertigt hatte, nun auf eigene Zeugenschaft berufen.

Die im April 1915 vor Ort gezeichnete kriegszerfurchte Landschaft (vgl. Kat. 21 und 22, Abb. S. 21) klingt in dem apokalyptischen Szenario der *Auferstehung* deutlich an. Sie bildet den Fond für die isoliert voneinander auferstehenden Toten und die in der Art von Stifterfiguren integrierten Gruppenporträts aus Beckmanns unmittelbarem Umfeld – sich selbst und seine Familie eingeschlossen. Auf den ersten Entwurf (Kat. 24, Abb. S. 24) folgten – noch ganz in klassischer Tradition – Einzelstudien nach Aktmodellen (vgl. Kat. 25, Abb. S. 25): Diese Art von vorbereitenden Studien war Beckmann nicht fremd, im Gegenteil: Obwohl seine Persönlichkeit, im Einklang mit seiner künstlerischen Haltung, tendenziell als eigensinnig wahrgenommen wird, war der Künstler von einer

1 Die erhaltenen gebundenen Skizzenbücher wurden von Zeiller 2010 publiziert, während die herausgelösten Blätter im Ausst.-Kat. Leipzig 1998 rekonstruiert und erneut im Werkverzeichnis Finke/von Wiese 2026 erfasst wurden.
2 Einige Porträtzeichnungen von Ärzten, Offizieren und Soldaten sind ‚jenseits des Skizzenhaften‘ anzusiedeln; so sind für das Bildnis Ferdinand Sauerbruchs (Kat. 17, Abb. S. 17) zwei kurze Porträtsitzungen belegt, vgl. Finke/von Wiese 2026, Nr. 546.
3 Beckmann 1993, Nr. 118, S. 124.
4 Vgl. Göpel 1976, Nr. 190; MB-G 190.
5 Saint Louis Art Museum, vgl. Göpel 1976, Nr. 159; MB-G 159.
6 Vgl. Beckmann 1993, Nr. 236, S. 232.
7 Die Zeichnung wurde im Winter 1910/11 in der Ausstellung *Zeichnende Künste* der Berliner Secession gezeigt und dort wohl von Philipp Johann Sparkuhle, Bremen, erworben.
8 Beckmann 1993, Nr. 118, S. 124.
9 Vgl. Göpel 1976, Nr. 200; MB-G 200.
10 Brief an Fritz Wichert, Direktor der Kunsthalle Mannheim, vom 11.7.1919, Beckmann 1993, Nr. 175, S. 180.

akademischen Ausbildungstradition geprägt, die auf die zeichnerische Erfassung des menschlichen Körpers aufbaute, wie er selbst in einem Brief mit Angaben zu seiner Biografie an die Redaktion des Piper-Verlags vom März 1923 nicht ohne Stolz betonte.[6] So haben sich aus dem Frühwerk zahlreiche Modellstudien erhalten, die schon in den Ausstellungen der Berliner Secession vertreten waren. Als traditionelle Vorarbeiten, die als eigenständige künstlerische Form durchaus geschätzt wurden, hatten sie nach Fertigstellung eines Gemäldes ihren Zweck erfüllt und gelangten zum Teil bereits früh in Sammlungen (vgl. Kat. 5, Abb. S. 5).[7] Für die *Auferstehung* wurden die Modelle von Beckmann jedoch auch erstmals in so ungewöhnlichen Posen und Perspektiven erfasst, dass befremdlich anmutende Größenverhältnisse und Verzerrungen einzelner Gliedmaßen entstanden sind (vgl. Kat. 25, Abb. S. 25).

In den Folgejahren hatte die werkvorbereitende Figurenstudie, mit Ausnahme von Porträts (vgl. Kat. 42–44, Abb. S. 44–45), für Beckmanns Schaffensprozess kaum noch eine Bedeutung: Der traditionelle Weg der akademischen Bildkonzeption hatte ihn in eine Sackgasse geführt, wie der Abbruch der ambitionierten *Auferstehung* vor Augen führt. Möglicherweise lag der Grund dafür in der Erkenntnis der Unvereinbarkeit von innerer Bildvorstellung, traditionellem Thema und eigener Erfahrung innerhalb einer monumentalen Komposition, die – wie hier – aus einer Montage von Einzelfiguren heraus entwickelt wurde. Zugleich eröffnete Beckmann die *Auferstehung* als Schlüsselwerk neue künstlerische Wege, um „die Dinge fast zeitlos machen zu können".[8]

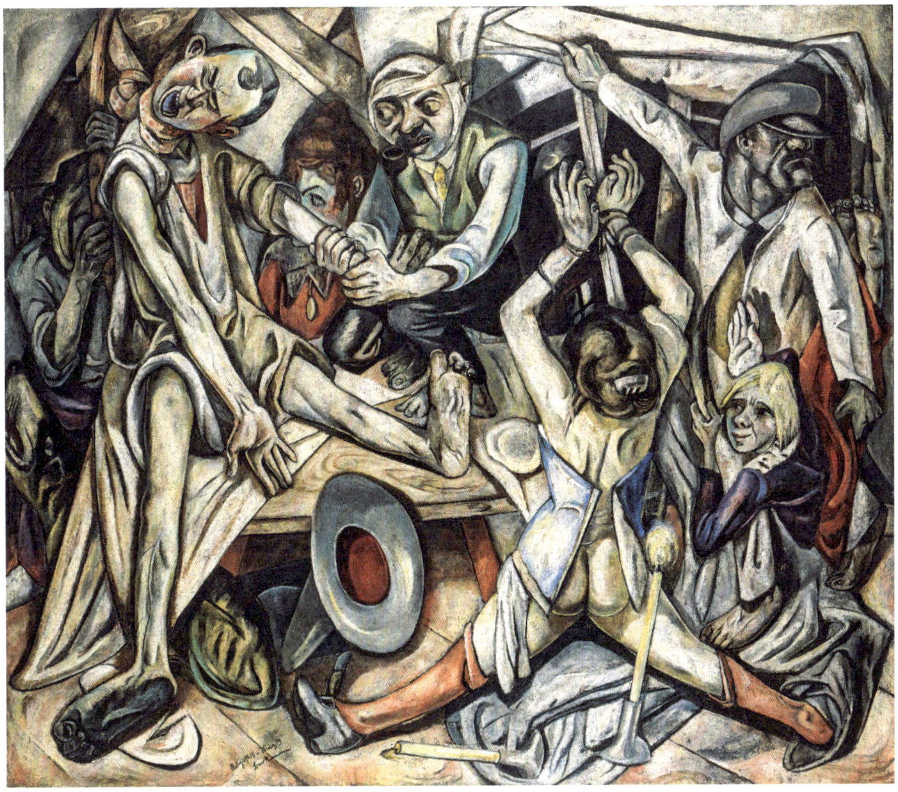

Abb. 7
***Die Nacht*, 1918/19**
Öl auf Leinwand, 133 × 155 cm, Kunstsammlung NRW, Düsseldorf, Inv. 0140

Die Nacht. Von der erlebten Gegenwart in die Zeitlosigkeit

In dem 1918/19 in Frankfurt am Main geschaffenen Gemälde *Die Nacht* (Abb. 7),[9] das Beckmann damals selbst als seine „bis jetzt wesentlichste Arbeit"[10] bezeichnete, fand er eine neue künstlerische Form, die in der Verdichtung des Bildraumes und einer starken Verschränkung der Figuren bestand. Die dargestellte Szene erscheint dadurch nicht wie ein vom Künstler bezeugtes konkretes Ereignis, sondern als Bild gewordenes Konzentrat menschlicher Gewalttätigkeit.

Als *Die Nacht* betitelte Beckmann drei Jahre später auch eine Lithografie aus der grafischen Folge *Berliner Reise* von 1922 (Abb. 8),[11] die Einblick in einen ähnlich beengten, dachkammerartigen Raum gewährt, in dem eine schlafende Mutter mit einem Säugling auf dem Schoß und zwei neben ihr ruhende Kinder auf engstem Raum ein elendes Dasein fristen. Dass es sich um eine nächtliche Szene handelt, verrät neben dem Titel und dem Schlaf der Protagonisten nur der angedeutete Schein einer Petroleumlampe. Vorbereitet wurde diese Lithografie durch zwei Bildformulierungen, die aufschlussreich für Beckmanns neuen künstlerischen und gedanklichen Prozess sind:

Die als ‚moderne Caritas'[12] gedeutete Mutter – Verkörperung notleidender Gesellschaftsschichten in der Weimarer Republik – dürfte mit einiger Sicherheit auf eine für Beckmann untypisch heitere, einige Jahre zuvor entstandene, skizzenhaft ausgeführte Federzeichnung zurückgehen: das *Selbstbildnis beim Mittagsschlaf* von 1919 (Kat. 34, Abb. S. 35). Es zeigt Beckmann in seinem Frankfurter Atelier im Dachgeschoss der Schweizer Straße 3[13] zu Füßen einer Madonnenstatue, die über den Schlaf des Künstlers zu wachen scheint.[14] Ganz entgegen dem etwa zeitgleich entstandenen Gemälde *Die Nacht* mit seinem charakteristischen, ‚klaustrophobischen' Raum nimmt hier das Fenster mit dem Ausblick über die Dächer des Hinterhofs die größte Fläche des Blattes ein und lässt den Blick in die Ferne schweifen. Humorvoll-karikierend erscheint am unteren Rand des Blattes Beckmanns Kopf im Profil mit geschlossenen Augen, während den Mund ein leichtes Lächeln zu umspielen scheint, das auf angenehme Träumereien während des Schlummers hindeutet.

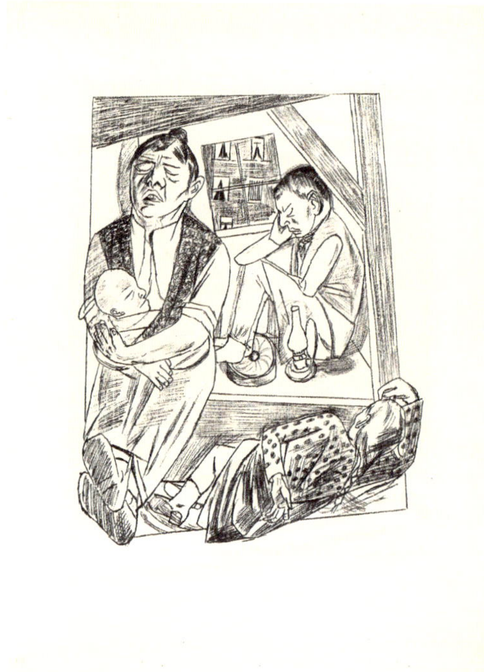

Abb. 8
***Die Nacht.* Blatt 3 der Folge *Berliner Reise*, 1922**

Lithografie, 680 × 502 mm (Blatt),
Städel Museum, Frankfurt am Main, Inv. SG 3061

Die halbfrontal ausgerichtete Muttergottes hält das Christuskind auf dem Schoß, dessen fehlender rechter Arm vermutlich zum Segensgestus erhoben war. Das durch die räumliche Konstellation von Bildwerk und Künstler angedeutete ‚intime' Verhältnis zwischen beiden wirkt zwar wie eine zeitlose Pointe, doch ist die Federzeichnung mit ihrer Datierung und der örtlichen Fixierung zumindest dem Anschein nach zugleich auch die Momentaufnahme einer konkreten Ateliersituation am 16. Februar 1919, wie die Bezeichnung des Künstlers selbst auf dem Blatt kundtut.

11 Vgl. Hofmaier 1990, Nr. 215.
12 Vgl. Von Wiese 1979 b.
13 Vgl. die erläuternde Beschriftung des Verlegers Reinhard Piper auf der Zeichnung u. l.: „Blick aus dem / Atelier Schweizerstr. / 3 in Frankfurt. / B. hält Mittagsschlaf (rechts unten)"; links: „Dachaufbauten", rechts: „gotische / Madonna".
14 Die Madonnenstatue war vermutlich eine Leihgabe des befreundeten Kunsthändlers Walter Carl; abweichend von der handschriftlichen Bezeichnung Reinhard Pipers, die die Figur auf dem Blatt selbst oben rechts als „gotische Madonna" ausweist, handelt es sich bei der Skulptur wohl eher um ein romanisches Bildwerk.
15 Vgl. Hofmaier 1990, Bemerkung zu Nr. 215, S. 552. Von Wiese 1979 b deutet die Umdruckzeichnung abweichend als drastischere, der Lithografie nachfolgende Variante.
16 Vgl. Minna Beckmann-Tube, „Unser Herz ist unruhig in uns", undatiert, Typoskript [II], S. 33–34, Bayerische Staatsgemäldesammlungen, München, Max Beckmann Archiv, Max Beckmann Nachlässe: „Sie […] gaben mir eine Wohnung, aber sie war furchtbar. Hoffentlich haben sich die Wohnungsverhältnisse gebessert, aber damals waren sie in Österreich ziemlich schrecklich. Ich erklärte ich würde Typhus kriegen. Max hatte mich hinbegleitet und half mir ein bischen. Ich bekam wirklich Typhus".
17 Vgl. Finke/von Wiese 2026, Nr. 765.
18 Bayerische Staatgemäldesammlungen, Pinakothek der Moderne, München, vgl. Göpel 1976, Nr. 216; MB-G 216.

Erst etwa drei Jahre später griff Beckmann für eine der Kompositionen seiner *Berliner Reise* auf die Figurenkonstellation in der Federzeichnung zurück, ließ nun allerdings die thronende Muttergottes als bildbeherrschende Wächterin über den Schlaf des Künstlers zur ausgezehrten alten Frau werden (vgl. Kat. 39, Abb. S. 41). Diese nicht als Lithografie umgesetzte, wohl aber in Lithokreide auf entsprechendem, zum Umdruck präpariertem Papier ausgeführte Zeichnung (Umdruckzeichnung) gehörte vermutlich einer verworfenen Konzeption der *Berliner Reise* mit geringeren Maßen an.[15] Die zentrale Gestalt ist hier eine statuenhaft frontal sitzende alte Frau, der die eigentümlich hölzern wirkenden Augenschlitze einen verstörend maskenhaften Ausdruck verleihen. Sie hält einen Säugling im Arm, zu ihren Füßen liegt ein schlafender Junge in ähnlicher Haltung und Kleidung wie das Mädchen in der endgültigen Fassung der Lithografie. Durch ein Gitterfenster fällt der Blick auf die Mondsichel am Nachthimmel; auch der Schein einer Kerze, die den Schatten der Frau an die Wand wirft, macht die Szene deutlich als eine nächtliche erkennbar. Der von Beckmann eigenhändig notierte Titel bezeichnet den Ort als „Closet" – als Toilettenkammer: Die Hauptfigur sitzt neben der runden Öffnung auf der hölzernen Abdeckung. Frontal dem Betrachter zugewandt, erinnert sie in ihrer Maskenhaftigkeit stark an die Madonnenstatue der Federzeichnung – sogar der Schattenwurf an der Wand findet sich hier ähnlich wieder. Das segnende Christuskind jedoch ist zum nackten, schutzlosen Säugling geworden und der friedlich schlummernde Künstler zum erbärmlich auf dem Boden liegenden Jungen mit herabgezogenen Mundwinkeln. Alle Leichtigkeit der Atelierszene ist einer bitter anmutenden Strenge gewichen.

Obwohl in Ausdruck und Gestaltung der zweiten, endgültigen Fassung nahe, wurde die Zeichnung letztlich von Beckmann verworfen, wobei im Hinblick auf die überlieferten biografischen Umstände dafür möglicherweise auch ein persönlicher Grund vorlag: *Closet* entstand 1922, im Todesjahr seiner Schwiegermutter Ida Concordia Minna Tube, geborene Römpler. Zu dieser Zeit wohnte sie in Graz bei Beckmanns Ehefrau Minna Beckmann-Tube, die seit Ende 1915 vom Künstler getrennt lebte. Diese hatte selbst erst Ende 1921 nach elfwöchigem Krankenhausaufenthalt eine Typhuserkrankung überwunden, die sie in ihren Erinnerungen auf die furchtbaren Wohnverhältnisse zurückführte.[16] Beckmann stand seiner Frau während ihrer Erkrankung zur Seite, wohnte in einem Hotel, wurde allerdings zusammen mit dem Sohn Peter von der knapp 80-jährigen Schwiegermutter versorgt. Die Porträtzeichnung, die er 1918 von ihr geschaffen hatte (Abb. 12, S. 153),[17] ist in den Gesichtszügen der ‚*Closet*-Madonna' durchaus ähnlich – und lässt vermuten, dass die Eindrücke der Wochen in Graz in jenem Blatt von 1922 verarbeitet wurden. Im selben Jahr integrierte er ein Bildnis seiner Schwiegermutter als Rückenfigur in verlorenem Profil posthum auch in das Familienbild *Vor dem Maskenball*,[18] in dem sich ihre Gestalt, eine Kerze in der Linken haltend, wie in der Umdruckzeichnung als deutlicher Schlagschatten an der Wand abzeichnet. Beim Vergleich der Umdruckzeichnung mit der veröffentlichten Lithografie fällt schließlich insbesondere die Figur der veränderten, verjüngten Mutter auf, die – nun in klarer Distanz zu biografisch geprägten Ereignissen – zum Typus geworden ist.

Italienische Zeitungsverkäuferin. Die Wandlung einer Skizze zum Bild

Der komplexe, unterschiedliche Sujets verbindende Schaffensprozess Beckmanns beruhte auf Verinnerlichung und Verwandlung; er konnte sich über längere Zeiträume erstrecken: Drei Jahre liegen zwischen der Skizze einer unbekannten Frau, die Beckmann im September 1925 auf der Hochzeitsreise mit seiner zweiten Frau, Mathilde Q. Beckmann, wohl

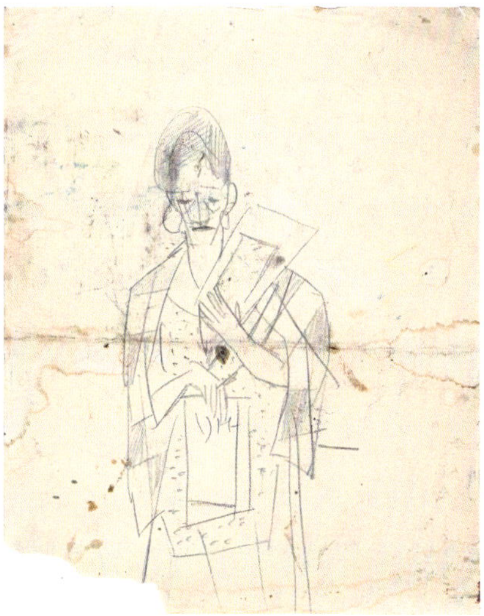

Abb. 9
***Skizze einer Frau mit Zeitungen*, 1925**
Bleistift, 225 × 185 mm, Museum der bildenden Künste Leipzig, Nachlass Mathilde Q. Beckmann, Inv. LV 260

in Neapel festhielt (Abb. 9),[19] und der großformatigen Kreidezeichnung *Italienische Zeitungsverkäuferin* von 1928 (Kat. 50, Abb. S. 51). Dieser in frühen Ausstellungskatalogen verzeichnete Titel ist in der kunsthistorischen Forschung häufig auf „Zeitungsverkäuferin" reduziert worden, da die Bezeichnung „F. 28" als Entstehungsort Frankfurt angibt und die Anspielung der teilweise verdeckten Buchstaben „SECOLO" und „GERO" auf die italienischen Tagezeitungen *Il Secolo* und *Il Messaggero* im Bild unberücksichtigt blieb.[20] Dass die bereits 1929 in der Galerie Alfred Flechtheim in Berlin ausgestellte und 1929/30 vom Stettiner Museum für Kunst und Kunstgewerbe erworbene Kreidezeichnung[21] tatsächlich auf eine flüchtige Begegnung in Italien zurückgeht, belegt die Bleistiftskizze der unbekannten Frau, die mit deutlichen Atelierspuren wie Farb- und Wasserflecken, Knickfalten und Ausrissen zu Beckmanns ‚Materialfundus' gehörte und sicher nie für Ausstellungen oder den Kunsthandel vorgesehen war.

Beckmann zeichnete sie – wie viele seiner Skizzen während der Hochzeitsreise – auf italienisches Briefpapier, das nach dem Wasserzeichen „Linen Paper / SESSITES MILL" in einer Papiermühle im piemontesischen Sesiatal hergestellt wurde. Durchgedrückte Linien der in Neapel entstandenen Bleistiftzeichnung *Galleria Umberto*[22] lassen keinen Zweifel an der Datierung des Blattes auf September 1925. Neben topografischen Ansichten hielt Beckmann während der Hochzeitsreise – vor allem in Viareggio – das Strandleben der Badegäste sowie der Einheimischen fest. Zahlreiche Skizzen sind mit Farbangaben versehen, die der Künstler später vereinzelt in Gemälden aufgriff. So schrieb er nach der Rückkehr aus Frankfurt am Main am 8. Oktober 1925 an Mathilde Q. Beckmann: „Ich habe mir heute zum ersten Mal meine Zeichnungen durchgesehen und war angenehm überrascht. Mein Gott, wenn ich das alles malen will brauche ich Jahre."[23] Auch bildhafte Zeichnungen wie die *Italienische Zeitungsverkäuferin* entstanden nach diesen Skizzen.

Das breit gestreifte, die Schultern bedeckende Tuch, die getupfte Bluse, die Reifen-Ohrringe und die Handhaltung der in Halbfigur dargestellten Frau machen deutlich, dass Beckmann bei der Ausführung der Zeichnung die Skizze direkt vor Augen hatte. Im Unterschied zu der skizzierten Frau mit gesenktem Blick ist es in der Kreidezeichnung gerade die nahsichtige, beinahe hypnotische Konfrontation mit dem Gegenüber, die deren Reiz ausmacht. Und ähnlich wie die zwei Jahre zuvor entstandene *Quappi mit Spielkarten (Patience)* (Kat. 51, Abb. S. 53), bei der die Dargestellte den Kartensatz wie eine geheime Botschaft in der Fläche ausbreitet, geht von der *Italienischen Zeitungsverkäuferin* eine beinahe seherische Qualität aus, die sie der Zeitlichkeit, der auch die tagesaktuelle Presse angehört, entrückt.

Über 15 Jahre später griff Beckmann für seine Zeichnungen zu Johann Wolfgang von Goethes *Faust. Der Tragödie zweiter Teil*[24] noch einmal auf diesen Figurentypus zurück: Die im Schlussbild des dritten Aktes auftretende Gestalt der Phorkyas (Abb. 10)[25] erscheint mit den großen Ohrringen und dem dünnen, gesprenkelten Schleier wie eine betagte Variante der *Italienischen Zeitungsverkäuferin*.

Faust II und die Folgen. Die Autonomie der Federzeichnung

Für eine geplante bibliophile Ausgabe zu Goethes *Faust II* schuf Beckmann im Auftrag des Frankfurter Druckerei-Inhabers Georg Hartmann zwischen Juni 1943 und Mitte Februar 1944

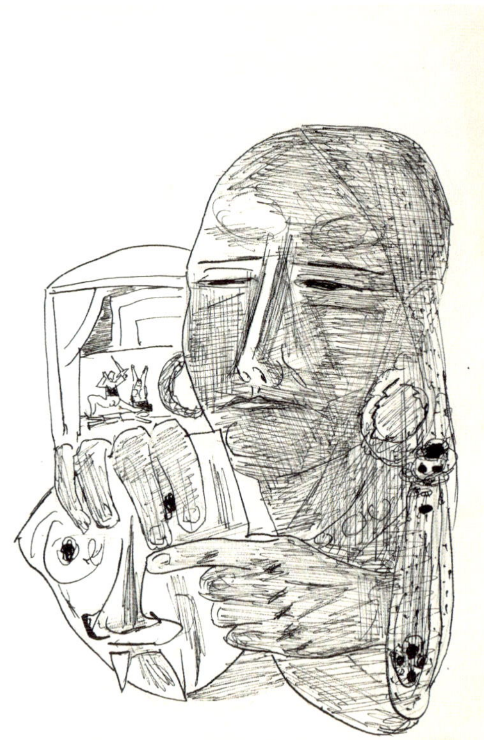

Abb. 10
***Phorkyas im Proszenium* (*Faust II*, Blatt 105), 1944**

Feder, 244 × 179 mm, Bundesrepublik Deutschland und Museum Wiesbaden, Dauerleihgabe im Freien Deutschen Hochstift/Frankfurter Goethe-Museum, Inv. Z 548

insgesamt 143 Federzeichnungen sowie einige Szenen in mehreren Fassungen (vgl. Kat. 59–63, Abb. S. 64–66). Dennoch gelangte das Buchprojekt zu Lebzeiten beider nicht zur Vollendung, setzte allerdings als intensive Phase ‚projektbezogenen Zeichnens' weitere Impulse für Beckmanns zeichnerisches Schaffen.

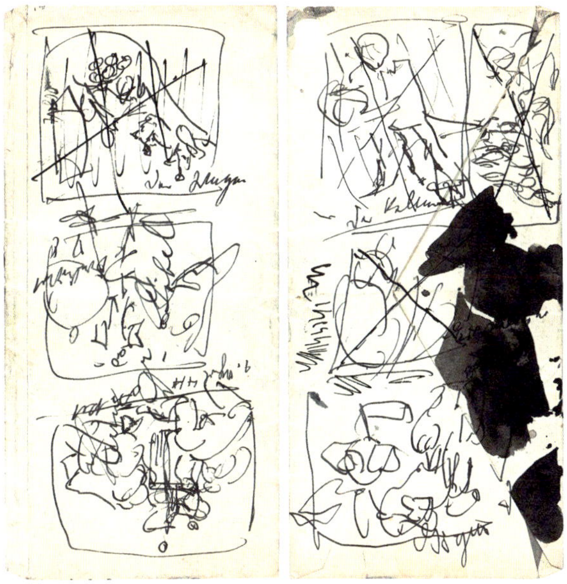

Abb. 11
Briefumschlag mit sieben Entwurfsskizzen (recto und verso), 1944
Feder, 211 × 105 mm, National Gallery of Art, Washington, D.C., given in memory of Frederick Zimmermann by his wife, Dorothy Zimmermann, Inv. 1985.18.43

Mathilde Q. Beckmann, die dem Künstler für die Arbeit am *Faust* ein Zeichenpult in der Wohnung aufgestellt hatte, hielt am 26. April 1944 in ihrem Tagebuch fest: „Nachdem der Faust beendet, fing er mit einer neuen Serie an zu zeichnen, Federzeichnungen."[26] Diesen Federzeichnungen kam, da bis Anfang 1946 die Ausfuhr von Gemälden aus Amsterdam, wohin das Ehepaar Beckmann 1937 emigriert war, nicht möglich war, eine bedeutende Rolle zu. Beckmann, der sich als ‚Nachkriegsdebüt' in der von Curt Valentin geleiteten Buchholz Gallery in New York zunächst eine „Nurzeichenausstellung"[27] erhofft hatte, gab am 12. Oktober 1945 eine Sendung mit 37 Federzeichnungen auf,[28] deren Erhalt der Kunsthändler Anfang Dezember bestätigte.[29] Schließlich wurde 1946 eine Auswahl von 15 Zeichnungen in der Ausstellung *Max Beckmann. His Recent Work from 1939 to 1945* gemeinsam mit Gemälden präsentiert (Kat. 64, Abb. S. 68; Kat. 65, Abb. S. 69, und Kat. 68, Abb. S. 74).[30] Wohl im Rahmen der Ausstellungsplanung und der Preisfestsetzung schrieb Beckmann dazu am 14. März 1946 an Valentin: „Auch möchte ich noch ein Wort über die Zeichnungen sagen. Ich betrachte sie nicht so wie das früher Sitte war als irgend eine Zeichnung – quasi – Studie oder so etwas sonder[n] als ‚allerdings kleine,' aber in sich geschlossene Werke, die mit viel Mühe entstanden sind".[31]

Diese autonomen Zeichnungen wurden verschiedentlich durch kleine Skizzen vorbereitet: Nicht weniger als sieben miniaturhafte Entwürfe, wohl ausschließlich zu Federzeichnungen und einem Aquarell, notierte Beckmann 1944 auf einen gebrauchten Briefumschlag (Abb. 11).[32] Charakteristisch für seine Bildentwürfe sind die um sie herum gezogenen Rahmen, mit denen Beckmann schon im Frühwerk das Format vorgab und das Bildfeld als Handlungsraum begrenzte (vgl. Kat. 7, Abb. S. 7, und Kat. 24, Abb. S. 24). Häufig sind auch bereits ein Titel (der sich oft noch änderte) und das Datum des Entwurfs festgehalten. Unter den sieben Skizzen ist beispielsweise der durchkreuzte Entwurf als Vorlage zu der Federzeichnung *Die Weintraube* (Kat. 65, Abb. S. 69) auf der Umschlagsvorderseite zu identifizieren, hier als „der Wagen"

19 Vgl. Finke/von Wiese 2026, Nr. 1067.
20 Vgl. z. B. Gohr 2019, S. 113.
21 Dort wurde die Zeichnung 1937 beschlagnahmt; über weitere Zwischenstationen gelangte sie in Privatbesitz.
22 Museum der bildenden Künste Leipzig, Nachlass Mathilde Q. Beckmann, vgl. Finke/von Wiese 2026, Nr. 1066.
23 Beckmann 1994, Nr. 351, S. 19.
24 Goethes *Faust. Der Tragödie zweiter Teil in fünf Akten* war 1832 erstmals veröffentlicht worden.
25 Vgl. Finke/von Wiese 2026, Nr. 1406.
26 Mathilde Q. Beckmann, Tagebuch (unveröffentlicht), Privatbesitz.
27 Beckmann 1996, Nr. 754, S. 101.
28 Ebd., Nr. 753, S. 99, und Nr. 754, S. 101. In einem Brief vom 7. Oktober 1945 aus Amsterdam an Hanns Swarzenski in Washington, D. C., hatte Beckmann erstmals den Versand von „cirka 40 Zeichnungen per eingeschrieben[em] Brief" an Valentin in New York angekündigt, die alle „im letzten Jahr entstanden" seien (ebd., Nr. 752, S. 98).
29 Beckmann 1996, Nr. 756, S. 102: Eine Auflistung der Titel ist nicht überliefert, doch zählen mit großer Wahrscheinlichkeit jene 1944 entstandenen Federzeichnungen dazu, die spätestens Mitte der 1950er-Jahre bei Curt Valentin nachweisbar sind.
30 Vgl. Ausst.-Kat. New York 1946, Kat. 16–30; vgl. auch den Essay von Regina Freyberger im vorliegenden Katalog, S. 153.
31 Beckmann 1996, Nr. 766, S. 117.
32 Vgl. Finke/von Wiese 2026, Nr. 1451.

bezeichnet.[33] Mit wenigen Strichen sind alle Bildelemente wiedergegeben: der Wagen mit Zugtier, das geschwungene Brückengeländer, die Litfaßsäule und die ungewöhnliche, ins Riesenhafte vergrößerte Fracht des Wagens: eine üppige Traube – eine Anspielung auf das Buch Mose –, durch welche die Darstellung als Sinnbild für Beckmanns Exilerfahrung gedeutet wird.[34]

Vergleichbare skizzenhafte Entwürfe lassen darauf schließen, dass Beckmann wohl regelmäßig umgesetzte Bildideen durchstrich.[35] So sind zu den (um 180 Grad gedrehten) nicht durchgestrichenen Entwürfen „Der Asket", datiert auf den 1. April 1944, und „DonQuichot" keine entsprechenden Werke bekannt, während die auf dem Verso des Umschlags durchkreuzten Skizzen zu „Kellner" und die „Eiermenschen" – aus Eierschalen entsteigende frühmenschliche Wesen – im Laufe desselben Monats als Federzeichnungen ausgeführt wurden: Die *Eiermenschen*[36] datieren von „Ostern 1944". Vom „Kellner" schuf Beckmann am 26. April zwei Fassungen, wohl zunächst den bereits in der Skizze in leichter Aufsicht wiedergegebenen Kellner als Einzelfigur[37] und, noch am selben Tag zur Figurengruppe erweitert, *Die großen Kellner* (Kat. 68, Abb. S. 74). Die rechts oben durchkreuzte, um 90 Grad gedrehte, nicht betitelte Skizze könnte als Entwurf zu den ebenfalls in zwei Fassungen bekannten, vermutlich Anfang April entstandenen Zeichnungen *Im Atelier (Drei Holländische Frauen)*[38] gedient haben, während die untere, „Giganten" benannte Skizze wohl in dem gleichnamigen Aquarell von 1945 wieder aufgenommen,[39] im Entwurf allerdings nicht durchkreuzt wurde.

Tatsächlich ist die Dichte der 1944/45 entstandenen Federzeichnungen in Beckmanns zeichnerischem Werk ohne Parallele. Dies gilt ebenso für die Dichte ihrer Dokumentation: In der Regel notierte Mathilde Q. Beckmann Titel und Entstehungsdatum auf dem Verso, und nicht selten findet die Anfertigung einer Zeichnung in den Tagebüchern Max und Mathilde Q. Beckmanns Erwähnung – ohne dass hier jedoch eine konsequente ‚Buchführung' angestrebt worden wäre.

Die künstlerische Spur dieser „in sich geschlossene[n] Werke"[40] führt nun allerdings nicht mehr zurück zu Skizzen ‚nach dem Leben', aus denen sich der Bildgedanke nach und nach formte: In den Skizzenbüchern der 1940er-Jahre stößt man auf erstaunlich wenige Momentaufnahmen, wie sie Beckmann als stetiger Beobachter seiner Mitmenschen insbesondere in den 1920er-Jahren von Besuchern von Cafés und Varietés, von Hotel- und Kurgästen angefertigt hatte. Man könnte eine bewusste Zurückhaltung beim Zeichnen in der Öffentlichkeit im besetzten Amsterdam als Ursache vermuten; allerdings fehlt auch in den 1930er- und späten 1940er-Jahren entsprechendes Material. Vielmehr waren in Beckmann über die Jahre Bildvorstellungen herangereift, die er nur noch kürzelhaft wie Notizen zu Papier brachte, um sie festzuhalten und später wieder aufzugreifen. Erhard Göpel hat in seiner über *Max Beckmann als Zeichner* 1954 erschienenen Monografie zusammengefasst: „Max Beckmann nimmt Welt auf, indem er zeichnet, bildet seine Weltanschauung im Zeichnen. Deshalb sind dann die späteren Bilder, obwohl er kaum mehr Vorstudien macht, so welthaltig, so dicht."[41]

Beim Gesamtüberblick über Beckmanns zeichnerisches Werk wird deutlich, dass der Künstler nach dem Ersten Weltkrieg zunächst die akademische Figurenstudie allmählich hinter sich ließ und dass ab der zweiten Hälfte der 1920er-Jahre auch die Anzahl der nach der Natur gefertigten Skizzen deutlich abnahm. Im Spätwerk dann verkürzte sich die künstlerische Wegstrecke von der Skizze zum Bild noch weiter, indem die Skizze bereits weitgehend das ‚innere Bild' fixierte, das Beckmann, als er 1915 seine große *Auferstehung* plante, bereits vorgeschwebt hatte, ohne hierfür schon eine Umsetzung gefunden zu haben.

33 Vgl. Finke/von Wiese 2026, Nr. 1459.

34 Vgl. Ausst.-Kat. Amsterdam 2007, Kat. 57, S. 288; Ausst.-Kat. Frankfurt am Main 2019, Kat. 11, sowie den Text zu Kat. 65 im vorliegenden Katalog, S. 113.

35 Vgl. Zeiller 2010, Skb. 50, fol. 6v, 8r, 11r; Finke/von Wiese 2026, Nrn. 1297, 1453.

36 Kunsthandel, Rheinland, vgl. Finke/von Wiese 2026, Nr. 1452.

37 Privatsammlung, Bad Soden, vgl. Finke/von Wiese 2026, Nr. 1462.

38 National Gallery of Art, Washington, D. C., vgl. Finke/von Wiese 2026, Nr. 1484, und ehemals Catherine Viviano Gallery, New York (verschollen), vgl. Finke/von Wiese 2026, Nr. 1485.

39 Staatliche Graphische Sammlung München, vgl. Beckmann/Gohr 2006, Nr. 106; MB-A/P 106.

40 Beckmann 1996, Nr. 766, S. 117.

41 Göpel 1954, S. 10–11.

Regina Freyberger

„The whole magic"

Beckmann und Frankfurt – Zeichnungen im Städel Museum

Im Frühjahr 1946 bereitete die Buchholz Gallery in New York eine Ausstellung von und zu Max Beckmanns Arbeiten aus den Jahren 1939 bis 1945 vor.[1] Einer der frühen Förderer des Künstlers, der 1938 nach Boston geflohene einstige Städel-Direktor[2] Georg Swarzenski, sollte das Vorwort für den Katalog verfassen und erhielt dafür zunächst eine Auswahl von Fotografien der Werke. Swarzenski begeisterte schon an den Schwarz-Weiß-Aufnahmen die Konsequenz des Künstlers, die Treue zur eigenen „indefinable personal essence",[3] die Beckmann in seinen Jahren in Frankfurt am Main ausgebildet hatte. Der Kunsthistoriker reiste nach New York und nahm die teils ungerahmten, noch an den Wänden der Galerie lehnenden Arbeiten in Augenschein: „[A]t once the whole magic of Beckmann's art gets hold of one's imagination, directly, thoroughly, lastingly".[4] Bereits in Frankfurt, etwa dreißig Jahre zuvor, hatte Swarzenski diese Wirkmacht derart in den Bann geschlagen, dass er nach einem Besuch im Atelier des Künstlers im Herbst 1918 die ersten Zeichnungen und Druckgrafiken für das Städel erworben und den Ankauf des Gemäldes *Kreuzabnahme* (1917)[5] angestoßen hatte. Bis 1931 wuchs die Sammlung auf 7 Zeichnungen, 13 Gemälde und 115 Druckgrafiken an. Beckmann war damit der am stärksten vertretene Künstler in der damaligen zeitgenössischen Abteilung des Städel Museums – und ist es im Bereich der klassischen Moderne bis heute geblieben.

Die ‚erste' Beckmann-Sammlung unter Georg Swarzenski

Als Beckmann 1915 nach Frankfurt am Main gekommen war und bei den befreundeten Eheleuten Ugi und Fridel Battenberg Unterschlupf fand, etablierte sich sukzessive ein Kreis engagierter Sammlerinnen und Förderer: der spätere Antiquitätenhändler Walter Carl (Fridel Battenbergs jüngerer Bruder), der Verleger Heinrich Simon, der bereits genannte Städel-Direktor Georg Swarzenski, die Salonnière Lilly von Schnitzler, die Journalistin Käthe von Porada, der Fabrikant Georg Hartmann und andere mehr; sie bildeten die Koordinaten eines produktiven Beckmann-Netzwerks, das über die Zeit des Nationalsozialismus und den Zweiten Weltkrieg hinaus trotz radikaler Einschnitte in die jeweiligen Lebensläufe aktiv blieb.

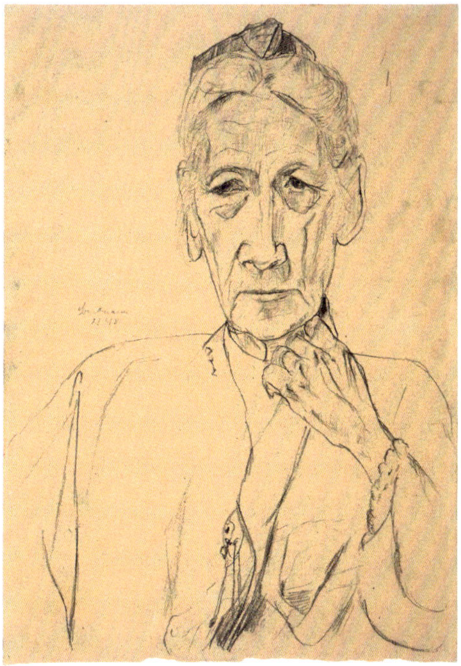

Abb. 12
***Bildnis Frau Tube, Hauptfigur en face*, 1918**
Bleistift, 409 × 291 mm, Städel Museum, Frankfurt am Main, Inv. SG 614

1 Vgl. auch den Essay von Hedda Finke im vorliegenden Katalog, S. 151.
2 Anstelle der eigentlich korrekten und historisch zutreffenden Bezeichnung „Städelsches Kunstinstitut und Städtische Galerie" wird im Folgenden der inzwischen gebräuchlichere Eigenname „Städel Museum", verkürzt auch „Städel", verwendet.
3 Ausst.-Kat. New York 1946, o. S.
4 Ebd.
5 Vgl. Göpel 1976, Nr. 192; MB-G 192. Das Gemälde befindet sich heute im Museum of Modern Art, New York. Zur Erwerbungsgeschichte vgl. Schmeisser 2020 a, S. 66.

Swarzenski sah in Beckmann eine, vielleicht *die* „zeitgemäße“[6] künstlerische Position; mit seinen Beckmann-Erwerbungen setzte er einen Sammlungsschwerpunkt, der von der Öffentlichkeit aufmerksam registriert, wenn auch nicht einhellig befürwortet wurde: Gustav Pauli, der Direktor der Hamburger Kunsthalle, beispielsweise schätzte zwar den früheren Beckmann, jenen der Berliner Secession, konnte aber dessen späteren, „verzerrten und steifen Bildern“[7] nichts abgewinnen. Unter Swarzenski jedoch war Beckmann im Städel Museum – bis zur Aktion „Entartete Kunst“ 1937 – in hoher Dichte und Qualität ebenso mit frühen wie mit aktuellen Werken vertreten; letztlich fand sich in der Sammlung die ganze Entwicklung des Künstlers bis dahin nachgezeichnet.[8]

Das gilt prinzipiell auch für die Zeichnungen. Den Auftakt bildeten 1918 zwei Bildnisse, die Swarzenski direkt vom Künstler erwarb: Das im Ersten Weltkrieg während des Sanitätsdienstes 1915 geschaffene Porträt *Landsturmmann Ernst Pflanz* (Kat. 16, Abb. S. 15) zeigt in den dichten, modellierenden Schattierungen noch eine gewisse Nähe zum ‚impressionistischen‘ Frühwerk Beckmanns, während das drei Jahre später gezeichnete Porträt der Schwiegermutter Ida Concordia Minna Tube (Abb. 12)[9] in der Linienführung reduzierter ist und auf jede räumliche Andeutung verzichtet, also bereits in der ‚neuen‘ Formensprache des Künstlers gehalten ist (vgl. hierzu die Kapitel „Der Künstler im Krieg“ und „Operationsbasis Frankfurt am Main“ im vorliegenden Katalog, S. 103–110).

Beckmann stellte in seinen Frankfurter Jahren seine Zeichnungen vielfach aus, insbesondere in den Galerien von J. B. Neumann, Alfred Flechtheim oder Günther Franke, bei denen die Blätter auch zu erwerben waren. Verkäufe direkt aus dem Atelier waren seltener, aber, wie die Beispiele von Walter Carl oder des Verlegers Reinhard Piper zeigen, keineswegs unüblich.[10] Für die Zeit im Amsterdamer Exil berichtete der Kunsthistoriker Erhard Göpel, dass Zeichnungen meist nur von jenen „Intimen“[11] erworben worden seien, die Zugang zu den Mappen im Atelier des Künstlers gehabt hätten, in denen die Zeichnungen ungefähr chronologisch sortiert aufbewahrt wurden. Swarzenski, dessen Kontakt zu Beckmann im Laufe der Frankfurter Zeit eng, ja freundschaftlich wurde, besaß selbst Zeichnungen, von denen eine durch Schenkung des Sohnes Wolfgang Swarzenski heute ebenfalls zur Städel-Sammlung gehört: das Pastellbildnis der Ehefrau von Georg Swarzenski, Marie, geborene Mössinger, von circa 1927 (Abb. 13).[12] Der ältere Sohn, der Kunsthistoriker Hanns Swarzenski, der selbst mit Beckmann in regem Austausch stand, übergab 1983 dem Städel Museum eine Studie zu dem beschlagnahmten Gemälde *Das Nizza in Frankfurt am Main* von 1921[13] (Kat. 31, Abb. S. 33), und letztlich ging auch das *Bildnis Georg Swarzenski* (Kat. 80, Abb. S. 89), Beckmanns letzte Zeichnung, dem Wunsch Hanns Swarzenskis folgend nach dessen Tod in den Besitz des Städel über, und zwar über den Vorsitzenden der Administration Hermann Josef Abs, der die Zeichnung aus Hanns Swarzenskis Nachlass erwarb und dem Städel stiftete.[14]

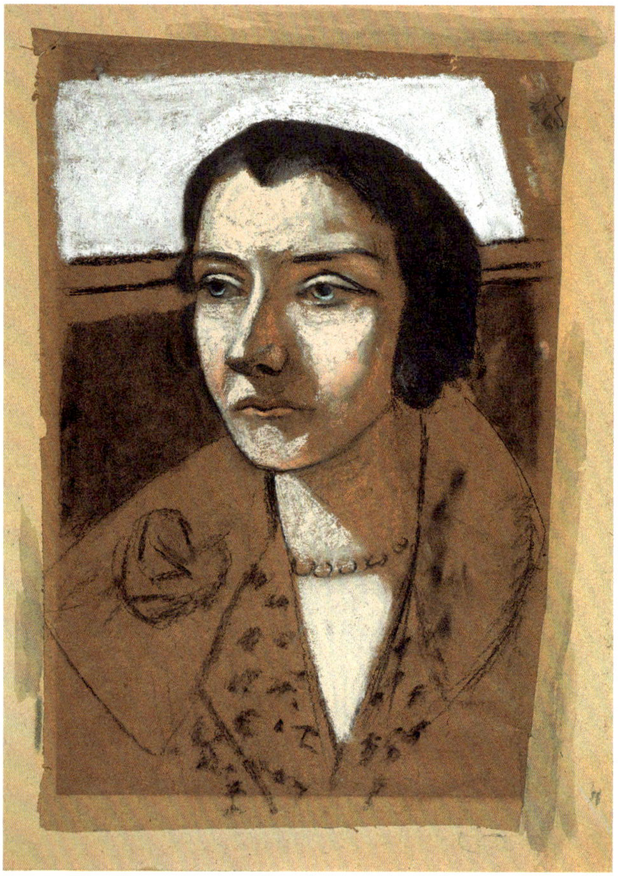

Abb. 13
***Bildnis Marie Swarzenski*, um 1927**
Kreide und Pastell, 575 × 475 mm, Städel Museum, Frankfurt am Main, Inv. 16822

In den Jahren nach 1918 gelangten dann vor allem Gemälde und Druckgrafik Beckmanns in die Sammlung, Zeichnungen erst wieder 1928. Der Künstler und Georg Swarzenski standen in diesem Jahr gleichermaßen auf dem Höhepunkt ihrer damaligen Karrieren: Beckmann wurde in einer großen Retrospektive in Mannheim gefeiert, Swarzenski war zum Generaldirektor aller Frankfurter Museen berufen worden. Die Leitung der dem Städelschen Kunstinstitut unter seiner Amtszeit angegliederten, auf zeitgenössische Kunst ausgerichteten Städtischen Galerie übernahm sein langjähriger vertrauter Mitarbeiter Alfred Wolters. Er war als künstlerischer Beirat auch in der Kommission der Künstlerhilfe engagiert, einer aus einer privaten Initiative hervorgegangenen, ab 1928 kommunalen Einrichtung, die seit 1923 der finanziellen Unterstützung notleidender, in Frankfurt ansässiger Künstler und der Förderung der dortigen bildenden Kunst verschrieben war.[15] Das Förderprogramm lief über öffentliche Aufträge und den Ankauf von Kunstwerken, die anschließend in die städtischen Sammlungen integriert wurden – und zwar in Abstimmung mit den jeweiligen Museumsleitungen. 1925 war das Programm dahingehend gelockert worden, dass nun besonders gelungene Werke auch unabhängig von der wirtschaftlichen Situation der Künstler angekauft werden konnten. Durch diese Erweiterung und ebenso die organisatorische wie personelle Verquickung konnte Swarzenski die Künstlerhilfe für die eigene Sammlungspolitik nutzen und Werke Beckmanns ins Städel Museum holen.

Wie die Auswahl der drei Beckmann-Zeichnungen 1928 konkret vonstattenging, ist nicht überliefert. Die beiden Skizzenblätter aus seiner Zeit als Sanitätssoldat im Ersten Weltkrieg (Kat. 13, Abb. S. 12, und Kat. 14, Abb. S. 13) sowie die Umdruckzeichnung *Closet* (Kat. 39, Abb. S. 41),[16] die im Kontext der Druckgrafikfolge *Berliner Reise* entstand, fächerten allerdings nun auch unterschiedliche Funktionen der Zeichnung auf. Zudem gelangte mit *Closet* eine der zeit- und sozialkritischsten Arbeiten des Künstlers in die Sammlung, was insoweit interessant ist, als im Bereich der Druckgrafik weder die inhaltlich nahestehenden Folgen *Die Hölle* von 1919 (vgl. Kat. 38, Abb. S. 40) noch *Berliner Reise* (1922) angeschafft worden waren.

Als im Herbst 1929 der Frankfurter Kunstverein nach der Kunsthalle Mannheim ebenfalls eine umfassende Beckmann-Schau organisierte, erwarb Swarzenski daraus zwei bildmäßige Pastelle: die kühne Küstenlandschaft *Rimini* (Kat. 54,

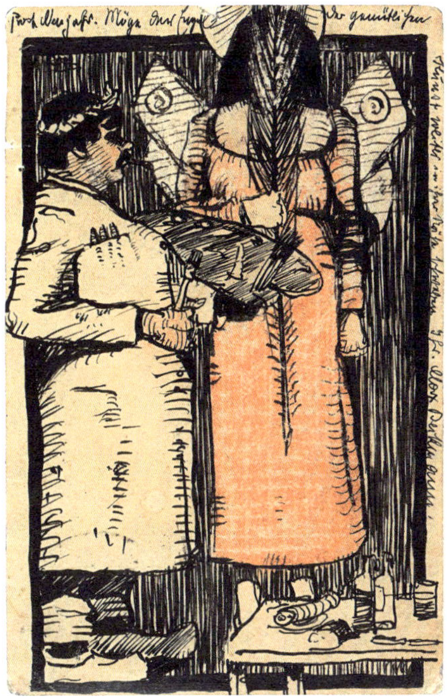

Abb. 14
***Neujahrskarte für den Maler Ugi Battenberg*, 1902**
Feder und Rötel, 139 × 91 mm,
Städel Museum, Frankfurt am Main,
Inv. SG 2987

Abb. S. 58)[17] und *Tanzendes Paar*.[18] Beide wurden zusammen mit *Closet* 1937 bei der Aktion „Entartete Kunst“ beschlagnahmt; *Tanzendes Paar* gilt bis heute als verschollen. Nicht einmal eine Abbildung des Pastells hat sich überliefert.
Von den bis 1931 für das Städel erworbenen Werken des Künstlers blieben nur 4 der Zeichnungen und 8 der insgesamt 115 Druckgrafiken verschont. Damit und mit dem Komplett-

6 Swarzenski 1927, S. 78.
7 Reisebrief vom 21.4.1930, Ring 2010, Nr. 132, S. 800. Vgl. zudem Hansert 2017, S. 212.
8 Da von Swarzenski kaum schriftliche Ankaufsbegründungen für einzelne Werke überliefert sind, lassen sich spezifische Überlegungen zum Sammlungsaufbau nur ungefähr von den Werken selbst ableiten. Außerdem ist der Anteil, den seine kuratorischen Mitarbeiter am Ausbau der Beckmann-Sammlung nahmen, schwer einzuschätzen. Der Graphischen Sammlung stand ab 1919 Edmund Schilling als Direktorialassistent vor.
9 Vgl. Finke/von Wiese 2026, Nr. 765.
10 Für wichtige Hinweise zum Verkauf der Zeichnungen dankt die Verf. Hedda Finke und Stephan von Wiese.
11 Göpel 1954, S. 7.
12 Vgl. Beckmann/Gohr 2006, Nr. 28; MB-A/P 28.
13 Vgl. Göpel 1976, Nr. 210; MB-G 210. Das einst für das Städel angekaufte Gemälde wurde 1937 als „entartet“ beschlagnahmt und befindet sich heute im Kunstmuseum Basel.
14 Vgl. hierzu das Administrations-Protokoll vom 16.8.1985, Städel Archiv, Akten REG V, Standort-Sign. 1.4.12, 2.1.9, 27.1.15.
15 Vgl. Institut für Stadtgeschichte, Frankfurt am Main, Akte der Stadtverordnetenversammlung, Frankfurter Künstlerhilfe, 1924–1933, Sign. 1.629, sowie ebd.: Alfred Wolters, „Die Frankfurter Künstlerhilfe“, 1933, Typoskript, Nachlass Alfred Wolters, Sign. S1-468/30; zudem Schmeisser 2025, S. 13–14.
16 Das im Städel ehemals unter SG 967 inventarisierte Werk wurde 1937 als „entartet“ beschlagnahmt; es befindet sich heute im Germanischen Nationalmuseum, Nürnberg.
17 Im Städel ehemals Inv. SG 1024, heute in Privatbesitz.
18 Im Städel ehemals Inv. SG 1025; vgl. Beckmann/Gohr 2006, Nr. 34; MB-A/P 34.

verlust der Gemälde war die Beckmann-Sammlung des Museums unwiederbringlich zerschlagen.[19] Swarzenski wurde mit der Machtübernahme der Nationalsozialisten aus seinen städtischen Ämtern entlassen und musste sich vor einem städtischen Untersuchungsausschuss gerade auch wegen der Förderung Beckmanns verantworten.[20] 1938 flüchtete er in die USA.

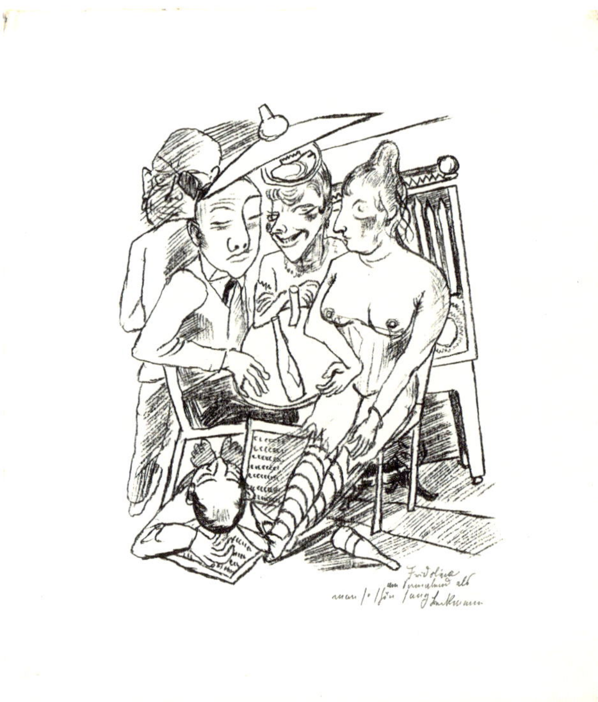

Abb. 15
***Stadtnacht*, 1920**
Lithografie, 280 × 246 mm (Blatt), mit der Widmung: „Fridolina / am Sonnabend als / man so schön sang. / Beckmann“, Städel Museum, Frankfurt am Main, Inv. SG 3082

Die Sammlung Ugi und Fridel Battenberg und die ‚zweite‘ Beckmann-Sammlung des Städel

Ernst Holzinger, der im Mai 1938 die Nachfolge Swarzenskis am Städelschen Kunstinstitut angetreten hatte, versuchte nach dem Ende des Zweiten Weltkriegs, an das Engagement seines Vorgängers für die Moderne anzuknüpfen. 1947 organisierte er gemeinsam mit dem Münchner Galeristen Günther Franke eine Beckmann-Ausstellung mit fast ausschließlich aus Privatbesitz stammenden Werken. Franke stiftete damals dem Museum zehn Druckgrafiken des Künstlers.[21] Bereits ein Jahr zuvor hatte das Ehepaar Fridel und Ugi Battenberg in Bad Nauheim bei Frankfurt einen Teil seiner umfangreichen Beckmann-Sammlung gezeigt,[22] Holzinger erwarb sie 1949 für das Städel Museum. Die 133 Druckgrafiken und 36 Zeichnungen bilden bis heute den Grundstock der ‚zweiten‘ Frankfurter Beckmann-Sammlung;[23] sie sind zugleich Dokument einer besonderen Freundschaft.

Die angehenden Maler Heinrich („Ugi“) Battenberg und Max Beckmann hatten sich 1902 an der Großherzoglich-Sächsischen Kunstschule in Weimar kennengelernt,[24] an der Beckmann seit 1900 eingeschrieben war. Trotzdem dieser schon 1903 nach Paris und im folgenden Jahr nach Berlin zog und Battenberg bald nach Frankfurt zurückkehrte, blieben beide in engem Kontakt (vgl. die humoristische Neujahrskarte Beckmanns, Abb. 14).[25] Beckmann und seine erste Frau, Minna Tube, legten auf der Hochzeitsreise nach Paris 1906 sogar einen Zwischenhalt in Frankfurt ein; seitdem gehörte Frieda („Fridel“) Carl zu ihrem Freundeskreis.[26] Fridel war eine begabte Pianistin, die Tochter des vermögenden Textilunternehmers Julius Adam Carl und mit Ugi Battenberg verlobt. 1907 heiratete das Paar und zog in den zweiten Stock des Hauses von Julius Carl in der Schweizer Straße 3, in dessen Dachgeschoss es ein Atelier einrichtete. Hier kam 1915 Max Beckmann unter, der von 1917 bis 1933 diesen Arbeitsort verschiedentlich auch als Wohnraum nutzte.[27]

Es ist dieser persönlichen Verbindung und anfänglich auch der besonderen räumlichen Situation geschuldet, dass viele der Zeichnungen aus der Sammlung Battenberg Szenen aus dem privaten Umfeld zeigen (vgl. Kat. 29, Abb. S. 30): Häufig sind es Ugi, Fridel und deren Katzen Titti und Bummi, die Beckmann festhielt, sowie vereinzelt Blicke aus dem Fenster, überdies fertigte er Gelegenheitsskizzen von Ausflügen in die Stadt, Tieren im Zoo oder Besuchen bei Boxkämpfen, in Varietés oder auf Jahrmärkten. Bildmäßig ausgeführt ist nur das Porträt von Fridel Battenberg aus dem Jahr 1916 (Kat. 30, Abb. S. 31), das bis zum Tod der Dargestellten im Jahr 1965 in deren Besitz verblieb und erst 1968 ins Städel gelangte.

Einen umfassenderen Einblick in das Schaffen Beckmanns dieser Jahre gibt der druckgrafische Bestand, auch weil der Künstler in Frankfurt nahezu zwei Drittel seines gesamten diesbezüglichen Œuvres schuf und etwa die Hälfte davon durch die Battenberg-Sammlung im Städel vorhanden ist. Enthalten sind neben zahlreichen Einzelgrafiken die bedeutenden Folgen *Gesichter* (herausgegeben 1919), *Die Hölle* (1919) und *Berliner Reise* (1922), dazu die Kompositionen zu Lili von Braunbehrens’ *Stadtnacht* (1920) oder Kasimir Edschmids *Die Fürstin* (1917, herausgegeben 1918),[28] deren Verfasser

Beckmann über Battenbergs kennenlernte, die Radierungen zu Beckmanns eigenem Drama *Ebbi* (1924) und vieles mehr – das meiste in Probeabzügen mit persönlichen Widmungen (vgl. Abb. 15).

Genau genommen umspannen die Grafiken dabei die Jahre von 1911 bis 1924, umfassen also auch Werke vor der Frankfurter Zeit und enden deutlich vor Beckmanns Weggang nach Berlin im Mai 1933. Details zur spezifischen Auswahl der Blätter haben sich nicht überliefert; vieles, wenn nicht sogar das meiste, insbesondere die Zeichnungen betreffend, dürfte der Künstler – später auch seine zweite Frau, Mathilde Q. Beckmann, geborene von Kaulbach – den Freunden geschenkt haben.[29] Eine schriftlich festgehaltene Erinnerung Fridel Battenbergs lässt zudem vermuten, dass sich das Ehepaar Battenberg in Ausnahmefällen von einzelnen Druckgrafiken trennte, bevor es die Sammlung dem Städel Museum verkaufte.[30]

Anders als Beckmann, dem früh an einer internationalen Karriere gelegen war, die er konsequent vorantrieb, blieb Ugi Battenberg als Maler regional gebunden. Trotz künstlerischer Anerkennung in den 1910er- und 1920er-Jahren hing das Auskommen der Eheleute am Vermögen des Schwiegervaters und verschlechterte sich nach der Weltwirtschaftskrise und dem Tod von Julius Carl 1930 rapide.[31] Lilly von Schnitzler versuchte zu helfen und Aufträge zu vermitteln,[32] aber die finanzielle Situation blieb insbesondere nach dem Ende des Zweiten Weltkriegs prekär. Im September 1948 begannen Battenbergs daher mit Ernst Holzinger und Kurt Schwarzweller, dem damaligen Leiter der Graphischen Sammlung des Städel Museums, über den Verkauf ihrer Sammlung zu verhandeln. 1949 wurde der Kaufvertrag geschlossen,[33] und das Städel Museum erwarb sich im Bereich von Zeichnung und Druckgrafik wieder den Ruf, weltweit eine der bedeutenden musealen Beckmann-Sammlungen zu sein.

Die Beckmann-Sammlung heute

Durch den Erwerb der biografisch geprägten Sammlung der „ältesten Freunde Beckmanns“[34] lag im Städel Museum der Schwerpunkt seiner Werke zunächst auf den Frankfurter Jahren bis etwa 1925. Seitdem wird dieser Bestand im Bereich der Druckgrafik durch gezielte Ankäufe sukzessive erweitert: Heute sind über 75 Prozent des gesamten druckgrafischen Œuvres von Max Beckmann im Städel Museum vertreten. Auch bei den Zeichnungen öffnete sich der Blick auf die späteren Schaffensphasen des Künstlers. Allerdings konnten angesichts sinkender Ankaufsbudgets und steigender Preise nur mehr zwei Zeichnungen direkt erworben werden: 1966 das Bleistiftbildnis einer sitzenden Frau in Ganzfigur aus der

19 Zu den Verlusten vgl. Schmeisser 2020 b.

20 Vgl. hierzu und zu den diesen Untersuchungsausschuss begleitenden Diskussionen Schmeisser 2020 a, S. 66, und Schmeisser 2025, S. 17–19.

21 Vgl. Schmeisser 2020 b, S. 59.

22 Vgl. die Erinnerungsnotiz von Fridel Battenberg vom 15.1.1962, Bayerische Staatsgemäldesammlungen, München, Max Beckmann Archiv, Max Beckmann Nachlässe, sowie Walldorf 2007 a, S. 71.

23 Die Zeichnungen sind unter den Nummern SG 2958–2967, 2972–2991 A–E, SG 3282 und SG 3453 erfasst. Die Druckgrafiken wurden unter den Nummern SG 2910–2929, 2940–2968, 2982–3016, 3038–3085 und 4467 inventarisiert; von der Kaltnadelradierung zum vierten Akt von *Ebbi* existieren zwei Abzüge (SG 3015 a und b). Die Umdruckzeichnung *Sarika II*, die ursprünglich als Druckgrafik inventarisiert worden war (SG 3052), wurde später in das Inventar der Zeichnungen umgetragen (SG 3453).

24 Zur Biografie Battenbergs vgl. Walldorf 2007 a und b.

25 Vgl. Finke/von Wiese 2026, Nr. 52.

26 Zur besonderen Beziehung Beckmanns zu Fridel Carl vgl. Nickl 2006, S. 38, 40–42, 71–72 (Interview mit Barbara Göpel vom 18.9.2006).

27 Julius Carl verkaufte sein Geschäft und das Haus in der Schweizer Straße im Jahr 1919; Battenbergs zogen an das nördliche Mainufer, in die Schöne Aussicht 9, vgl. Walldorf 2007 a, S. 53. Beckmann unterhielt das Atelier von Ugi Battenberg zwischen 1917 und 1933, wohnte allerdings ab 1919 im Haus des Verlegers Heinrich Simon am Untermainkai 3, vgl. Lenz 2010, S. 61, anschließend von 1920 bis 1924 „im Atelier und von da bis 1933 auf dem Sachsenhäuser Berg“ (Reifenberg 1956, S. 8).

28 Lily von Braunbehrens war die Tochter von Major Friedrich von Braunbehrens, der Beckmanns Freistellung vom Militärdienst erwirkt haben soll, vgl. Döring/Lenz 2000, S. 198; Ausst.-Kat. Leipzig 2011, S. 244. – Kasimir Edschmid war ein Cousin von Ugi Battenberg, vgl. Döring/Lenz 2000; Nickl 2006, S. 22; Ausst.-Kat. Leipzig 2011, S. 250.

29 Vgl. das Schreiben an Dr. Hans Veit, den Nachlassverwalter von Fridel Battenberg, 7.4.1966, Bayerische Staatsgemäldesammlungen, München, Max Beckmann Archiv, Max Beckmann Nachlässe.

30 Vgl. die Erinnerungsnotiz von Fridel Battenberg vom 15.1.1962, Bayerische Staatsgemäldesammlungen, München, Max Beckmann Archiv, Max Beckmann Nachlässe.

31 Vgl. Walldorf 2007 a, S. 58–59.

32 Vgl. ebd., S. 65.

33 Vgl. die Unterlagen zum Erwerbsvorgang einschließlich des Kaufvertrags im Städel Archiv, Sign. 908. Der Kaufvertrag wurde am 1. Oktober 1949 zwischen den Eheleuten Battenberg und dem Städelschen Kunstinstitut geschlossen; die Zahlung erfolgte in monatlichen Raten. Per Vertrag behielt sich das Städelsche Kunstinstitut vor, einzelne oder alle Blätter der Sammlung an die dem Kunstinstitut angeschlossene Städtische Galerie „weiterzugeben“. In der Tat erfolgte die Verzeichnung im Inventarbuch der Städtischen Galerie und damit als städtisches Eigentum; unklar ist, auf welche Art und Weise die Eigentumsübertragung vollzogen wurde. Zwei Zeichnungen, „Bildnisse der Frau Battenberg“, unter den Nummern 168 und 169 (ohne Angaben zu den Maßen oder der Technik) im Kaufvertrag aufgeführt, blieben bis zum Tod der Battenbergs in deren Besitz. Nach dem Tod von Fridel Battenberg gelangte allerdings nur eines der beiden Blätter ins Städel Museum: das *Bildnis Fridel Battenberg* (Kat. 30, Abb. S. 31, inventarisiert 1968). Einer handschriftlichen Bestätigung Kurt Schwarzwellers zufolge (vgl. Städel Archiv, Sign. 993) übergab der Nachlassverwalter dem Städel Museum am 11. November 1966 gemeinsam mit dieser Zeichnung eine „Lithographie Bildnis F. Battenberg“, die aber nie inventarisiert wurde und heute im Bestand nicht nachweisbar ist. Ob es sich bei dem im Kaufvertrag erwähnten zweiten Battenberg-Bildnis gar nicht um eine Zeichnung handelte, sondern um eine (diese) Lithografie, lässt sich nicht mit Bestimmtheit sagen.

34 Schreiben der Max-Beckmann-Gesellschaft (MBG) an Fridel und Ugi Battenberg anlässlich ihrer Ernennung zu Ehrenmitgliedern der MBG, 1.11.1953, Bayerische Staatsgemäldesammlungen, München, Max Beckmann Archiv, Sign. MBG VIII 16/1.

Sammlung Carl von 1918[35] und 2003 mithilfe von Dierk und Angelika Borchert und des Städelschen Museums-Vereins die ebenso bedeutende wie repräsentative Federzeichnung *Die Weintraube* von 1944 (Kat. 65, Abb. S. 69) aus Beckmanns Amsterdamer Zeit. Die letzten Schaffensjahre in den USA sind seit 1994 – dank einer Schenkung von Karl-Oskar Koenigs – durch das einfühlsame Porträt der Sarah Jane Hope (Abb. 16),[36] einer Vorzeichnung für das Gruppenbildnis der Familie des Kunsthistorikers Henry R. Hope von 1950,[37] zumindest beispielhaft ebenfalls in der Sammlung vertreten.

Die substanziellste Erweiterung des Bestandes erfuhr die Graphische Sammlung des Städel Museums im Jahr 2021. Es handelt sich dabei allerdings um Dauerleihgaben: zwei bildmäßige Zeichnungen aus der Sammlung der Deutschen Bank (*Bildnis Frau Heidel*, 1922,[38] und *Die Ruderer*, 1928, Kat. 55, Abb. S. 59) sowie 16 Hauptwerke aus der renommierten Frankfurter Beckmann-Sammlung von Karin und Rüdiger Volhard (vgl. Kat. 37, 51, 52, 56, 67 und 69), die sich letztlich dem Eindruck verdankt, den die einflussreiche Beckmann-Förderin Lilly von Schnitzler hinterlassen hat.[39]

Die in Köln gebürtige Lilly Bertha Dorothea von Mallinckrodt war seit 1910 mit dem Juristen Georg (von) Schnitzler verheiratet, der ab 1912 bei den Farbwerken Höchst (später IG Farben) Karriere machte. 1920 zogen von Schnitzlers nach Frankfurt, und Lilly von Schnitzler verwandelte ihr Haus am Westendplatz zu einem anregenden Treffpunkt für Intellektuelle, Künstler und Kulturschaffende:[40] Zu ihren Besuchern zählten Museumsdirektoren wie Georg Swarzenski und Ernst Beutler,[41] Mitarbeiter der *Frankfurter Zeitung*, Schriftsteller wie Rudolf Binding, der Schauspieler Heinrich George oder andere Sammler wie Carl von Weinberg. Auch Max Beckmann gehörte dazu. Lilly von Schnitzler war durch den Kunsthistoriker Wilhelm Hausenstein um 1924 auf ihn aufmerksam geworden, förderte ihn engagiert und erwarb 22 Gemälde sowie Zeichnungen und Druckgrafik – unbeeindruckt von den Schmähungen seiner Kunst durch den Nationalsozialismus, in den ihr Mann schon ab 1930 politisch aktiv verstrickt und zu dem Lilly von Schnitzler selbst ambivalent eingestellt war.[42]

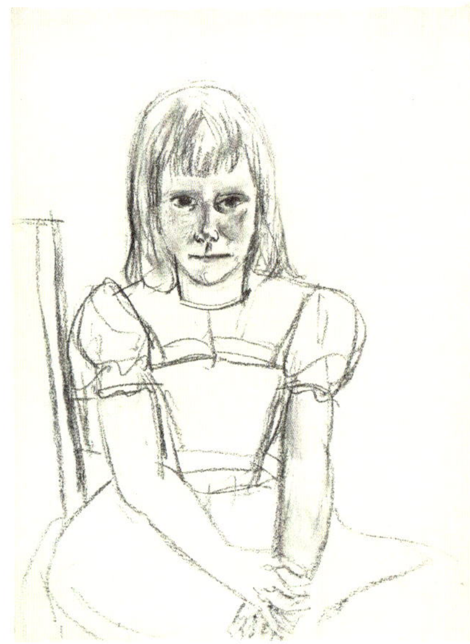

Abb. 16
***Sarah Jane Hope*, 1950**
Bleistift, 600 × 450 mm,
Städel Museum, Frankfurt am Main, Inv. 16745

1952 zog sie nach Murnau; in ihrem dortigen Haus Lilamor fand 1953 eine der Gründungsversammlungen der ersten Max-Beckmann-Gesellschaft statt.[43] Ihre Überlegung, ihre Sammlung ins Städel zu geben, wurde bedauerlicherweise nicht verwirklicht.[44] Mit ihrer Leidenschaft für den „größten Maler des 20. Jahrhunderts“[45] inspirierte sie aber den Frankfurter Juristen Rüdiger Volhard, der mit seiner Frau Karin eine der bedeutendsten Privatsammlungen von Zeichnungen Max Beckmanns aufbaute. Die Leihgaben aus dieser Sammlung sind einer der Anlässe für die jetzige Ausstellung. Sie zeigen erneut, wie eng Frankfurt und Beckmann miteinander verbunden sind.

35 Inv. SG 3270. Beim Ankauf der Zeichnung aus der Ausstellung im Frankfurter Kunstverein wurde die Identifikation der Dargestellten als Fridel Battenberg übernommen und in den folgenden Jahren fortgeschrieben. Stephan von Wiese schlug 1978 (Nr. 395, S. 213) abweichend Marie Swarzenski vor. Da die Kaltnadelradierung *Modell* dieselbe Frau zeigt wie die Zeichnung, sah Klaus Gallwitz 1962 (Nr. 93) in ihr gleichfalls Fridel Battenberg. James Hofmaier wies 1990 (Nr. 124, S. 330) diese Identifikation zurück und ließ die Identität der Dargestellten offen, ebenso Finke/von Wiese 2026, Nr. 766.
36 Vgl. Finke/von Wiese 2026, Nr. 1762.
37 Eskenazi Museum of Art, Indiana University, Bloomington, vgl. Göpel 1976, Nr. 822; MB-G 822.
38 Vgl. Finke/von Wiese 2026, Nr. 953.
39 Vgl. Volhard 2001.
40 Zu Lilly von Schnitzler vgl. Lenz 2010, S. 13–26; Ausst.-Kat. Murnau 2011; Copeland Buenger 2015, S. 205–207; Hansert 2017, S. 209, und Von Manstein 2025.
41 Er leitete ab 1925 das Frankfurter Goethe-Museum und das Freie Deutsche Hochstift.
42 Georg von Schnitzler war seit 1930 Mitglied der SA, vgl. Hansert 2017, S. 213; zum Verhältnis Lilly von Schnitzlers zum Nationalsozialismus vgl. Copeland Buenger 2015, S. 206, sowie Hansert 2017, S. 213–218.
43 Die 1984 aufgelöste Max-Beckmann-Gesellschaft wurde im Jahr 2005 als „Freunde des Max Beckmann Archivs“ neu gegründet.
44 Vgl. hierzu Volhard 2001, S. 11; Hansert 2017, S. 220.
45 Lilly von Schnitzler in einer Widmung an Rüdiger Volhard, zit. nach Volhard 2001, S. 11.

Stephan von Wiese

A Mythical Human Orchestra

Max Beckmann's Drawing Oeuvre Between the Two World Wars

Resurrection, 1915–1918: 'A New Church'

In Max Beckmann's unfinished, large-scale painting *Resurrection* (1915–1918, fig. 1, also see cat. 24–27, figs. pp. 24–27),[1] the war dead must not appear before the court of the Last Judgement. On being reborn, they are instead indiscriminately damned to the arduous struggle of regaining their bearings on Earth. In his programmatic text of 1918, 'Ein Bekenntnis' (A Confession), the painter reflects on 'the poor, deceived people's anguished cries'.[2] The work was intended to open viewers' eyes to this desperate situation: it shows the circumstances following the terrible carnage of war, and reveals the mystery of humankind. As an artistic vision, the sloping plateau of the wide panoramic scene unites the joint bodily presence of the dead and the survivors in a tension-charged realm between naked, brutal corporeality and mental/spiritual elevation. It conveys the prospect of a possible world upheaval and a future existence on Earth.[3]

In 'Ein Bekenntnis', Beckmann writes about the stimulating vision he had conceived for his further work: 'That's my crazy hope that I can't dismiss and that, despite everything, is stronger in me than ever. To one day make buildings with my paintings. To build a tower in which people can scream out all their rage and desperation, all their poor hope, joy and wild longing. A new church. Maybe time will help me.'[4] By depicting humankind's joint fate as a vision of the future, the painting lends the biblical theme new, enigmatic, mythical meaning. Max Beckmann spoke of 'transcendental objectivity'.[5]

In his years in Berlin before World War I, the artist had produced a number of large-scale works with metaphorical depictions of human life as a struggle, a battle, captivity. In figurative paintings such as *The Battle* (1907),[6] *Rivals* (1908)[7] and *Scene from the Destruction of Messina* (1909),[8] he drew on earlier role models such as Francisco de Goya and brought them up to date: 'An abounding life is in them, a sense of space'.[9] As Ernst Gerhard Güse showed, it was Friedrich Nietzsche's new philosophy of life that provided the fierce impetus for these combative figural scenes.[10] In his epochal

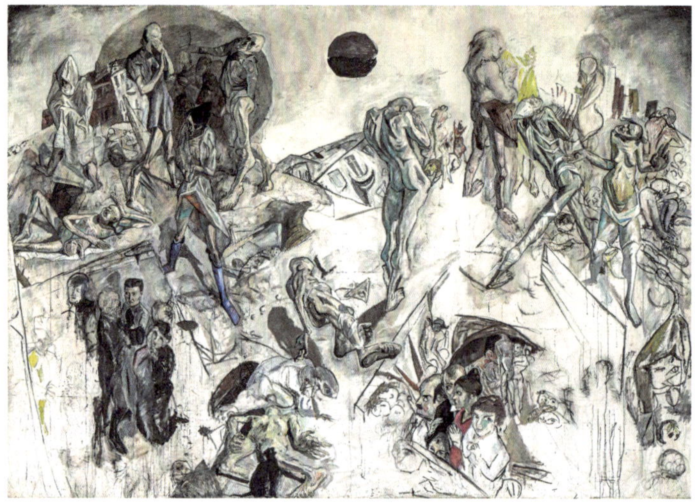

Fig. 1
***Resurrection (unfinished)*, 1915–1918**
Oil on cardboard on canvas, 345 × 497 cm,
Staatsgalerie Stuttgart, inv. 2673

work *Die Geburt der Tragödie aus dem Geiste der Musik* (The Birth of Tragedy Out of the Spirit of Music), the philosopher offered an inspiring new conception of classical Greek mythology in the juxtaposition of the Apollonian – primarily in music – and the Dionysian – primarily in visual art.[11] Beckmann's battle scenes respond to this moving impulse. One of the drawings on view in the Städel Museum exhibition – the independent *Elephant Battle* of 1908 (cat. 4, fig. p. 4) – belongs to the artist's early thematic group revolving around wild human turmoil.

World War I led to a deep break in Beckmann's oeuvre. Now he shifted his focus to interpreting and depicting life as it played out in his immediate surroundings. From this time onwards, the idea of life as a 'world theatre' dominated his imagery.[12] He visualized people's changing roles in the society of the early Weimar Republic. Hardship and inebriation, poverty and wealth, reality and dream alternate, and the artist caricatured especially those whose lives played out on society's periphery. He 'veristically' put himself in 'the faces' of the time.[13] Particularly outstanding works of the post-war years are the two printmaking series *Hell* (1919, see cat. 38, fig. p. 40) and *Trip to Berlin* (1922, see fig. 2 and fig. 8, p. 170). The painting *The Night* (fig. 7, p. 169)[14] depicts the latent violence that continued to define life after the war's end.

Closet (The Mother), 1922: Squalor in the Garret

'But the great human orchestra is the city', Max Beckmann had written in 'Ein Bekenntnis' in 1918.[15] In the early years of the Weimar Republic, urban life became his core theme. Entitled *The Night*, the image of a mother asleep with an infant on her lap in a confined and impoverished garret room is the third sheet of *Trip to Berlin*, a ten-part lithographic exploration of the city (fig. 8, p. 170).[16] For an alternative drawing on transfer paper, the artist chose the laconic title *Closet* (cat. 39, fig. p. 41). Here the haggard, pathetic mother is a mythical personification of care, to be understood as the '*Charity* of the Weimar Republic'.[17] The second sheet of the series, *The Disillusioned I*, depicts the antithesis of this devoted selflessness: it portrays the ruling class that had once hoped the world war would bring it personal gain – and now appears completely confounded.[18]

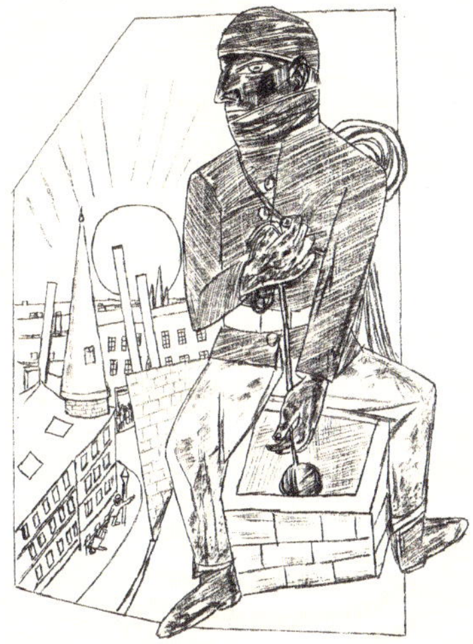

Fig. 2
***The Chimney-Sweep*. Sheet 10 from the portfolio *Trip to Berlin*, 1922**

Lithograph, 680 × 502 mm (sheet), Städel Museum, Frankfurt am Main, inv. SG 3056

Both the lithograph *The Night* and the drawing *Closet (The Mother)* insist on illustrating the scandalous privation of an underprivileged class and the distress of proletarian families, especially when the father has lost his life in the war. A petroleum lamp, a candle, an all but toothless comb are virtually the mother's only possessions. The lithographic reading of the scene, which offers greater realistic detail, contrasts with the more mythicizing one in the drawing *Closet*. Here the misery of the socially marginalized proletarian figure in the attic is more universal: the social hardship of the period in question points to the timeless, existential need of human beings – to their general 'thrownness', to use the philosophical term. For Beckmann, this was the condition that embodied the myth of the world and of life.[19] He elevated the composite of metaphors representing a certain milieu to the level of metaphysical symbolism.

1 See Göpel 1976, no. 190; MB-G 190.
2 Pillep 1984, p. 91. The text was first published in 1920.
3 See Von Wiese 1987.
4 Pillep 1984, p. 91.
5 Ibid.
6 Museum Ludwig, Cologne, see Göpel 1976, no. 85; MB-G 85.
7 Sprengel Museum Hannover, see Göpel 1976, no. 93; MB-G 93.
8 Saint Louis Art Museum, see Göpel 1976, no. 106; MB-G 106.
9 Diary, 28 January 1909, Beckmann 1966, p. 33. Nina Peter and Christiane Zeiller are preparing a digital edition of the diaries.
10 Güse 1977, pp. 27–37.
11 See Hübner 1985, pp. 223–226.
12 See exh. cat. Bremen 2017.
13 See exh. cat. Mannheim 2013.
14 See Göpel 1976, no. 200; MB-G 200.
15 Pillep 1984, p. 90.
16 See Hofmaier 1990, no. 215.
17 Von Wiese 1979 a.
18 See Hofmaier 1990, no. 214.
19 See exh. cat. Mannheim 2013.

As a result, the scene's milieu context increasingly dissolves. Replacing it is an encrypted nexus of associations in the realm of 'metaphysical destitution'. In the lithograph, the window opens onto a view of the city, making the world outside tangible. The dark sky outside the window of the drawing, on the other hand, lends the reduced depiction a placeless atmosphere. It is precisely the qualities of enigma

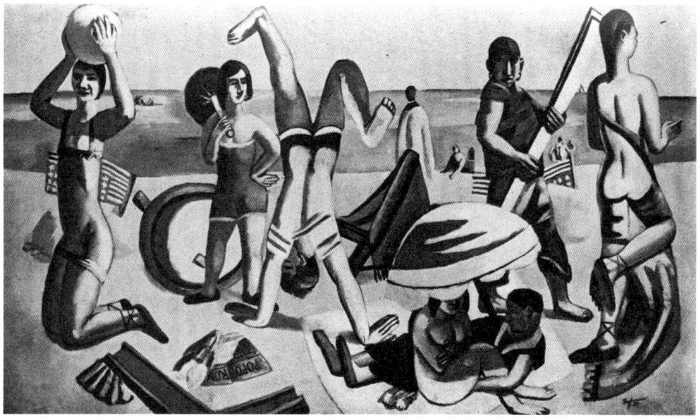

Fig. 3
***The Beach*, 1927**
Oil on canvas, 175 × 300 cm, whereabouts unknown

and mystery that belong to the associative context of a superordinate theme. 'Homelessness and human hardship' as universal aspects now come ever further to the fore in Beckmann's art, endowing his imagery with mythical structure.

The tenth and last sheet in the series – the lithograph *The Chimney Sweep* (fig. 2)[20] – is presumably a covert self-portrait. Blackened with coal dust, a dark male figure evoking myriad associations works on the city's rooftops cleaning its inhabitants' chimneys. The artist is thus defining his specific role: his job is to free the encrusted flues so the fires of peace can once again burn in people's ovens and their cities are not suffocated by black smoke.

Boy with Lobster, 1926: The Primordial Catch[21]

'I was on the Adriatic in Italy for fourteen days and saw wonderful things there, on whose realization I [?] now want to embark. I'm painting portraits still lifes landscapes visions of cities emerging from the sea, beautiful women and grotesque monsters. Bathing people and female nudes. In short, life. Life simply existing. Without thoughts or ideas. Suffused with colours and forms from nature and from within myself. – As wonderful as it is possible. – This will be the work of the next 10 years', Beckmann wrote on 9 August 1924, at the end of a trip to Pirano, to his friend and art dealer J. B. Neumann in New York.[22]

During his summer trips to Italy in the years 1924 to 1927, the mediterranean aura of the 'South Sea'[23] inspired Beckmann to an even more simplified, voluminous, close to buoyant form. The sharp-angled compartmentalization that in his previous style had been permeated by late expressionist, quasi 'Gothic' expressive elements were now a thing of the past. The second half of the 1920s – of which the drawing *Boy with Lobster* (cat. 52, fig. p. 55) is a key work – can be referred to as the Neoclassicist phase in the artist's oeuvre.

In the period between the two world wars, the depiction of the fisher boy with the grotesque-like crustacean from the sea heralded Beckmann's new, sensuous motivic universe in the drawing medium. It had been preceded by that motley crowd of ordinary comedians engaging in richly interpersonal life-affirming actions, for example in the painting *The Beach* of 1927 (fig. 3)[24] that was once in the possession of the Städel Museum. In 1930, that work was presented with quite an uproar as the German contribution to the Venice Biennale, and in 1937 it was pilloried in the defamatory *Entartete Kunst* (Degenerate Art) show in Munich; its whereabouts have been unknown ever since. With its fanciful staging of the lively Southern bathing world, it is an excellent example of this period in Beckmann's work – as is the enigmatic *Barge* of 1926.[25]

As he expressed clearly in the temperamental correspondence conducted with J. B. Neumann in New York, Beckmann never doubted the art-historical import of his new visions and discoveries. It was on their strength that he entered the contest with the artistic world champions of the era's avant-garde: 'Now the fight begins in earnest. […] Paris is screaming for us', he wrote on 15 December 1926.[26]

20 See Hofmaier 1990, Nr. 222.
21 See Von Wiese 2001.
22 Beckmann 1993, no. 264, p. 254.
23 Letter to Mathilde Q. Beckmann, 14 August 1926, Beckmann 1994, no. 404, p. 67.
24 See Göpel 1976, no. 267; MB-G 267, begun on 28 September 1926, completed on 6 April 1927.
25 Private collection, USA, see Göpel 1976, no. 253; MB-G 253.
26 Harter/von Wiese 2011, no. 58, p. 137.
27 See Blunt/Pool 1962.
28 Zervos 1949, nos. 243–245 and 250.
29 See Blunt/Pool 1962.
30 Spieler 2023, p. 38.
31 Harter/von Wiese 2011, no. 52, p. 123.
32 Ibid., no. 58, pp. 137, 139.
33 See Von Wiese 1978, p. 138.
34 Zeiller 2022, p. 150.
35 Sammlung Würth, Künzelsau, see Göpel 1976, no. 819; MB-G 819. A reproduction of the photo is found in exh. cat. München 2022, p. 144.
36 Exh. cat. Saint Louis 1948. The exhibition, which was subsequently presented at four further museums in the U.S., was curated by Hanns Swarzenski.
37 See the above-cited letter to J. B. Neumann of 9 August 1924, Beckmann 1993, no. 264, p. 254.

Less than a decade earlier, in 1917, it was likewise a trip to Italy (more specifically to Rome, Naples and Pompeii) that had triggered Pablo Picasso's astonishing conversion back to the Neoclassicist contour style.[27] Even the motifs were similar: female fish vendors in the streets of Naples based on picture postcards. And the following year, on his honeymoon to Biarritz,[28] he drew bathers and fishermen on the beach. He had the linear languages of artists like Jean-Auguste-Dominique Ingres and Cubist abstraction to choose from – and his new style signalled Europe's return to the figure.[29]

However, there is a decisive difference: 'Whereas in Picasso, style and form always come across as play and experiment, in Beckmann they emerge from existential life circumstances.'[30] Beckmann's reason for the shift to classical simplicity were not merely form- but also content-related. This is clearly evident when, in the letters to Neumann with the declaration of war on Paris, the artist loses no time in staking out the artistic terrain: 'Cézanne's legacy ended in Parisian tailors' shops (Picasso, Braque). They erected statues of Greek gods in front of those shops to mask the inner paltriness. – That's Paris in 1926 That, then, is the situation', he polemicized, for instance, on 2 June 1926.[31] 'Now we're coming with the new "object" – Not new objectivity. Already that is bankruptcy. – What we're doing is truly new and the right complement to the emerging architecture non-representational painting has stumbled into. – The new surface in the new house. With the newly seen object. Stated with sharp, brief, concise, and elegant precision. – What we want is a new luxury of feeling again. No more arabesques or glued-together sections of space, but the complexist [*sic*] painting with clear viewpoints and unswervingly firm-standing objects in a new, completely irreal ideality. My paintings will always look as if they'd been cut out of the wall [...]. – Radium-containing force complexes to strengthen and refresh the viewer', he continued in his letter of 15 December 1926.[32] The 'newly seen object' – 'stated with sharp, brief, concise, and elegant precision': as manifest in the *Boy with Lobster*, that is the Beckmannesque variation on the Neoclassicist contour drawing.[33]

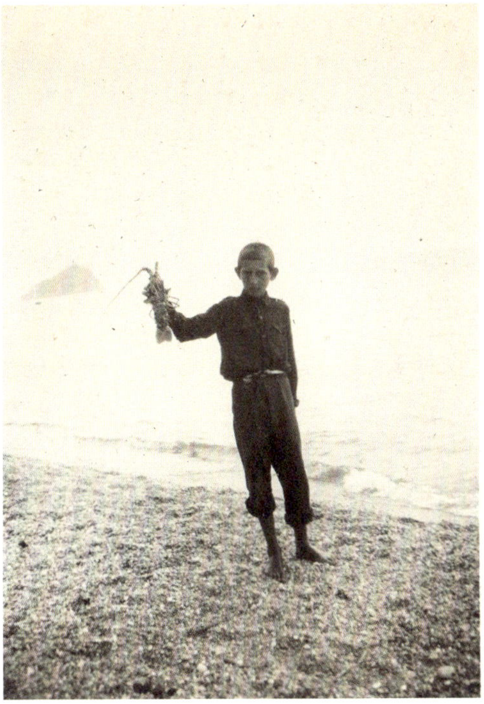

Fig. 4
***Boy with Crayfish*, black-and-white photograph taken on the beach at Spotorno by Max or Mathilde Q. Beckmann, 1926**

Photo Album No. 3, Bayerische Staatsgemäldesammlungen, Munich, Max Beckmann Archiv

Tellingly, Beckmann based the drawing on a photograph he or his wife Mathilde ('Quappi') had taken on the beach of Spotorno in 1926 depicting the same motif in different proportions and without foreshortening (fig. 4). It was Mathilde Q. who had introduced photography – still quite a new medium at the time – to the artist's world: 'Before that, there had been virtually no such thing as photos taken as travel souvenirs or snapshots in Beckmann's life.'[34] Spotorno was also the setting of the photo that served as the artist's model for the painting *Quappi in Blue in a Boat*,[35] which he likewise carried out in Frankfurt am Main in 1926 and would go on to revise in New York in 1950. The shot on which *Boy with Lobster* was based seems to reveal that the crustacean caught by the boy on the beach back in 1926 was actually a crayfish (German 'Languste'). On receiving an English title – presumably for the first major solo Beckmann show in the U.S., taking place at the City Art Museum in Saint Louis in 1948 – the drawing advanced to the status of 'lobster' (German 'Hummer')[36] and has remained there ever since.

A fisher boy embodies, to begin with, the 'simple existence' which the artist referred to as his new theme from 1924 onwards.[37] Despite their strongly diverging sizes, the human being and the lobster carry similar artistic weight. The figure of the boy with its simple curved and angular contours stands out razor-sharp against the pictorial ground. The figure of the decapod – as this particular order of malacostracans is called – looks bizarre. Seemingly in reaction to being violently snatched from its habitat, the large creature presses its four rear pairs of walking legs to its body at an angle. With the claws on the front legs, it protectively clutches its thorax. The two antennae and movable stalked eyes point backwards in a recoil. In its defensive pose, the animal's body contorts into a chimerical figure. This bizarre element of the drawing correlates to the shaded half of the fisher boy's face. Sunlight – marked with white chalk – falls on the other half. The figure thus divides into a light or day side and a shady or night side, and it is the latter that faces the captive animal.

In subsequent large drawings, Beckmann continued the new monumental depiction of corporeality. Cases in point are *Quappi with Candle* (cat. 53, fig. p. 57) and *Rowers* (cat. 55, fig. p. 59), both dating from 1928, and the contrarily intertwined, sprawling romantic couple in Beckmann's largest drawing of the same year, *The Night*.[38] In all of them, the silhouette-like figures look life reliefs cut out of the wall. They possess 'rotundity in two-dimensionality'[39] and oscillate between 'enigmatized' and obviously symbolic.

A passage in the letter of 2 June 1926 describes the dialectical tension between the here and now and the otherworld Beckmann thus achieved in his new paintings: 'My programme is endless and evolving ever more into an objectivity completely detached (from the earthly). To an ever greater degree, I manage to work entirely objectively and nonetheless non-objectively. [...] Seeming reality tagged as absolute ideality (in the philosophical sense). Made conscious. [...] – That's the trick. Only then do you hear the music of the spheres behind the things, or in the things.'[40]

A particularly striking quality of Beckmann's new pictorial creations is their incredible vitality. From the drawing of the boy with the lobster onwards, several motifs with fish and water testify to the magic of life that was so extremely present for the artist. Friedhelm W. Fischer considers the fish taken out of the water a 'thing symbol' of 'unpredictable – indeed, uncanny – vitality'.[41] In view of the fact that the respective scenes depict 'improvised fertility ceremonies', Beckmann evidently also regarded it as a phallus symbol.[42] In this context it is interesting to recall something he remarked in 1918. With his art, he explained, he wanted to capture 'this ghoulishly twitching monster of vitality', wanted to 'lock it into, press it into, choke it in crystal-clear sharp lines and surfaces'.[43]

The question arises as to what special tidings are embodied by the lobster fished unawares out of the sea. The realm of the hidden depths from which the crustacean has been brought to light can also be understood in analogy to the great complex of the unconscious in the human psyche: the lobster brings a message from the ancient past to light. On 10 September 1926 – it was in those late summer days that Beckmann must have encountered this messenger from times long past at the seaside – he wrote from his Italian holiday hotel in Viareggio to his dealer J. B. Neumann in New York: 'I bathe twice a day and feel a growing strength within myself. Pensez!'[44]

The Snake King and the Lobster Woman, 1933: Dream and the Subconscious

In Max Beckmann's oeuvre, 'growing strength' meant an expansion of the mythical spectrum in the exploration of mythological deities, ritual objects, and legends.[45] In the early 1930s – the final phase of the Weimar Republic – the artist turned to ancient mythological subject matter which he processed in several large watercolours, for example *Ulysses and Siren*,[46] *Rape of Europe*,[47] and *Brother and Sister* (cat. 57, fig. p. 62) of 1932/33.

Now his concern was the relationship between the sexes as a timeless theme. Timelessness – and thus also the eternity aspect of myth – is mirrored in the specific novel formation of space in his work: 'In the abstract, perspective-less two-dimensionality of the depiction of sea and sky, timelessness and placelessness find expression as the characteristic structure of myth.'[48]

38 Pastel chalk on white body colour on paper, 638 × 1789 mm, gift of Gerda and Theo Garve in memory of Christoph and his mother Else Garve, who died after his birth (2000), Sprengel Museum Hannover, see Finke/von Wiese 2026, no. 1116.
39 Max Beckmann, 'Ein Bekenntnis', 1918, Pillep 1984, p. 89.
40 Letter to J. B. Neumann, Harter/von Wiese 2011, no. 52, p. 123.
41 Fischer 1972, p. 83.
42 Ibid.
43 Max Beckmann, 'Ein Bekenntnis', 1918, Pillep 1984, p. 89.
44 Harter/von Wiese 2011, no. 56, p. 133. The Beckmanns spent their 1926 summer holidays first in Viareggio and then in Spotorno.
45 Beckmann 1988.
46 Private collection, see Beckmann/Gohr 2006, no. 61; MB-A/P 61.
47 Private collection, see Beckmann/Gohr 2006, no. 62; MB-A/P 62.
48 Spieler 1994, p. 96.
49 Schwarz 2013, p. 17.
50 The Museum of Modern Art, New York, see Göpel 1976, no. 412; MB-G 412.
51 See Von Wiese 2015, pp. 218–227.
52 National Gallery of Art, Washington, D. C., see Göpel 1976, no. 832; MB-G 832.
53 See Finke/von Wiese 2026.

Yet Beckmann also developed his own personal form of mythmaking. The foremost question here was where humankind comes from and where it is going, frequently expressed in deliberately incoherent visual forms reminiscent of Surrealist works of the same period. Taking its cues from psychoanalysis, the watercolour *Snake King and Lobster Woman* (cat. 58, fig. p. 63) mirrors dream and the subconscious. In a sense it picks up the thread of the boy-with-lobster drawing of 1926 (cat. 52, fig. p. 55). Here, however, the magic of life merges with that of the subconscious. In this phase, Beckmann poured himself into a critical study of gnostic, esoteric, theosophical and ethnological writings: 'Entirely in keeping with the Surrealist approach, his method of pictorial invention is now associative and combines chance occurrences, events of the day, visual impressions, and the fruits of his reading – in short, the chaos of life [...]. He provocatively confronts disparate motifs.'[49]

In *Departure*, initially entitled *Abfahrt* (1932–1935),[50] Beckmann – working in Frankfurt and Berlin – began giving shape to his new pictorial format, the triptych, which forges ancient mythology with modern pictorial visions.[51] He completed the final work of this remarkable series, *Argonauts*,[52] the day before his death in New York in December 1950. As a historical format, the triptych is associated primarily with the altarpiece. In Beckmann's hands it now underwent updating and revitalization. In a few cases, drawn composition sketches have come down to us and are now listed in the catalogue raisonné of the drawings.[53] The unfinished panorama

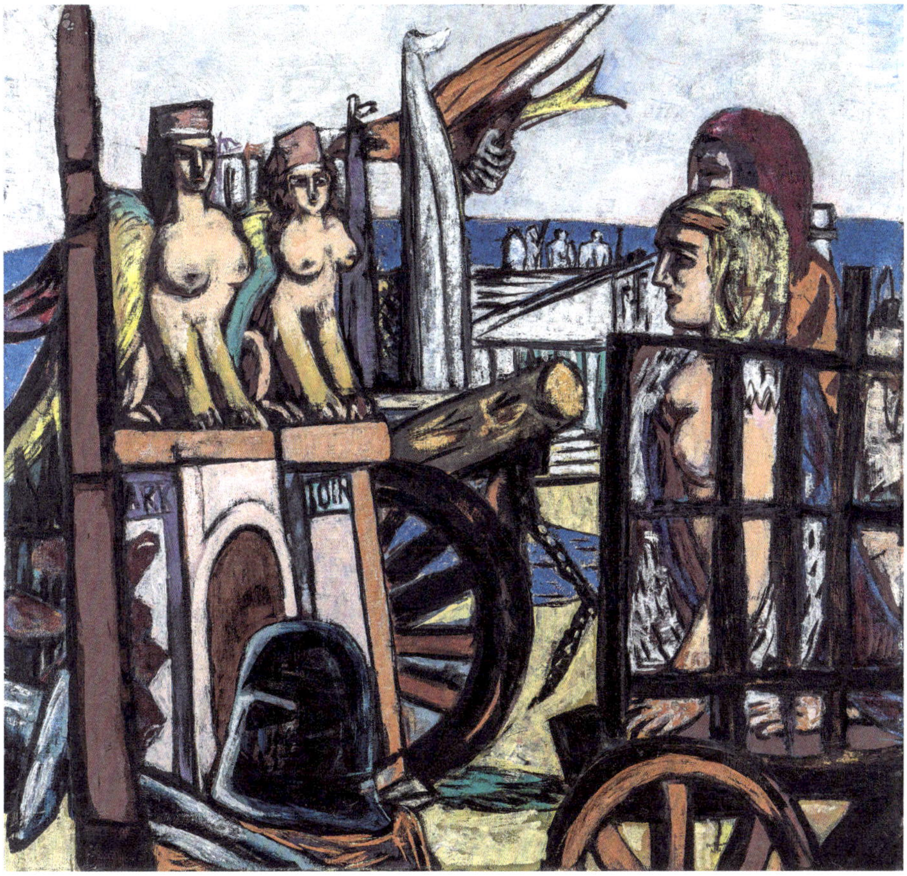

Fig. 5
***Removal of the Sphinxes*, 1945**
Oil on canvas, 130.5 × 140.5 cm,
Staatliche Kunsthalle Karlsruhe, inv. 2606

Resurrection of 1915–1918 (fig. 1) – the quintessence of the human misery experienced in World War I – had served as the prototype. Over the course of his oeuvre, Beckmann's 'human orchestra'[54] – the masterful intertwining of his reception of ancient mythology with his own visions – appears in ever new and enigmatic variations.

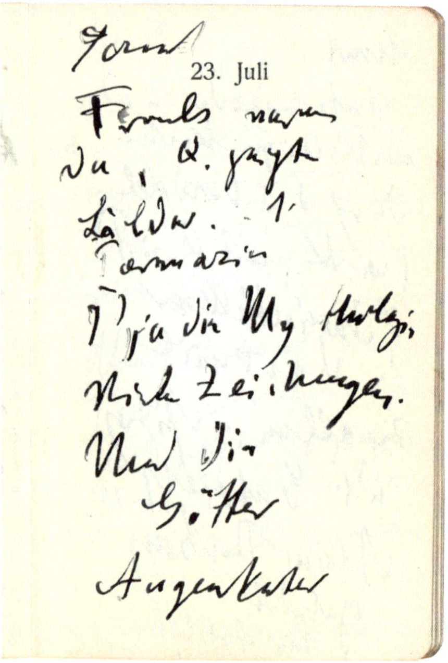

Fig. 6
Diary entry from 23 July 1944
Max Beckmann Diaries, Rare Book and Manuscript Library, Columbia University in the City of New York

Removal of the Sphinxes II, 1946: Demonic Danger

In exile in Amsterdam in April/May 1945 – the final days of the war – Beckmann completed the painting *Removal of the Sphinxes* (fig. 5)[55] as an allegory of the liberation of the Netherlands after five years of German occupation. 'This is Beckmann's peace painting', was the spontaneous response of the artist's close friend, the art dealer Helmut Lütjens.[56] The significance of this painting in the context of his overall lifework is comparable to that of *Guernica* (1937)[57] for Picasso's.

In Beckmann's work, a blonde sphinx in an ermine coat sits behind what looks like prison bars, with an executioner at her side and a pair of brunette sphinges opposite. With the blue expanse of the sea behind them, the latter gaze into the distance from their perches above a helmet and a sword. The eyes of the blonde sphinx try to meet those of her brown-haired conspecifics on their pedestals – but in vain. Their power has meanwhile changed hands. An artist marked by the horrors of a war of unprecedented dimensions here gives expression to his ambivalence towards victors.

In ancient mythology, the sphinx is a monster, a demonic winged hybrid with the body of a lion and the head and breasts of a woman: an embodiment of disaster, destruction and death. Beckmann had taken inspiration from the two figures of sphinxes at the entrance to Wertheim Park in Amsterdam, which under the Nazis had been renamed Park Tuin.[58]

The composition of the painting *Removal of the Sphinxes* underwent a revision the following year in the drawing *Removal of the Sphinxes II* (1946, cat. 67, fig. p. 72). In the sphinges he had previously depicted as majestic figures, Beckmann now evidently saw merely beings robbed of their temple. More than other drawings, this one stands as a symbol of impending calamity. The new version of the motif brings together a whole cohort of sphinges and angel-like composite creatures. Human female bodies turn up here and there among them as well, and the lot of them have been heaped onto the stationary carts. An incredible dynamic prevails in these carts. The hybrid beings held captive on them – or behind their own often closed eyelids – threaten to slide off their dungeons on declivous ramps; others, wedged in, remain in place. Oblivious to the prevailing chaos, two men in squatting poses wait before the carts with an astonishing air of indifference. The one in the foreground, likewise naked, has his sparse hair carefully combed back. He wears a dog collar and is evidently being held on a chain by the crouching devil with huge horns and languid gaze hitched up next to him.

Just one year after the war's end, Beckmann's scepticism towards victors had evidently made way for deep resignation. Yet the artist's inner transformation is mirrored in only this one drawing and a preparatory sketch.[59] He did not take *Removal of the Sphinxes II* to the painting stage – perhaps because he wanted to prevent its pessimistic mood from taking too firm a hold on him. In this sense, the observation by Marco Pesarese falls short of the mark: 'The sphinges keep their eyes shut as though asleep, but seem capable of waking and coming alive at any moment. […] The tilted position of the two large sphinges – it seems only a matter of time until they slide off, at the latest when the carts begin to move – shows how imminent this threat is. *The Removal of the Sphinxes* is thus a hopeless undertaking doomed to failure and sure to end in disaster.'[60]

Yet Beckmann's composition tells of disaster already in the very fact of the carts' immobility. The sphinges, angels, humans: all are in a state of uncontrolled chaos. The wagons have wheels. But the wheels are standing still. Beckmann sees new figures in front of them. They are hitched and ready to set off but make no move to do so. They are more like guards than draught animals. Contrary to Marco Pesarese's interpretation, it is not the carts' movement but their standstill that poses the threat of disaster – and that standstill seems deliberate.

Diary Entry of 23 July 1944: 'That's mythology for you'

In Beckmann's art, the myth lives but transforms in keeping with his life circumstances and those of the world in general. In the texts of his that have come down to us, the artist himself never uses the word. In his diaries it appears only once, as 'mythology' (fig. 6). After a visit to his studio from the German writer, journalist and fellow exile Wolfgang Frommel and partner Gisèle van Waterschoot, Beckmann notes, almost with a sigh: 'Suns / 23 July / Fromls were / here, Q. showed / paintings. 1' / […?] / That's mythology for you / Many drawings. / And the / gods / Eye hangover.'[61]

Only much later, when Beckmann was living in the U.S., does the term come up again, now in connection with sea lions: '04.07.1950. Carmel last day / still made it to the "sea lions" with Valentiner / on the other side of Carmel. First / there were only black divers there, but / suddenly, one after the other, 3 huge sea lions / emerged (all on the still visible / little islands), and it was truly a / strange and tremendous impression, the way the / one sea lion stood like old mythological monument / at a diagonal against the sky. – / Freedom and endlessness in the maritime horizon.'[62]

54 Max Beckmann, 'Ein Bekenntnis', 1918, Pillep 1984, p. 90.
55 See Göpel 1976, no. 702; MB-G 702.
56 Quoted in Göpel 1976, no. 702, p. 420.
57 Museo Reina Sofía, Madrid.
58 Bormann 2013, p. 185. Also see the drawing of September 1946 in the Museum der bildenden Künste Leipzig, bequest of Mathilde Q. Beckmann, see Finke/von Wiese 2026, no. 1607, and the related text by Jan Nicolaisen in exh. cat. Leipzig 1998, cat. 328, p. 164.
59 See note 58.
60 Marco Pesarese, in exh. cat. Amsterdam 2007, cat. 80, p. 322.
61 Kind communication and transcription by Nina Peter, Munich.
62 Max Beckmann Diaries, Rare Book and Manuscript Library, Columbia University in the City of New York. Kind communication and transcription by Christiane Zeiller, Munich.

Hedda Finke

'I won't have any use for many of these representational details'

Paths from Sketch to Autonomous Artwork in the Work of Max Beckmann

In the work of myriad artists, the sketch, as a cursory notation of something seen or imagined, can be considered the true origin of later, more complex pictorial formulations. As a rule, sketches possess a rather private character in that they serve the artist as a material stock and only rarely find their way into collections by way of sale during the artist's lifetime. In the case of Max Beckmann as well, his more than fifty sketchbooks and the numerous loose sheets removed from them long remained in the artist's estate.[1] In Beckmann's oeuvre, the sketch was a point of departure, a motif store and an independent medium for reflection and observation; it accompanied the working process, distilled his artistic deliberations, paraphrased them, and at times even negated them or transported them to other levels of meaning.

The 'Great Feat' of the Unfinished *Resurrection*: Break and New Artistic Beginning

Beckmann carried out a substantial number of sketches during World War I, from which he hoped not least to gain impulses for his art. Serving as a volunteer medical orderly in East Prussia in 1914 and in various field hospitals in Flanders, presumably from February to July 1915, he consistently recorded what he saw around him: the wounded, dying and dead, doctors, orderlies and soldiers, towns and farmsteads destroyed by the hostilities, and stretches of land ravaged by trenches, dugouts and acts of war (see cat. 8–23, figs. pp. 8–22).[2]

On 28 April 1928, Beckmann had what was for him an out-of-the-ordinary experience – a tour of the emplacements and dugouts near the front, during which he must have had a sketchbook with him as usual. Afterwards, he wrote to his wife Minna Beckmann-Tube from Wervik, a small town located some fifteen kilometres from Ypern: 'I won't have any use for many of these representational details, but the atmosphere gradually enters the bloodstream and gives me confidence in the images I had actually already seen in my mind's eye. I want to process it all inwardly in order to be able to then make the things almost timeless.'[3] For the 'great feat' he envisaged, *Resurrection* (fig. 1, p. 160)[4] – a never completed painting that, at 3.45 by 4.97 metres, would be the largest in his oeuvre – he could now claim to have witnessed the scenes that inspired him first-hand. The making of *Resurrection* thus differed from that of his early disaster paintings such as *Sinking of the Titanic* of 1912/13,[5] for which he had carried out studies in the Hamburg harbour.

The war-torn landscape the artist sketched on site in April 1915 (see cat. 21 and 22, figs. pp. 21) clearly echoes in the apocalyptic scenario of the *Resurrection*. It forms the setting for the solitary figures rising from the dead and the integrated figural groups – including one made up of Beckmann himself and his family – incorporated into the composition in the manner of donor portraits. Still entirely indebted to the classical tradition, the initial draft (cat. 24, fig. p. 24) was followed by individual studies of nude models (see cat. 25, fig. p. 25). This form of preparatory study was nothing strange to Beckmann. On the contrary, despite the fact that, in keeping with his artistic stance, his personality is often considered maverick, he was strongly influenced by the academic training tradition, which built on capturing the human body in drawings. And

1 The extant bound sketchbooks were published by Zeiller in 2010; the loose pages were reconstructed in exh. cat. Leipzig 1998 and reprinted in cat. rais. Finke/von Wiese 2026.
2 A number of portrait drawings of doctors, officers and soldiers are to be ranked 'beyond the sketchy'; there is evidence, for example, of two brief sittings for the portrait of Ferdinand Sauerbruch (cat. 17, fig. p. 17), see Finke/von Wiese 2026, no. 546.
3 Beckmann 1993, no. 118, p. 124.
4 See Göpel 1976, no. 190; MB-G 190.
5 Saint Louis Art Museum, see Göpel 1976, no. 159; MB-G 159.
6 See Beckmann 1993, no. 236, p. 232.
7 The drawing was exhibited in the Berlin Secession exhibition *Zeichnende Künste* (Drawing Arts) in the winter of 1910/11 and there presumably purchased by Philipp Johann Sparkuhle, Bremen.
8 Beckmann 1993, no. 118, p. 124.
9 See Göpel 1976, no. 200; MB-G 200.
10 Letter of 11 July 1919 to Fritz Wichert, director of the Kunsthalle Mannheim, Beckmann 1993, no. 175, p. 180.

indeed, when he conveyed biographical information to the editorial department of the Piper publishing company in a letter of March 1923, he stressed this very aspect with a certain amount of pride.[6] Numerous studies of models, for instance, have come down to us from his artistic beginnings, some of which had been presented as far back as the Berlin Secession exhibitions he participated in. After a painting's completion, these traditional preliminary works – which by all means met with appreciation as an independent artistic form – had fulfilled their purpose and found their way into collections, in some cases at quite an early point in time (see cat. 5, fig. p. 5).[7] The artwork *Resurrection*, for its part, was the first composition in which Beckmann captured the models in such unusual poses and perspectives as to create disconcerting proportions and distort individual limbs (see cat. 25, fig. p. 25).

In the years that followed, the figural study hardly served a preparatory function in Beckmann's creative process anymore except in the context of portraits (see cat. 42–44, figs. pp. 44–45). The traditional route dictated by the academic conception of painting had taken him to an impasse, as is evident in his abandonment of the ambitious *Resurrection* before its completion. The reason for this may have been that the artist recognized the incompatibility of inner pictorial conception, traditional subject matter and personal experience within a single monumental composition developed (as in this case) from a montage of individual figures. At the same time, *Resurrection* proved to be a key work that opened up new artistic paths for his effort to 'make the things almost timeless'.[8]

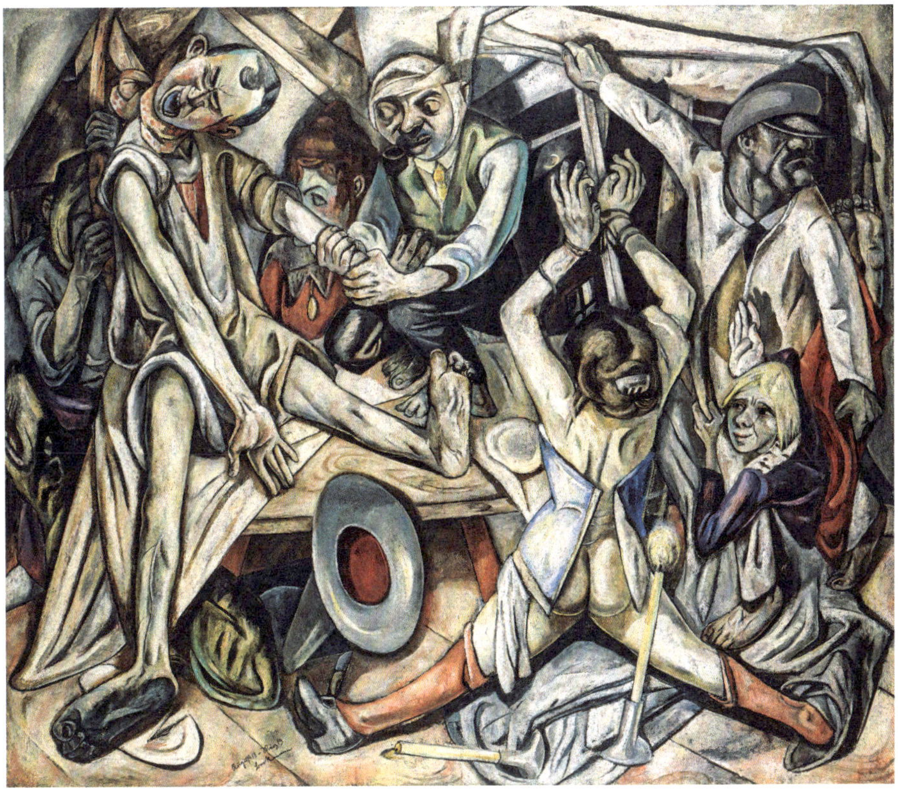

Fig. 7
***The Night*, 1918/19**
Oil on canvas, 133 × 155 cm, Kunstsammlung NRW, Düsseldorf, inv. 0140

The Night: From First-Hand Experience of the Present to the Transcendence of the Temporal

At the time of its making, the artist described the painting *The Night* (fig. 7),[9] carried out in Frankfurt am Main in 1918/19, as his 'most essential work to date'.[10] In it, he arrived at a new artistic form consisting of compressing the pictorial space and strongly interleaving the figures. As a result, the scene does not appear as a specific event witnessed by the artist, but more as a concentrate of human violence in image form.

Beckmann also entitled a lithograph from the printmaking series *Trip to Berlin* of 1922 (fig. 8) *The Night*.[11] This work offers a glimpse into a similarly confined, garret-like space in which a sleeping mother with an infant on her lap and two children curled up next to her eke out a wretched existence in the tightest imaginable quarters. Apart from the title and the protagonists' sleeping state, only the alluded-to glow of a petroleum lamp reveals the scene to be a nocturnal one. The two pictorial formulations made in preparation for this lithograph provide instructive insights Beckmann's new artistic and conceptual process.

Interpreted as a 'modern Charity',[12] the figure of the mother – who embodies the destitute strata of Weimar Republican society – may well go back to a pen drawing carried out several years earlier and untypical of Beckmann in its jocularity: the work *Self-Portrait, Having an Afternoon Nap* of 1919 (cat. 34, fig. p. 35). This sketch depicts Beckmann in his studio in the attic of Schweizer Strasse 3 in Frankfurt[13] at the foot of a statue of a Madonna, who appears to be watching over the artist as he naps.[14] Quite in contrast to the characteristic 'claustrophobic' space of the painting *The Night*, which dates from approximately the same period, here the window looking out over the back courtyard rooftops accounts for the largest portion of the sheet's surface, allowing the viewer's gaze to drift into the distance. In humorously caricaturesque manner, Beckmann's head appears at the bottom edge in profile with closed eyes and what seems to be a slight smile on his lips alluding to the pleasant reverie of slumber.

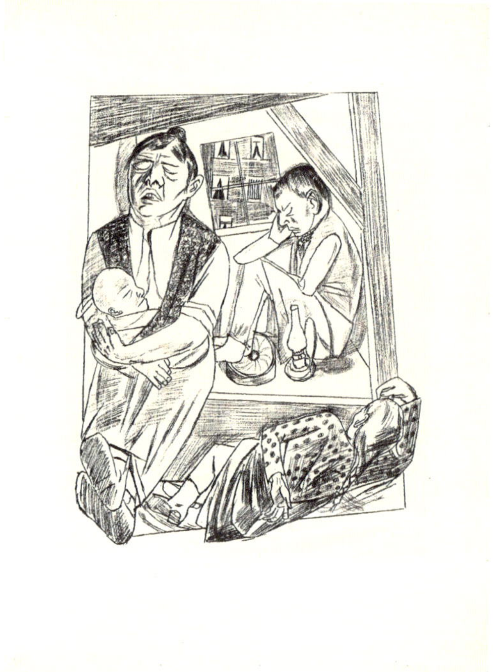

Fig. 8
***Night*. Sheet 3 from the portfolio *Trip to Berlin*, 1922**
Lithograph, 680 × 502 mm (sheet), Städel Museum, Frankfurt am Main, inv. SG 3061

Appearing here in a semi-frontal view, the Madonna holds the Christ Child on her lap; his missing right arm was presumably once raised in a gesture of blessing. The spatial constellation suggests an 'intimate' relationship between the artwork and the artist. Yet however timeless the nature of this association, the pen drawing with its date and clear localization is at the same time, at least by appearance, also a 'snapshot' of a specific studio situation on 16 February 1919, as the inscription on the sheet by the artist himself conveys.

It would be some three years before Beckmann adopted the figural constellation in the pen drawing for one of the lithographs in his *Trip to Berlin* series. Now, however, he has

11 See Hofmaier 1990, no 215.
12 See Von Wiese 1979 b.
13 See the explanatory inscription by the publisher Reinhard Piper at the lower left of the drawing: 'View from the / studio Schweizer Str. / 3 in Frankfurt / B. taking nap (bottom right)'; left: 'roof superstructures'; right: 'Gothic / Madonna'.
14 The Madonna statue was presumably a loan from the art dealer Walter Carl, a friend of the artist's. Contrary to the handwritten inscription by Reinhard Piper according to which the figure at the top right of the sheet is a 'Gothic Madonna', it is more likely to have been Romanesque in style.
15 See Hofmaier 1990, remark on no. 215, p. 552. In contrast, Von Wiese 1979 b interprets the transfer drawing as a more drastic version of the scene postdating the lithograph.
16 See Minna Beckmann-Tube, 'Unser Herz ist unruhig in uns' (Our heart is uneasy within us), undated, typescript [II], pp. 33–34, Bayerische Staatsgemäldesammlungen, Munich, Max Beckmann Archiv, Max Beckmann Nachlässe: 'They […] gave me a flat, but it was horrible. Hopefully the housing conditions have improved, but back then they were quite terrible in Austria. I declared I would contract typhus. Max accompanied me there and helped me a bit. I really did contract typhus.'
17 See Finke/von Wiese 2026, no. 765.
18 Bayerische Staatgemäldesammlungen, Pinakothek der Moderne, Munich, see Göpel 1976, no. 216; MB-G 216.
19 See Finke/von Wiese 2026, no. 1067.
20 See for example Gohr 2019, p. 113.

transformed the enthroned Madonna from the pictorially dominant guardian of the artist's sleep into an emaciated old woman (see cat. 39, fig. p. 41). Although it is a 'transfer drawing' – that is, a drawing carried out with lithographic chalk on paper prepared for transfer printing – it was never realized as a lithograph, presumably having been executed in the context of an earlier, rejected conception of *Trip to Berlin* with dimensions smaller than the final version.[15] Here the main figure is a seated old woman, statuesque in her frontality, her eyes no more than slits that, quite wooden in character, lend her a disturbingly mask-like expression. She is holding an infant in her arms; at her feet is a sleeping boy in a pose and clothing like those of the girl in the final version of the lithograph. A crescent moon in the night sky shines in through the barred window, and the light of a candle casting the woman's shadow on the wall also clearly identifies the scene as a nocturnal one. The title inscribed on the sheet by the artist tells us that the setting is a water closet: a toilet. The old woman sits next to the round opening on the wooden lid. She faces the viewer head on, her mask-like quality strongly reminiscent of the Madonna in the pen drawing; even her shadow appears here again in similar form. The Christ Child performing a blessing, however, has now become a naked, defenceless infant and the peacefully slumbering artist a boy lying pitifully on the floor, the corners of his mouth pulled downward. The carefree mood of the studio scene has made way for bitter austerity.

Although it is similar to the second, final version in expression and composition, Beckmann ultimately rejected this drawing. In view of what we know about his biographical circumstances, his reasons for doing so may have been personal: he carried out *Closet* in 1922, the year his mother-in-law Ida Concordia Minna Tube, née Römpler, passed away. She had been living in Graz with her daughter, Beckmann's wife Minna Beckmann-Tube, who had only just recovered from a bout with typhus in late 1921 following an eleven-week hospital stay. In her memoirs, Minna attributed the illness to the dreadful living conditions.[16] Despite the fact that the couple had been separated since 1915, Beckmann stood by his wife during the ordeal, living in a hotel, but it was his mother-in-law of nearly eighty years who provided for him and the couple's son Peter. The portrait drawing he had made of her in 1918 (fig. 12, p. 175)[17] bears an unmistakable resemblance to the '*Closet* Madonna' with regard to facial features, suggesting that the artist may have processed his impressions of the weeks in Graz in the drawing of 1922. The same year, he integrated a portrait of Mrs Tube as a figure seen from the back in lost profile in the family painting *Before the Masked Ball*,[18] where she stands holding a candle, which in turn casts her silhouette sharply on the wall as in the transfer drawing. Finally, in the published lithograph, we are struck especially by the figure of the mother, who – now rejuvenated in comparison to her counterpart in the transfer drawing and in a distinct departure from biographical events – has become a type.

Italian Newspaper Seller: The Transformation from Sketch to Autonomous Artwork

Combining a range of different subjects, Beckmann's complex creative process was based on internalization and transformation often extending over lengthy periods of time: for example, three years passed between the pencil sketch of an unknown woman the artist made in September 1925 (fig. 9)[19] on his honeymoon with his second wife,

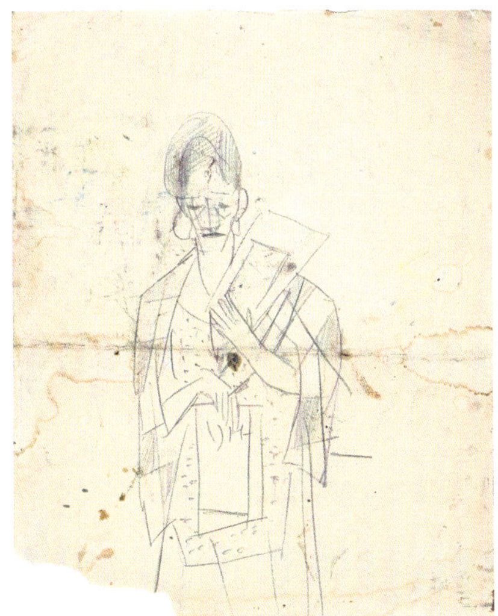

Fig. 9
***Sketch of a Woman with Newspapers,* 1925**

Pencil, 225 × 185 mm, Museum der bildenden Künste Leipzig, Mathilde Q. Beckmann Bequest, inv. LV 260

Mathilde Q. Beckmann, presumably in Naples, and the large-scale chalk-drawn *Italian Newspaper Seller* of 1928 (cat. 50, fig. p. 51). This was the title appearing in early Beckmann exhibition catalogues; later it was reduced to 'Newspaper Seller' because the inscription 'F. 28' identifies the location of the work's making as Frankfurt and the partially covered letters 'SECOLO' and 'GERO' alluding to the Italian dailies *Il Secolo* and *Il Messaggero* went unheeded.[20] Galerie Alfred Flechtheim in Berlin exhibited the chalk drawing as early as 1929, and in 1929/30 it was purchased by the Museum für Kunst und Kunstgewerbe (Museum of Art and Arts and Crafts) in Stettin.[21] Yet the pencil sketch of an unknown woman – clearly, in light of its water and paint spots, creases and torn-out corner, a work that remained in the artist's studio as part of his 'material stock' and was never intended for public display or the art market – bears certain witness to the chalk drawing's origins in a fleeting encounter in Italy.

Like many of the sketches he made on his honeymoon, Beckmann executed this one on Italian stationery. As we know from the watermark 'Linen Paper / SESSITES MILL', this particular sheet was produced at a paper mill in Piedmontese Valsesia. The lines of the pencil drawing *Galleria Umberto*[22] carried out in Naples appear on the sheet as indentations, leaving no doubt about the dating of the newspaper vendor sketch to September 1925. In addition to topographical views, Beckmann also captured beach life on his honeymoon trip, above all in Viareggio, as well as the local population. On numerous sketches, he made notes on colour, some of which he later referred to for paintings. On 8 October 1925, after his return to Frankfurt am Main, he wrote to Mathilde Q. Beckmann: 'Today I looked through my drawings for the first time and was pleasantly surprised. My God, if I'm going to paint all that it'll take me years.'[23] In a few cases, these sketches also served him as bases for elaborate drawings such as *Italian Newspaper Seller*.

The wide-striped shawl around the woman's shoulders, her dotted blouse, O-ring earrings, and the pose of her hands all testify to the fact that the artist looked closely to the sketch of the half-length figure for orientation when he executed the drawing. In contrast to the sketched woman with her lowered gaze, however, it is precisely the close-up, almost hypnotic confrontation with the vis-à-vis that accounts for the appeal of the drawing. The latter also bears a resemblance to a drawing made two years earlier – *Quappi with Playing Cards (Patience)* (cat. 51, fig. p. 53) – in which the subject spreads the cards out wide like a secret message: similarly, the *Italian Newspaper Seller* radiates a virtually visionary quality with which she transcends the temporality manifested by the daily press.

More than fifteen years later, for his drawings on Johann Wolfgang von Goethe's *Faust: The Second Part of the Tragedy*,[24] the artist once again had recourse to this figural type. The figure of Phorcyas (fig. 10),[25] with her large earrings and thin speckled veil, looks like an aged version of the *Italian Newspaper Seller*.

Faust II and the Consequences: The Autonomy of the Pen Drawing

Between June 1943 and mid-February 1944, on commission from printing-house owner Georg Hartmann of Frankfurt, Beckmann carried out 143 pen drawings – as well as several versions of a number of scenes (see cat. 59–63, figs. pp. 64–66)

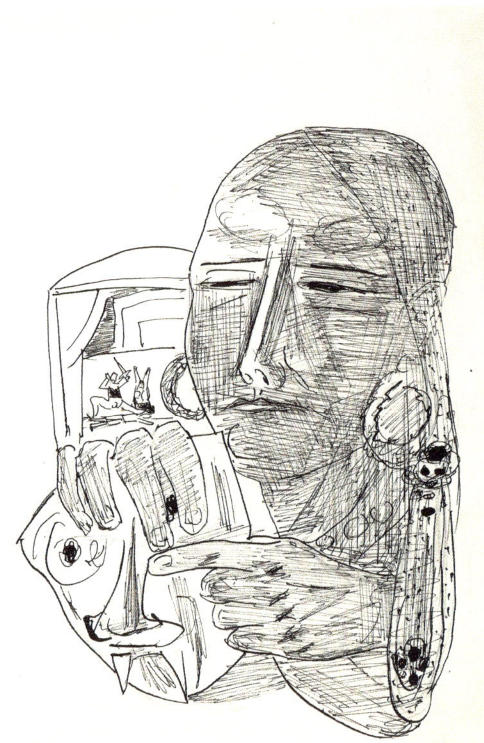

Fig. 10
Phorcyas in the proscenium (Faust II, sheet 105), 1944

Pen, 244 × 179 mm, Federal Republic of Germany and Museum Wiesbaden, on permanent loan to Freies Deutsches Hochstift/Frankfurter Goethe-Museum, inv. Z 548

for a bibliophilic edition of Goethe's *Faust II* the printer was planning. This intensive phase of 'project-related drawing' would provide new impulses for Beckmann's drawing oeuvre even if the book project never reached completion during either man's lifetime.

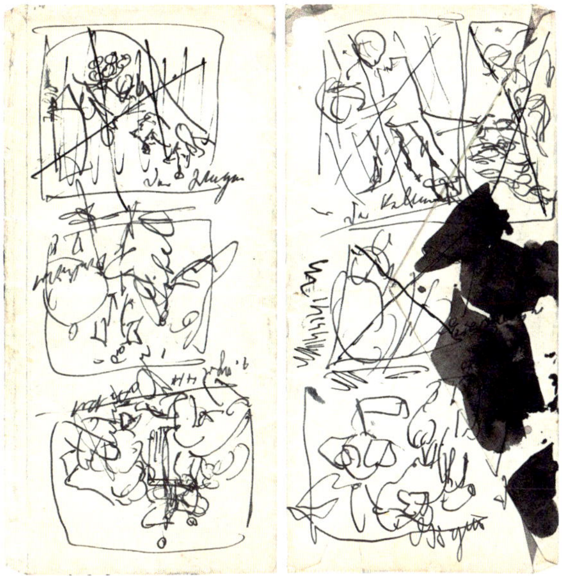

Fig. 11
Envelope with seven draft sketches (recto and verso), 1944

Pen, 211 × 105 mm, National Gallery of Art, Washington, D.C., given in memory of Frederick Zimmermann by his wife, Dorothy Zimmermann, inv. 1985.18.43

On 26 April 1944, Mathilde Q. Beckmann, who had set up a drawing desk in the couple's flat for the work on *Faust*, wrote in her diary: 'Now that Faust [is] finished, he started drawing a new series, pen drawings.'[26] At the time, the Beckmanns were living in exile in Amsterdam, having emigrated there in 1937. As it was impossible to export paintings from that city until early 1946, the pen drawings played an important role for the artist. On 12 October 1945, hoping to celebrate his postwar debut with an 'only drawing exhibition' at Curt Valentin's Buchholz Gallery in New York,[27] he dispatched a shipment of thirty-seven pen drawings[28] whose receipt the art dealer confirmed in early December.[29] Ultimately, a selection of fifteen drawings was presented along with paintings in the exhibition *Max Beckmann: His Recent Work from 1939 to 1945* (cat. 64, fig. p. 68; cat. 65, fig. p. 69, and cat. 68, fig. p. 74).[30] On 14 March 1946, presumably in connection with the show's planning and the works' pricing, Beckmann wrote to Valentin: 'I'd also like to say a word about the drawings. I don't regard them, as used to be the custom, as just some drawing – quasi – study or something, but as "albeit small", but self-contained works which are the result of a great deal of effort.'[31]

In some cases, the artist carried out little sketches in preparation for these autonomous drawings. In 1944, for instance, he dashed off no fewer than seven miniature studies, presumably for pen drawings and one watercolour (and none for a painting), on a used envelope (fig. 11).[32] The framing lines drawn around them are typical of his composition studies; already early in his career they served to specify the format and demarcate the pictorial field as a space of action (see cat. 7, fig. p. 7, and cat. 24, fig. p. 24). At this stage, he frequently also recorded titles (which would later undergo several changes) and the date of execution. Among the seven sketches, for example, we can identify on the front of the envelope a crossed-out study for the pen drawing *The Bunch of Grapes* (cat. 65, fig. p. 69), here called 'der Wagen' ('the cart').[33] Dashed off with a few strokes, the main pictorial elements are all present: the cart and draught animal, the curved railing of the bridge, the advertising pillar and the cart's unusual freight: a sumptuous cluster of grapes enlarged to giant proportions. This allusion to the Old Testament Book of Numbers has led to the depiction being interpreted as a symbol of Beckmann's experience of exile.[34]

21 The drawing was confiscated there in 1937, after which it changed hands several times before eventually making its way into a private collection.
22 Museum der bildenden Künste Leipzig, bequest of Mathilde Q. Beckmann, see Finke/von Wiese 2026, no. 1066.
23 Beckmann 1994, no. 351, p. 19.
24 Goethe's *Faust: Der Tragödie zweiter Teil in fünf Akten* had first been published in 1832.
25 See Finke/von Wiese 2026, no. 1406.
26 Mathilde Q. Beckmann, diary (unpublished), private collection.
27 Beckmann 1996, no. 754, p. 101.
28 Ibid., no. 753, p. 99, and no. 754, p. 101. It was in a letter from Amsterdam to Hanns Swarzenski in Washington, D. C., dated 7 October 1945, that Beckmann first announced the shipment of 'approximately 40 drawings by registered mail' to Valentin in New York, all of which had been executed 'last year' (ibid., no. 752, p. 98).
29 Beckmann 1996, no. 756, p. 102: no list of the titles has come down to us, but they very likely included the pen drawings executed in 1944 and verifiably in the holdings of Curt Valentin by the mid-1950s at the latest.
30 See exh. cat. New York 1946, cat. 16–30; see also the essay by Regina Freyberger in this catalogue, p. 175.
31 Beckmann 1996, no. 766, p. 117.
32 See Finke/von Wiese 2026, Nr. 1451.
33 See Finke/von Wiese 2026, no. 1459.
34 See exh. cat. Amsterdam 2007, cat. 57, p. 288; exh. cat. Frankfurt am Main 2019, cat. 11, and the text on cat. 65 in this catalogue, p. 131.

To judge from other comparably cursory studies, Beckmann regularly went back and crossed out the pictorial ideas after developing them into more elaborate works.[35] The studies 'The Ascetic', dated 1 April 1944, and 'DonQuichot' (both upside down), for example, are not crossed out, and no works based on either of them are known to exist. On the envelope's verso, on the other hand, we find the crossed-out sketches of the 'waiter' and the 'egg people' – early hominid humans climbing out of eggshells – which the artist carried out as pen drawings in the course of the same month: the work *Egg People*[36] is dated 'Easter 1944'. On 26 April, Beckmann produced two versions of the 'waiter', first presumably the one depicting the waiter as a lone figure from a slightly elevated vantage point,[37] and then as one of a group, *Head Waiters* (cat. 68, fig. p. 74). The untitled sketch turned on its side at the top right and likewise crossed out may have served as a study for the drawings *In the Studio (Three Dutch Women)*,[38] also known in two versions presumably executed in early April. The sketch at the bottom of the verso, for its part, labelled 'Giants', would find use again in the 1945 watercolour of the same name,[39] but is not struck out.

In no other phase of his career did Beckmann produce as high a concentration of pen drawings as in 1944/45. Their documentation is likewise dense in the amount of information it provides: as a rule, Mathilde Q. Beckmann made a note of the title and date of execution on the verso, and both Max and Mathilde Q. frequently mentioned the making of a drawing in their diaries, albeit without any intention of keeping a consistent record.

Yet the artistic trail of these 'self-contained works'[40] no longer leads back to sketches 'from life' that would serve as points of departure for the gradual conception of more elaborate works. In the sketchbooks of the 1940s, we encounter surprisingly few 'snapshots' of the kind that Beckmann – a constant observer of his fellow humans – had made of café and cabaret visitors as well as hotel and spa guests particularly in the 1920s. One might surmise that the artist had reservations about drawing in public in occupied Amsterdam, but that would not explain why such material is also missing from his work of the 1930s and late 1940s. In fact, compositional ideas had ripened in his mind over the years, and he noted them on paper in abbreviated form as a way of preserving them for later use. In the monograph on *Max Beckmann als Zeichner* (Max Beckmann as Draughtsman) published in 1954, author Erhard Göpel sums up: 'Max Beckmann absorbs the world by drawing, forms his worldview in the act of drawing. That is why the later works are so world-encompassing, so dense, although by this time he was making virtually no preliminary studies.'[41]

A comprehensive overview of Beckmann's drawing oeuvre reveals that, after World War I, the artist began to leave the academic figural study behind him. From the second half of the 1920s onwards, the number of sketches he made from nature also diminished substantially. In his late phase, the artistic road from sketch to painting grew even shorter, because now the sketch served him as a medium for recording the 'inner image' he had had before his mind's eye back in 1915, when he planned his large *Resurrection*, but had not yet found a way to carry to realization.

35 See Zeiller 2010, skb. 50, fol. 6v, 8r, 11r; Finke/von Wiese 2026, nos. 1297, 1453.
36 Art market, Rhineland, see Finke/von Wiese 2026, no. 1452.
37 Private collection, Bad Soden, see Finke/von Wiese 2026, no. 1462.
38 National Gallery of Art, Washington, D. C., see Finke/von Wiese 2026, no. 1484, and formerly Catherine Viviano Gallery, New York (lost), see Finke/von Wiese 2026, no. 1485.
39 Staatliche Graphische Sammlung München, see Beckmann/Gohr 2006, no. 106; MB-A/P 106.
40 Beckmann 1996, no. 766, p. 117.
41 Göpel 1954, pp. 10–11.

Regina Freyberger

'The whole magic'

Beckmann and Frankfurt – Drawings in the Städel Museum

In the spring of 1946, the Buchholz Gallery in New York organized an exhibition of and about Max Beckmann's art from the years 1939 to 1945.[1] One of the artist's early supporters – the onetime Städel director[2] Georg Swarzenski, who had fled to Boston in 1938 – was to write the foreword to the catalogue. To that end, he initially received photographs of a number of the works. Already just the black-and-white prints delighted Swarzenski because they conveyed Beckmann's consistency – his loyalty to the 'indefinable personal essence'[3] he had developed during his years in Frankfurt am Main. The art historian travelled to New York to have a first-hand look at the paintings, which he found leaning on the gallery walls, still partially unframed: '[A]t once the whole magic of Beckmann's art takes hold of one's imagination, directly, thoroughly, lastingly.'[4] Some thirty years earlier in Frankfurt, this expressive force had already cast such a spell on Swarzenski that, following a visit to the artist's studio in the autumn of 1918, he acquired the first Beckmann drawings and prints for the Städel and initiated the purchase of the painting *Descent from the Cross* (1917).[5] By 1931, the museum's collection had grown to comprise seven drawings, thirteen paintings, and 115 prints. Beckmann was thus the artist most strongly represented in the Städel's then department of contemporary art – and he has retained that status in the museum's Classical Modern holdings to this day.

The 'First' Beckmann Collection under Swarzenski

After Beckmann came to Frankfurt am Main in 1915 and his friends Ugi and Fridel Battenberg took him into their home, a circle of dedicated collectors and patrons began to form. This would come to include the later antiquities dealer Walter Carl (Fridel Battenberg's younger brother), the publisher Heinrich Simon, the abovementioned Städel director Georg Swarzenski, the salonnière Lilly von Schnitzler, the journalist Käthe von Porada, the industrialist Georg Hartmann and others. They would prove to be the coordinates of a productive Beckmann network that remained active over the course of the National Socialist period, World War II and beyond, despite radical breaks in their respective biographies.

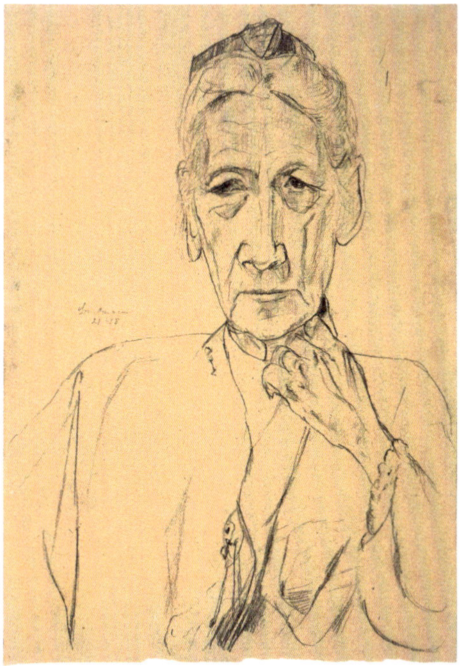

Fig. 12
***Portrait Mrs. Tube in Half-Figure en face*, 1918**
Pencil, 409 × 291 mm, Städel Museum, Frankfurt am Main, inv. SG 614

1 See also the essay by Hedda Finke in this catalogue, p. 173.
2 In place of the correct and historically accurate designation 'Städelsches Kunstinstitut und Städtische Galerie', this text will use the more common name 'Städel Museum' and the abbreviated form 'Städel'.
3 Exh. cat. New York 1946, unpag.
4 Ibid.
5 See Göpel 1976, no. 192; MB-G 192. Today the painting is in the holdings of the Museum of Modern Art, New York. On the history of its acquisition, see Schmeisser 2020 a, p. 66.

Swarzenski saw in Beckmann an artist – perhaps *the* artist – of the times.[6] With his acquisitions of Beckmann's works, he gave the museum's collection a focal point the public would keep a close eye on, even if it was not unanimously well-disposed towards the artist: the director of the Hamburg Kunsthalle, Gustav Pauli, for example, appreciated the early Beckmann – the Beckmann of the Berlin Secession – but did not care for the artist's later paintings, which he described as 'distorted and stiff'.[7] Under Swarzenski, however, up until the 'Degenerate Art' campaign of 1937, the Städel amassed a large number of high-quality Beckmann works from his early years to the then present, a collection that mirrored his entire development to that point in time.[8]

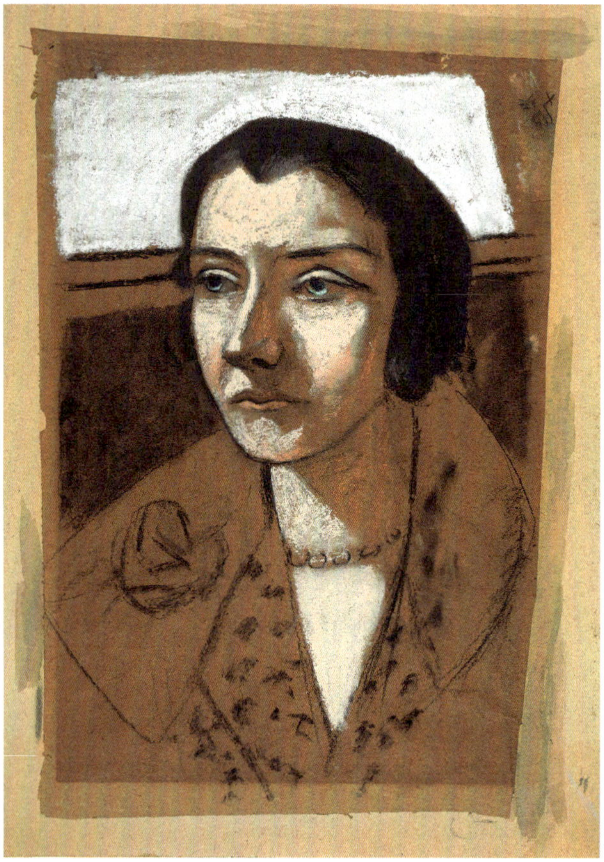

Fig. 13
***Portrait of Marie Swarzenski*, ca. 1927**
Chalk and pastel, 575 × 475 mm, Städel Museum, Frankfurt am Main, inv. 16822

In principle, the same was true of the artist's drawings. The museum's Beckmann drawing collection began in 1918 with two portraits Swarzenski acquired directly from the artist. In the dense shading that serves to model the figure's face, the portrait *Home Guardsman Ernst Pflanz* (cat. 16, fig. p. 15) still exhibits a certain affinity to Beckmann's early work. In the portrait of the artist's mother-in-law, Ida Concordia Minna Tube (fig. 12),[9] on the other hand, which was carried out three years later, the linework is more reductive and there is no allusion to spatiality: this likeness is already an example of the artist's 'new' formal language (on this aspect, see the chapters 'The Artist in the War' and '"Base of Operations" in Frankfurt am Main' in this catalogue, pp. 121–130).

During his Frankfurt years, Beckmann exhibited his drawings repeatedly, above all in the galleries J. B. Neumann, Alfred Flechtheim, and Günther Franke, where the works were also for sale. Purchases directly from his studio were less frequent, but – as the examples of Walter Carl and the publisher Reinhard Piper demonstrate – in no way unusual.[10] The art historian Erhard Göpel later recalled that, when Beckmann was in exile in Amsterdam, it was primarily his 'intimates'[11] – that is, persons with direct access to the portfolios in his studio, where he kept the drawings in roughly chronological order – who bought his drawings. Swarzenski, who grew so close to Beckmann over the course of his Frankfurt period

6 Swarzenski 1927, p. 78.
7 Letter written during travels on 21 April 1930, Ring 2010, p. 800, no. 132. See also Hansert 2017, p. 212.
8 As hardly any written records have come down to us regarding Swarzenski's reasons for purchasing the individual works, we can only roughly infer his deliberations on the shaping of the collection from the works themselves. It is moreover quite difficult to estimate the extent to which his curatorial staff were involved in developing the collection. From 1919 onwards, Edmund Schilling headed the Department of Prints and Drawings as assistant to the director.
9 See Finke/von Wiese 2026, no. 765.
10 The author thanks Hedda Finke und Stephan von Wiese for important pointers on the sale of the drawings.
11 Göpel 1954, p. 7.
12 See Beckmann/Gohr 2006, no. 28; MB-A/P 28.
13 See Göpel 1976, no. 210; MB-G 210. Once purchased for the Städel, in 1937 the painting was labelled 'degenerate' and confiscated; today it is in the Kunstmuseum Basel.
14 On this donation, see the administration minutes of 16 August 1985, Städel Archive, Akten REG V, Standort-Sign. 1.4.12, 2.1.9, 27.1.15.
15 See Institut für Stadtgeschichte, Frankfurt am Main, Akte der Stadtverordnetenversammlung, Frankfurter Künstlerhilfe, 1924–1933, Sign. 1.629, and ibid.: Alfred Wolters, 'Die Frankfurter Künstlerhilfe', 1933, typescript, estate of Alfred Wolters, Sign. S1-468/30; also Schmeisser 2025, pp. 13–14.
16 Formerly inventoried at the Städel as SG 967, the work was labelled 'degenerate' and confiscated in 1937; today it is in the Germanisches Nationalmuseum, Nuremberg.
17 At the Städel formerly inv. SG 1024, today in private holdings.
18 At the Städel formerly inv. SG 1025; see Beckmann/Gohr 2006, no. 34; MB-A/P 34.

that the two came to consider themselves friends, also acquired drawings by the artist for his personal collection. One of these is now likewise in the Städel collection thanks to a gift from the former Städel director's younger son Wolfgang Swarzenski: the pastel portrait of Georg Swarzenski's wife Marie, née Mössinger, of circa 1927 (fig. 13).[12] In 1983, Georg's older son, the art historian Hanns Swarzenski, who himself cultivated lively exchange with Beckmann, gave the Städel Museum a 1921 study made in preparation for the confiscated painting *The Nizza in Frankfurt am Main*[13] (cat. 31, fig. p. 33). What is more, in keeping with Hanns's wishes, Beckmann's last drawing, the *Portrait of Georg Swarzenski* (cat. 80, fig. p. 89), entered the Städel holdings after his death by way of museum administration chairman Hermann Josef Abs, who purchased the drawing from Hanns Swarzenski's estate and donated it to the Städel.[14]

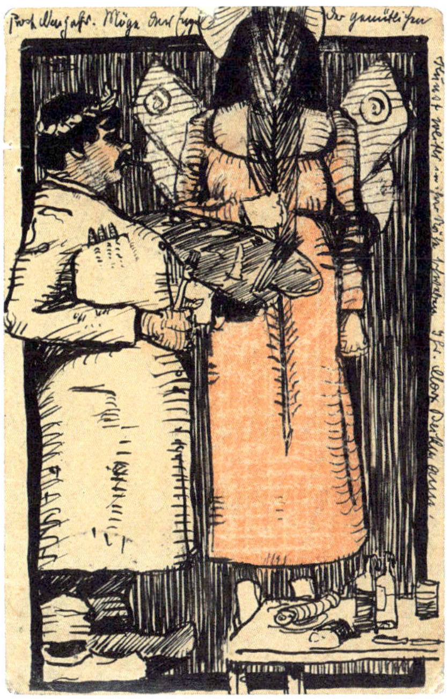

Fig. 14
***New Year's Greeting Card for the Painter Ugi Battenberg*, 1902**
Pen and red chalk, 139 × 91 mm, Städel Museum, Frankfurt am Main, inv. SG 2987

In the years after 1918, it was above all paintings and prints by Beckmann that made their way into the collection, drawings not until 1928. By that time, both the artist and Georg Swarzenski had reached new heights in their careers: a major retrospective in Mannheim celebrated Beckmann, and Swarzenski had been appointed the director general of all Frankfurt museums. The latter's trusted assistant of many years, Alfred Wolters, took charge of the Städtische Galerie (Municipal Gallery), which focused on contemporary art and was incorporated into the Städelsches Kunstinstitut during Swarzenski's time in office. Wolters served as artistic advisor to the Künstlerhilfe committee. A municipal institution from 1928 onwards, this artists' aid organization had originated in a private initiative and devoted itself to both providing financial support to destitute artists residing in Frankfurt and promoting the visual arts there.[15] Assistance was granted in the form of public commissions and the purchase of artworks that were subsequently integrated into the municipal collections in coordination with the respective museum directors. In 1925, the organization's activities broadened to include the purchase of especially fine works by Frankfurt artists irrespective of their financial means. Thanks to this expansion as well as the Städel's organizational and personnel-related ties to the Künstlerhilfe, Swarzenski could now make use of it for his own collecting policy and acquire works by Beckmann for the museum.

It is not known exactly how the selection of the three Beckmann drawings came about in 1928. At any rate, the two sheets of sketches from the artist's time as a medical orderly in World War I (cat. 13, fig. p. 12, and cat. 14, fig. p. 13) and the transfer drawing *Closet* (cat. 39, fig. p. 41)[16] executed in the context of the print series *Trip to Berlin* exemplified the differing functions of drawing in Beckmann's oeuvre. Furthermore, through the acquisition of *Closet*, one of his most socio-critical works entered the collection – an interesting circumstance in view of the fact that, in the area of printmaking, the museum had purchased neither the artist's series *Hell* of 1919 (see cat. 38, fig. p. 40) nor *Trip to Berlin* of 1922, both of which bore a close relationship to *Closet* in terms of content.

When the Frankfurter Kunstverein likewise organized a comprehensive Beckmann show in 1929 – the second after the retrospective in Mannheim – Swarzenski purchased two pastels executed so elaborately as to put them on a par with painting: the bold coastal landscape *Rimini* (cat. 54, fig. p. 58)[17] and *Dancing Couple*.[18] Today, the whereabouts of *Dancing Couple* are unknown; not even a photo of it has come down to us. Along with *Closet*, both pastels were confiscated in 1937 within the framework of the 'Degenerate Art' campaign. Of the works by the artist acquired for the Städel until 1931, only four of the drawings and eight of the altogether 115 prints were spared the fate of appropriation by the Nazis. The paintings were also all lost to the museum by this route; its Beckmann collection had thus been irrevocably destroyed.[19] Swarzenski had already been dismissed from his municipal offices soon after the National Socialists acceded to power, and been compelled to answer to a municipal investigative committee for supporting Beckmann.[20] In 1938 he fled to the U.S.

The Ugi and Fridel Battenberg Collection and the Städel's 'Second' Beckmann Collection

After World War II, Ernst Holzinger, who had succeeded Swarzenski at the Städel in May 1938, sought to follow in his predecessor's footsteps in terms of dedication to collecting modern art. In 1947 he collaborated with the Munich

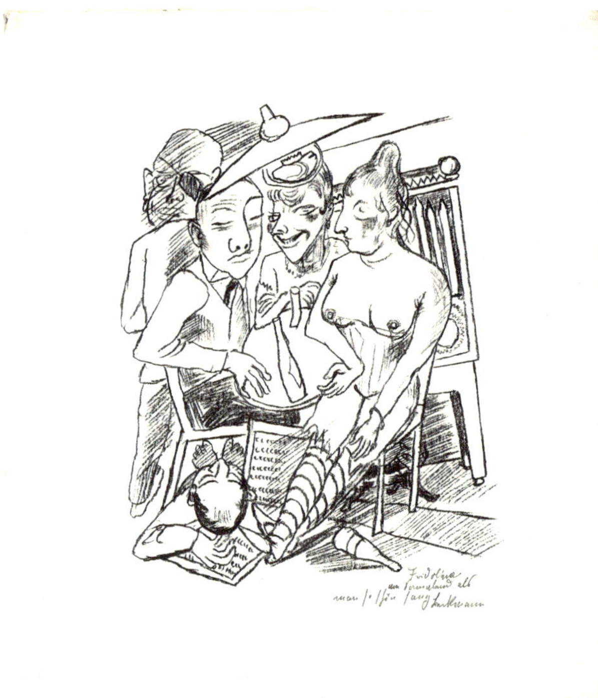

Fig. 15
***City Night*, 1920**

Lithograph, 280 × 246 mm (sheet), with the dedication 'Fridolina / on Saturday when / the singing was so beautiful. / Beckmann', Städel Museum, Frankfurt am Main, inv. SG 3082

gallerist Günther Franke to organize a Beckmann show featuring almost exclusively works from private collections. At the time, Franke donated ten of the artist's prints to the museum.[21] Fridel and Ugi Battenberg had already exhibited part of their extensive Beckmann collection the previous year in Bad Nauheim, a town near Frankfurt.[22] In 1949, Holzinger purchased that collection for the Städel Museum. To this day, the 133 prints and thirty-six drawings form the foundation of Frankfurt's 'second' Beckmann collection[23] while at the same time testifying to a special friendship.

The budding painters Heinrich ('Ugi') Battenberg[24] and Max Beckmann had met in 1902 in Weimar, at the Grossherzoglich-Sächsischen Kunstschule (Grand Ducal Saxon Art School), where Beckmann had been enrolled since 1900. And although he moved to Paris in 1903 and to Berlin the following year, and Battenberg soon returned to Frankfurt, the two remained in close contact (see Beckmann's humorous New Year's card, fig. 14).[25] Beckmann and his first wife, Minna Tube, even stopped in Frankfurt on their way to their honeymoon in Paris in 1906, and Frieda ('Fridel') Carl had belonged to their circle of friends ever since.[26] Fridel was a gifted pianist, the daughter of the wealthy textile manufacturer Julius Adam Carl, and engaged to Ugi Battenberg. The couple married in 1907 and moved into the second floor of Julius Carl's house at Schweizer Strasse 3, where they set up a studio in the attic. It was there that Max Beckmann found shelter in 1915, and he would use the workspace as a residence in several further phases between 1917 and 1933.[27]

This personal connection as well as the living situation so definitive for Beckmann's early years in Frankfurt account for the fact that many of the drawings from the Battenberg collection depict very personal scenes (see cat. 29, fig. p. 30): Beckmann frequently captured Ugi, Fridel and their cats Titti and Bummi, and in a few cases views from the window. He moreover made occasional sketches of jaunts around town, animals at the zoo, and visits to boxing matches, cabarets and funfairs. The only more elaborately executed work is the portrait of Fridel Battenberg of 1916 (cat. 30, fig. p. 31), which remained in the sitter's possession until her death in 1965 and did not find its way into the Städel until 1968.

The print holdings offer more comprehensive insights into Beckmann's work of these years, also because it was in Frankfurt that the artist produced nearly two thirds of his printmaking oeuvre, of which approximately half is in the Städel thanks to the Battenberg collection. In addition to numerous individual prints, these holdings comprise such important series as *Faces* (published in 1919), *Hell* (1919) and *Trip to Berlin* (1922), as well as illustrations of literary works such as Lili von Braunbehrens's *Stadtnacht* (City Night, 1920) and Kasimir Edschmid's *Die Fürstin* (The Duchess, 1917, published in 1918),[28] whose authors Beckmann met through the Battenbergs, the etchings for Beckmann's own play *Ebbi* (1924), and many more – for the most part in the form of proofs with personal dedications (see fig. 15).

Strictly speaking, the prints span the years 1911 to 1924, a period beginning before Beckmann's Frankfurt years and ending significantly before he left the city on the Main for Berlin in May 1933. No details concerning the specific selection of the works have come down to us. The artist – and later also his second wife, Mathilde Q. Beckmann, née von Kaulbach – presumably gave many, perhaps even most, of them to the Battenbergs as gifts.[29] This will have been particularly true of the drawings. A memory of Fridel Battenberg's recorded in writing moreover suggests that, in exceptional cases, the couple parted with individual prints before the sale of their collection to the Städel.[30]

Unlike Beckmann, who set his sights on an international career early on and consistently worked to achieve it, Ugi Battenberg confined himself to the region around Frankfurt. Despite the recognition he received for his art in the 1910s and 1920s, he and his wife depended on Fridel's father to make ends meet, and their circumstances worsened rapidly after the international economic crisis and Julius Carl's death in 1930.[31] Lilly von Schnitzler tried to help, for example by arranging commissions,[32] but the couple's financial situation remained precarious, especially in the post-war years. In September 1948, the Battenbergs therefore began negotiating the sale of their collection with Ernst Holzinger and Kurt Schwarzweller, then head of the Department of Prints and Drawings. The sales contract was concluded in 1949[33] and, in the area of drawings and prints, the Städel regained its reputation of holding one of the world's most important museum collections of Beckmann's works.

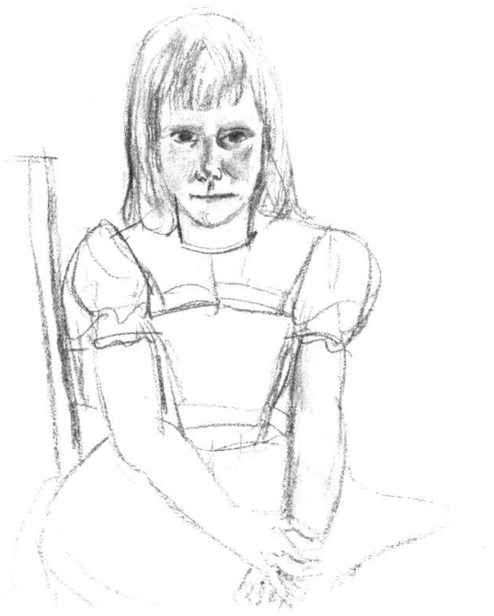

Fig. 16
***Sarah Jane Hope*, 1950**
Pencil, 600 × 450 mm, Städel Museum, Frankfurt am Main, inv. 16745

19 On the losses, see Schmeisser 2020 b.

20 On this subject and the discussions accompanying this investigative committee, see Schmeisser 2020 a, p. 66, and Schmeisser 2025, pp. 17–19.

21 See Schmeisser 2020 b, p. 59.

22 See the recollection of Fridel Battenberg noted on 15 January 1962, Bayerische Staatsgemäldesammlungen, Munich, Max Beckmann Archiv, Max Beckmann Nachlässe, and Walldorf 2007 a, p. 71.

23 The drawings are registered under the numbers SG 2958–2967, 2972–2991 A–E, SG 3282 and SG 3453. The prints are inventoried under the numbers SG 2910–2929, 2940–2968, 2982–3016, 3038–3085 and 4467; there are two prints of the drypoint etching on the fourth act of *Ebbi* (SG 3015 a and b). The transfer drawing *Sarika II*, which was originally inventoried as a print (SG 3052), was later inventoried as a drawing (SG 3453).

24 On Battenberg's biography, see Walldorf 2007 a and b.

25 See Finke/von Wiese 2026, no. 52.

26 On Beckmann's special relationship to Fridel Carl, see Nickl 2006, pp. 38, 40–42, 71–72 (interview of 18 September 2006 with Barbara Göpel).

27 In 1919, Julius Carl sold his business and the house in Schweizer Strasse. The Battenbergs moved to Schöne Aussicht 9 on the north bank of the Main, see Walldorf 2007 a, p. 53. Beckmann kept Ugi Battenberg's studio between 1917 and 1933, but from 1919 he lived in the house of the publisher Heinrich Simon at Untermainkai 3, see Lenz 2010, p. 61, then from 1920 to 1924 'in the studio and from then until 1933 on Sachsenhäuser Berg' (Reifenberg 1956, p. 8).

28 Lily von Braunbehrens was the daughter of Major Friedrich von Braunbehrens, who is thought to have arranged for Beckmann's exemption from military service, see Döring/Lenz 2000, p. 198; exh. cat. Leipzig 2011, p. 244. – Kasimir Edschmid was a cousin of Ugi Battenberg's, see Döring/Lenz 2000; Nickl 2006, p. 22; exh. cat. Leipzig 2011, p. 250.

29 See the letter of 7 April 1966 to Dr. Hans Veit, the executor of Fridel Battenberg's estate, Bayerische Staatsgemäldesammlungen, Munich, Max Beckmann Archiv, Max Beckmann Nachlässe.

30 See the recollection of Fridel Battenberg noted on 15 January 1962, Bayerische Staatsgemäldesammlungen, Munich, Max Beckmann Archiv, Max Beckmann Nachlässe.

31 See Walldorf 2007 a, pp. 58–59.

32 See ibid., p. 65.

33 See the documents on the acquisition process, including the purchase contract, in the Städel Archive, Sign. 908. The purchase contract was concluded between Mr and Mrs Battenberg and the Städelsches Kunstinstitut on 1 October 1949; payment was made in monthly instalments. By contract, the Städelsches Kunstinstitut also reserved the right to 'pass on' some or all of the works in the collection to the Städtische Galerie affiliated with the Kunstinstitut. In fact, the collection was then registered in the inventory book of the Städtische Galerie and thus as municipal property; it is unclear how the transfer of ownership came about. Two drawings, 'portraits of Mrs Battenberg', listed in the purchase contract under numbers 168 and 169 (without dimensions or technique), remained in the Battenbergs' possession until their death. After Fridel Battenberg's death, however, only one of the two sheets entered the Städel Museum collection: the portrait of Fridel Battenberg (cat. 30, fig. p. 31, catalogued in 1968). According to a handwritten confirmation by Kurt Schwarzweller (see Städel Archive, Sign. 993), the executor of the estate gave the Städel Museum a 'lithograph portrait of F. Battenberg' along with this drawing on 11 November 1966, but the print was never inventoried and cannot be traced in the collection today. It is not possible to determine with certainty whether the second Battenberg portrait mentioned in the purchase contract was not in fact a drawing but a (this) lithograph.

The Beckmann Collection Today

Through the purchase of the collection of 'Beckmann's oldest friends'[34] with its strongly biographical character, the emphasis at the Städel Museum was now on the artist's Frankfurt years until around 1925. Since then, the museum has expanded its Beckmann holdings in the area of printmaking by means of targeted purchases. As a result, those holdings today represent more than 75 per cent of his printmaking oeuvre. In the area of drawings, the focus has also widened to include the later phases of the artist's career. Owing to a decreasing acquisition budget and rising prices, however, the Städel has only purchased two drawings directly: in 1966 the 1918 pencil portrait of a full-length seated woman from the Carl Collection[35] and in 2003, with support from Dierk and Angelika Borchert and the Städelscher Museums-Verein, the pen drawing *The Bunch of Grapes* of 1944 (cat. 65, fig. p. 69), when Beckmann was living in Amsterdam. Since 1994, thanks to a gift from Karl-Oskar Koenigs, the artist's final years in the U.S. have likewise been represented in the collection at least exemplarily by the sensitive likeness of Sarah Jane Hope (fig. 16),[36] a preliminary study for the group portrait of the family of art historian Henry R. Hope of 1950.[37]

The Städel Museum's Department of Prints and Drawings realized the most substantial expansion of its Beckmann holdings in 2021, albeit in the form of permanent loans: two elaborate drawings from the Deutsche Bank collection (*Portrait of Frau Heidel*, 1922[38] and *Rowers*, 1928, cat. 55, fig. p. 59) and sixteen major works from the renowned Beckmann collection of Karin and Rüdiger Volhard of Frankfurt (see cat. 37, 51, 52, 56, 67, and 69), which owed its existence in great part to the enthusiasm of the influential Beckmann patron Lilly von Schnitzler.[39]

In 1910, Lilly Bertha Dorothea von Mallinckrodt, a native of Cologne, married the jurist Georg (von) Schnitzler, who from 1912 onwards made a career for himself at the Farbwerke Höchst (later IG Farben). The von Schnitzlers moved to Frankfurt in 1920, and Lilly transformed her house on Westendplatz into a stimulating gathering place for intellectuals, artists, and people involved in one way or another in culture.[40] Her guests included museum directors such as Georg Swarzenski and Ernst Beutler,[41] employees of the *Frankfurter Zeitung*, writers such as Rudolf Binding, the actor Heinrich George, and other collectors such as Carl von Weinberg. Max Beckmann also belonged to this circle. It was the art historian Wilhelm Hausenstein who had called Lilly von Schnitzler's attention to him around 1924. She became a dedicated patron of the artist's and went on to purchase twenty-two of his paintings as well as drawings and prints – unimpressed by the vilification of his art by the National Socialists, to whose politics she had an ambivalent stance, although her husband was actively enmeshed in it from 1930 onwards.[42]

In 1952 she moved to Murnau, and it was there in her Haus Lilamor that, in 1953, one of the founding sessions of the first Max Beckmann Gesellschaft (Society) took place.[43] She considered enabling the Städel to acquire her collection, but unfortunately no such transfer ever came about.[44] With her passion for the 'greatest painter of the 20th century',[45] however, she inspired the Frankfurt jurist Rüdiger Volhard who, with his wife Karin, amassed one of the most important private collections of Max Beckmann drawings. The permanent loans from this collection are one of the occasions for the present exhibition – and one more testimony to the close ties between Frankfurt and Beckmann.

34 Letter from the Max Beckmann Gesellschaft (MBG) to Fridel and Ugi Battenberg on the occasion of their appointment as honorary members of the MBG, 1 November 1953, Bayerische Staatsgemäldesammlungen, Munich, Max Beckmann Archiv, Sign. MBG VIII 16/1.

35 Inv. SG 3270. When the drawing was purchased from the exhibition in the Frankfurt Kunstverein, the museum adopted the identification of the subject as Fridel Battenberg and adhered to it in the years that followed. Stephan von Wiese 1978 (no. 395, p. 213) suggested that the subject might instead be Marie Swarzenski. As the drypoint etching *Model* depicts the same woman as the drawing, Klaus Gallwitz 1962 (no. 93) likewise regarded it as Fridel Battenberg. James Hofmaier 1990 (no. 124, p. 330) rejected this identification and left the identity of the subject undetermined, as do Finke/von Wiese 2026, no. 766.

36 See Finke/von Wiese 2026, no. 1762.

37 Eskenazi Museum of Art, Indiana University, Bloomington, see Göpel 1976, no. 822; MB-G 822.

38 See Finke/von Wiese 2026, no. 953.

39 See Volhard 2001.

40 On Lilly von Schnitzler, see Lenz 2010, pp. 13–26; exh. cat. Murnau 2011; Copeland Buenger 2015, pp. 205–207; Hansert 2017, p. 209, and Von Manstein 2025.

41 From 1925 onwards, he directed the Frankfurt Goethe-Museum and the Freie Deutsche Hochstift.

42 Georg von Schnitzler was a member of the SA from 1930 onwards, see Hansert 2017, p. 213; on Lilly von Schnitzler's relationship to National Socialism, see Copeland Buenger 2015, p. 206, and Hansert 2017, pp. 213–218.

43 The original Max Beckmann Gesellschaft was disbanded in 1984; in 2005 the society was refounded as the 'Freunde des Max Beckmann Archivs' (Friends of the Max Beckmann Archive).

44 On this subject, see Volhard 2001, p. 11; Hansert 2017, p. 220.

45 Lilly von Schnitzler in a dedication to Rüdiger Volhard, quoted in Volhard 2001, p. 11.

Anhang
Appendices

Ausgewählte und abgekürzt zitierte Literatur
Selected Bibliography with Abbreviated Citations

Selbstzeugnisse
Artists' Autographs

Beckmann 1966: Max Beckmann, *Leben in Berlin. Tagebuch 1908/09*, hrsg. von / ed. Hans Kinkel, München / Munich 1966

Beckmann 1979: Max Beckmann, *Tagebücher 1940–1950*, zusammengestellt von / compiled by Mathilde Q. Beckmann, hrsg. von / ed. Erhard Göpel, München / Munich 1979

Beckmann 1985: Max Beckmann, *Frühe Tagebücher, 1903/04 und 1912/13*, mit Erinnerungen von / with reminiscences from Minna Beckmann-Tube, hrsg. von / ed. Doris Schmidt, München / Munich 1985

Beckmann 1993: Max Beckmann, *Briefe*, Bd. 1 / vol. 1: *1899–1925*, bearb. von / ed. Uwe M. Schneede, hrsg. von / ed. Klaus Gallwitz, Uwe M. Schneede und / and Stephan von Wiese, München / Munich 1993

Beckmann 1994: Max Beckmann, *Briefe*, Bd. 2 / vol. 2: *1925–1937*, bearb. von / ed. Stephan von Wiese, hrsg. von / ed. Klaus Gallwitz, Uwe M. Schneede und / and Stephan von Wiese, München / Munich 1994

Beckmann 1996: Max Beckmann, *Briefe*, Bd. 3 / vol. 3: *1937–1950*, bearb. von / ed. Klaus Gallwitz, hrsg. von dems. / ed. idem, Uwe M. Schneede und / and Stephan von Wiese, München / Munich 1996

Harter/von Wiese 2011: *Max Beckmann und J. B. Neumann. Der Künstler und sein Händler in Briefen und Dokumenten, 1917–1950*, hrsg. von / ed. Ursula Harter und / and Stephan von Wiese, Köln / Cologne 2011

Pillep 1984: Max Beckmann, *Die Realität der Träume in den Bildern. Schriften und Gespräche 1911–1950*, hrsg. von / ed. Rudolf Pillep, München / Munich 1984

Werkverzeichnisse
Catalogues Raisonnés

Beckmann/Gohr 2006: *Max Beckmann. Die Aquarelle und Pastelle – Werkverzeichnis der farbigen Arbeiten auf Papier*, bearb. von / ed. Mayen Beckmann und / and Siegfried Gohr, Ausst.-Kat. / exh. cat., Schirn Kunsthalle Frankfurt, 2006; Guggenheim Museum, Bilbao, 2006; Köln / Cologne 2006

Finke/von Wiese 2026: *Max Beckmann. Werkverzeichnis der Zeichnungen*, bearb. von / ed. Hedda Finke und / and Stephan von Wiese, 3 Bde. / 3 vols., Munich 2026

Gallwitz 1962: *Max Beckmann. Die Druckgrafik – Radierungen, Lithographien, Holzschnitte*, bearb. von / ed. Klaus Gallwitz, Ausst.-Kat. / exh. cat., Badischer Kunstverein, Karlsruhe, 1962; Karlsruhe 1962

Göpel 1976: Erhard und / and Barbara Göpel, *Max Beckmann. Katalog der Gemälde*, 2 Bde. / 2 vols., Bern 1976

Hofmaier 1990: James Hofmaier, *Max Beckmann. Catalogue Raisonné of his Prints*, 2 Bde. / 2 vols., Bern 1990

MB-A/P: *Max Beckmann. Catalogue Raisonné der Aquarelle und Pastelle. Die farbigen Arbeiten auf Papier*, auf der Grundlage des Werkverzeichnisses von Mayen Beckmann und Siegfried Gohr von 2006, aktualisiert und ergänzt von dens. und Jana Diermann / based on the catalogue raisonné by Mayen Beckmann and Siegfried Gohr from 2006, updated and supplemented by idem and Jana Diermann, Online-Ressource / online: https://max-beckmann.org/aquarelle-pastelle

MB-G: *Max Beckmann. Catalogue Raisonné der Gemälde*, auf der Grundlage des Werkverzeichnisses von Barbara und Erhard Göpel von 1976, bearb. von Anja Tiedemann / based on the catalogue raisonné by Barbara and Erhard Göpel from 1976, ed. Anja Tiedemann, Online-Ressource / online: https://max-beckmann.org/gemaelde

Von Wiese 1978: Stephan von Wiese, *Max Beckmanns zeichnerisches Werk 1903–1925*, Düsseldorf 1978

Zeiller 2010: Christiane Zeiller, *Max Beckmann. Die Skizzenbücher*, 2 Bde. / 2 vols., Ostfildern 2010

Sekundärliteratur
Secondary Literature

Ausst.-Kat. / Exh. cat. Amsterdam 2007: *Max Beckmann. Exil in Amsterdam*, Ausst.-Kat. / exh. cat., Van Gogh Museum, Amsterdam, 2007; Bayerische Staatsgemäldesammlungen, Pinakothek der Moderne, München / Munich, 2007/08; Ostfildern 2007

Ausst.-Kat. / Exh. cat. Bad Homburg 2002: *Spektakel des Lebens. Max Beckmann – Arbeiten auf Papier*, hrsg. von / ed. Andrea Firmenich und / and Martina Padberg, Ausst.-Kat. / exh. cat., Sinclair-Haus, Kulturforum Altana, Bad Homburg v. d. Höhe, 2001; Museum Folkwang, Essen, 2002; Ulmer Museum, 2002; Köln / Cologne 2001

Ausst.-Kat. / Exh. cat. Berlin 2015: *Max Beckmann und Berlin*, hrsg. von / ed. Thomas Köhler und / and Stefanie Heckmann, Ausst.-Kat. / exh. cat., Berlinische Galerie, 2015/16; Bielefeld 2015

Ausst.-Kat. / Exh. cat. Berlin 2018: *Max Beckmann. Das Vermächtnis Barbara Göpel*, hrsg. von / ed. Andreas Schalhorn und / and Petra Winter, Ausst.-Kat. / exh. cat., Staatliche Museen zu Berlin, Kupferstichkabinett, 2018/19; Berlin 2018

Ausst.-Kat. / Exh. cat. Braunschweig 2022: *Max wird Beckmann. Es begann in Braunschweig*, hrsg. von / ed. Thomas Döring, Thomas Richter und / and Andreas Uhr, Ausst.-Kat. / exh. cat., Herzog Anton Ulrich-Museum, Braunschweig, 2022; München / Munich 2022

Ausst.-Kat. / Exh. cat. Bremen 2017: *Max Beckmann. Welttheater*, Ausst.-Kat. / exh. cat., Kunsthalle Bremen, 2017; Museum Barberini, Potsdam, 2018; München / Munich 2017

Ausst.-Kat. / Exh. cat. Brühl 2020: *Max Beckmann. Day and Dream – Eine Reise von Berlin nach New York*, hrsg. von / ed. Achim Sommer, Ausst.-Kat. / exh. cat., Max Ernst Museum, Brühl, des LVR, 2020/21; Köln / Cologne 2020

Ausst.-Kat. / Exh. cat. Frankfurt am Main 1978: *Max Beckmann. Aquarelle und Zeichnungen 1903 bis 1950*, Ausst.-Kat. / exh. cat., Kunsthalle Bielefeld, 1977; Kunsthalle Tübingen, 1978; Städtische Galerie im Städelschen Kunstinstitut, Frankfurt am Main, 1978; Frankfurt am Main 1978

Ausst.-Kat. / Exh. cat. Frankfurt am Main 1983: *Max Beckmann. Frankfurt 1915–1933*, hrsg. von / ed. Klaus Gallwitz, Ausst.-Kat. / exh. cat., Städtische Galerie im Städelschen Kunstinstitut, Frankfurt am Main, 1983/84; Frankfurt am Main 1983

Ausst.-Kat. / Exh. cat. Frankfurt am Main 1990: *Hinter der Bühne, „Backstage“, Max Beckmann, 1950: Eine Neuerwerbung der Städtischen Galerie im Städelschen Kunstinstitut, Frankfurt am Main, 1990*, bearb. von / ed. Margret Stuffmann und / and Martin Sonnabend, Ausst.-Kat. / exh. cat., Städel Museum, Frankfurt am Main, 1990/91; Stuttgart 1990

Ausst.-Kat. / Exh. cat. Frankfurt am Main 2011: *Beckmann & Amerika*, hrsg. von / ed. Jutta Schütt, Ausst.-Kat. / exh. cat., Städel Museum, Frankfurt am Main, 2011/12; Ostfildern 2011

Ausst.-Kat. / Exh. cat. Frankfurt am Main 2019: *Große Realistik – Große Abstraktion. Zeichnungen von Max Beckmann bis Gerhard Richter*, bearb. von / ed. Jenny Graser, Ausst.-Kat. / exh. cat., Städel Museum, Frankfurt am Main, 2019/20; Bielefeld 2019

Ausst.-Kat. / Exh. cat. Frankfurt am Main 2020: *Städels Beckmann – Beckmanns Städel. Die Jahre in Frankfurt*, hrsg. von / ed. Alexander Eiling, Regina Freyberger und / and Iris Schmeisser, Ausst.-Kat. / exh. cat., Städel Museum, Frankfurt am Main, 2020/21; Frankfurt am Main 2020

Ausst.-Kat. / Exh. cat. Hamburg 2003: *Max Beckmann. Menschen am Meer*, hrsg. von / ed. Klaus Gallwitz und / and Ortrud Westheider, Ausst.-Kat. / exh. cat., Bucerius Kunstforum, Hamburg, 2003/04; Ostfildern-Ruit 2003

Ausst.-Kat. / Exh. cat. Hamburg 2020: *Max Beckmann. Weiblich – männlich*, hrsg. von / ed. Karin Schick, Ausst.-Kat. / exh. cat., Hamburger Kunsthalle, 2020; München / Munich 2020

Ausst.-Kat. / Exh. cat. Leipzig 1998: *Max Beckmann. Zeichnungen aus dem Nachlaß Mathilde Q. Beckmann*, hrsg. von / ed. Herwig Guratzsch, Ausst.-Kat. / exh. cat., Museum der bildenden Künste Leipzig, 1998; Köln / Cologne 1998

Ausst.-Kat. / Exh. cat. Leipzig 2011: *Max Beckmann. Von Angesicht zu Angesicht*, hrsg. von / ed. Susanne Petri und / and Hans-Werner Schmidt, Ausst.-Kat. / exh. cat., Museum der bildenden Künste Leipzig, 2011; Ostfildern 2011

Ausst.-Kat. / Exh. cat. Mannheim 2013: *Dix – Beckmann. Mythos Welt*, hrsg. von / ed. Ulrike Lorenz, Beatrice von Bormann und / and Roger Diederen, Ausst.-Kat. / exh. cat., Kunsthalle Mannheim, 2013/14; Kunsthalle der Hypo-Kulturstiftung, München / Munich, 2014; München / Munich 2013

Ausst.-Kat. / Exh. cat. München / Munich 1984: *Max Beckmann. Retrospektive*, hrsg. von / ed. Carla Schulz-Hoffmann und / and Judith C. Weiss, Ausst.-Kat. / exh. cat., Haus der Kunst, München / Munich, 1984; Neue Nationalgalerie, Berlin (West), 1984; The Saint Louis Art Museum, 1984; Los Angeles County Museum of Art, 1984/85; München / Munich 1984

Ausst.-Kat. / Exh. cat. München / Munich 2022: *Max Beckmann. Departure*, hrsg. von / ed. Oliver Kase, Sarah Louisa Henn und / and Christiane Zeiller, Ausst.-Kat. / exh. cat., Bayerische Staatsgemäldesammlungen, Pinakothek der Moderne, München / Munich, 2022/23; Berlin 2022

Ausst.-Kat. / Exh. cat. Murnau 2011: *„Bereitschaft zum Risiko". Lilly von Schnitzler, 1889–1981 – Sammlerin und Mäzenin*, hrsg. von / ed. Brigitte Salmen und / and Christian Lenz, Ausst.-Kat. / exh. cat., Schloßmuseum Murnau, 2011; Murnau 2011

Ausst.-Kat. / Exh. cat. New York 1946: *Beckmann. His Recent Work from 1939 to 1945*, Ausst.-Kat. / exh. cat., Buchholz Gallery, New York, 1946; New York 1946

Ausst.-Kat. / Exh. cat. New York 2023: *Max Beckmann. The Formative Years, 1915–1925*, hrsg. von / ed. Olaf Peters, Ausst.-Kat. / exh. cat., Neue Galerie New York, 2023/24; New York 2023

Ausst.-Kat. / Exh. cat. Saint Louis 1948: *Max Beckmann – 1948. Retrospective Exhibition*, hrsg. von / ed. Perry T. Rathbone, Ausst.-Kat. / exh. cat., City Art Museum, Saint Louis, 1948; u. a. / et al., 1948/49; Saint Louis 1948

Ausst.-Kat. / Exh. cat. Wiesbaden 2014: *Beckmann – Goethe – Faust*, hrsg. von / ed. Roman Zieglgänsberger, Ausst.-Kat. / exh. cat., Museum Wiesbaden, 2014/15; München / Munich 2014

Ausst.-Kat. / Exh. cat. Wuppertal 2023: *Picasso – Beckmann. Mensch, Mythos, Welt*, hrsg. von / ed. Roland Mönig und / and Reinhard Spieler, Ausst.-Kat. / exh. cat., Von der Heydt-Museum, Wuppertal, 2023/24; Sprengel Museum Hannover, 2024; Berlin 2023

Ausst.-Kat. / Exh. cat. Zürich / Zurich 1998: *Max Beckmann und Paris – Matisse, Picasso, Braque, Léger, Rouault*, hrsg. von / ed. Tobia Bezzola und / and Cornelia Homburg, Ausst.-Kat. / exh. cat., Kunsthaus Zürich, 1998/99; The Saint Louis Art Museum, 1999; Köln / Cologne 1998

Beckmann 1988: Peter Beckmann, „Die Mythologie in der Kunst von Max Beckmann. Die Selbstfindung in der Ewigkeit", in: *Wissenschaftliche Beiträge zum Jahresbericht 1987/88 des Kronberg Gymnasiums Aschaffenburg*, Aschaffenburg 1988, S. / pp. 118–129

Belting 1984: Hans Belting, *Max Beckmann. Die Tradition als Problem in der Kunst der Moderne*, München / Munich 1984

Blunt/Pool 1962: Anthony Blunt und / and Phoebe Pool, *Picasso. The Formative Years*, London 1962

Bormann 2013: Beatrice von Bormann, „Verfemt. ‚Innere' Emigration und Exil", in: *Dix – Beckmann. Mythos Welt*, hrsg. von / ed. Ulrike Lorenz, Beatrice von Bormann und / and Roger Diederen, Ausst.-Kat. / exh. cat., Kunsthalle Mannheim, 2013/14; Kunsthalle der Hypo-Kulturstiftung, München / Munich, 2014; München / Munich 2013, S. / pp. 184–203

Carl 1984: „Erinnerungen von Zeitgenossen: Walter Carl", in: *Max Beckmann in Frankfurt*, hrsg. von / ed. Klaus Gallwitz, Frankfurt am Main 1984, S. / pp. 136–137

Copeland Buenger 2015: Barbara Copeland Buenger, „‚Was habe ich mit Politik zu tun?' Max Beckmanns Rückkehr nach Berlin, 1933–1937", in: *Max Beckmann und Berlin*, hrsg. von / ed. Thomas Köhler und / and Stefanie Heckmann, Ausst.-Kat. / exh. cat., Berlinische Galerie, 2015/16; Bielefeld 2015, S. / pp. 202–216

Döring/Lenz 2000: Thomas Döring und / and Christian Lenz, *Max Beckmann. Selbstbildnisse – Zeichnung und Druckgraphik*, Ausst.-Kat. / exh. cat., Bayerische Staatsgemäldesammlungen, Neue Pinakothek, München / Munich, 2000/01; Herzog Anton Ulrich-Museum, Braunschweig, 2001; Heidelberg 2000, S. / p. 152

Fischer 1972: Friedhelm W. Fischer, *Max Beckmann. Symbol und Weltbild*, München / Munich 1972

Erbsmehl 2012: Hansdieter Erbsmehl, „Vom Mythos zur Geheimwissenschaft. Max Beckmanns erotische Aquarelle von 1933", in: *Zeitschrift für Kunstgeschichte*, 75. Bd. / 75th vol., H. 4 / issue 4 (2012), S. / pp. 515–543

Erpel 1985: Fritz Erpel, *Max Beckmann. Leben im Werk – Die Selbstbildnisse*, Berlin (West) 1985

Gallwitz 1984: *Max Beckmann in Frankfurt*, hrsg. von / ed. Klaus Gallwitz, Frankfurt am Main 1984

Gohr 2019: Siegfried Gohr, *Max Beckmann. Motive – Einladung zur Werkbetrachtung*, Köln / Cologne 2019

Göpel 1953: Erhard Göpel, *In memoriam Max Beckmann, 12.2.1884–27.12.1950*, Frankfurt am Main 1953

Göpel 1954: Erhard Göpel, *Max Beckmann als Zeichner*, München / Munich 1954

Güse 1977: Ernst-Gerhard Güse, *Das Frühwerk Max Beckmanns*, Frankfurt am Main 1977

Hansert 2017: Andreas Hansert, „‚… Frau von Schnitzler, reich, mondän und ziemlich intellektuell …'. Der Salon der Lilly von Schnitzler im Frankfurt der 20er und 30er Jahre", in: *Frankfurter Frauengeschichte(n)*, hrsg. von / ed. Evelyn Brockhoff und / and Ursula Kern, Frankfurt am Main 2017, S. / pp. 206–220

Hausenstein 1921: Wilhelm Hausenstein, „Max Beckmann", in: *Frankfurter Zeitung*, 23.4.1921, Nr. / no. 297

Hübner 1985: Kurt Hübner, *Die Wahrheit des Mythos*, München / Munich 1985

Kaiser 1913: Hans Kaiser, *Max Beckmann*, Berlin 1913

Kinkel 2012: *Fundstätte und Nachtvogel. Zeichnung seit Klinger*, Bd. 1 / vol. 1, bearb. und hrsg. von / ed. Hans Kinkel, Berlin 2012

Lenz 2006: Christian Lenz, „‚Ich sah Ypern wie eine Fata Morgana im heißen Dunst der Ferne'. Max Beckmanns Zeichnungen zu den Kriegsliedern des XV. Korps", in: *Max Beckmann. Beiträge 2004–2005* (= Hefte des Max Beckmann Archivs 8), hrsg. von / ed. Christian Lenz, München / Munich 2006, S. / pp. 75–94

Lenz 2007: Christian Lenz, „‚Schön und schrecklich wie das Leben'. Die Kunst Max Beckmanns 1937 bis 1947", in: *Max Beckmann. Exil in Amsterdam*, Ausst.-Kat. / exh. cat., Van Gogh Museum, Amsterdam, 2007; Bayerische Staatsgemäldesammlungen, Pinakothek der Moderne, München / Munich, 2007/08; Ostfildern 2007, S. / pp. 33–106

Lenz 2010: Christian Lenz, *Max Beckmann Archiv. Erwerbungen 2008–2010*, München / Munich 2010

Meier-Graefe 1924: Julius Meier-Graefe, „Max Beckmann", in: Curt Glaser, Julius Meier-Graefe, Wilhelm Fraenger und / and Wilhelm Hausenstein, *Max Beckmann*, München / Munich 1924, S. / pp. 27–34

Nickl 2006: Eva Nickl, *Max Beckmann und Fridel Battenberg. Analyse einer Beziehung anhand ausgewählter Werke des Künstlers*, Diplomarbeit der / diploma thesis at the Universität Passau, Lehrstuhl für Kunstgeschichte / Department of Art History, WS 2006/07; Typoskript in den / typescript in the Bayerischen Staatsgemäldesammlungen, München / Munich, Max Beckmann Archiv, Sign. BEC 9/2006/01

Peter 1993: Nina Peter, *Max Beckmann. Landschaften der Zwanziger Jahre*, Frankfurt am Main 1993

Reifenberg 1956: Benno Reifenberg, „Wandlungen und Entscheidungen. Der Maler Max Beckmann und Frankfurt am Main – Ein Vortrag", in: *Frankfurt – Lebendige Stadt. Journal für Kultur und Gesellschaft*, 1. Jg. / vol. 1 (1956), S. / pp. 6–10

Reimann 1930: Hans Reimann, *Was nicht im Baedeker steht: Frankfurt, Mainz, Wiesbaden*, München / Munich [1930]

Ring 2010: Christian Ring, *Gustav Pauli und die Hamburger Kunsthalle. Reisebriefe*, Berlin 2010

Schick 2020: Karin Schick, „Im Ursprung", in: *Max Beckmann. Weiblich – männlich*, hrsg. von ders. / ed. idem, Ausst.-Kat. / exh. cat., Hamburger Kunsthalle, 2020; München / Munich 2020, S. / pp. 198–219

Schmeisser 2020 a: Iris Schmeisser, „Georg Swarzenski und Max Beckmann", in: *Städels Beckmann – Beckmanns Städel. Die Jahre in Frankfurt*, hrsg. von / ed. Alexander Eiling, Regina Freyberger und / and Iris Schmeisser, Ausst.-Kat. / exh. cat., Städel Museum, Frankfurt am Main, 2020/21; Frankfurt am Main 2020, S. / pp. 66–73

Schmeisser 2020 b: Iris Schmeisser, „Die Beckmann-Sammlung im Städel. Erwerbungen und Verluste", in: *Städels Beckmann – Beckmanns Städel. Die Jahre in Frankfurt*, hrsg. von / ed. Alexander Eiling, Regina Freyberger und / and Iris Schmeisser, Ausst.-Kat. / exh. cat., Städel Museum, Frankfurt am Main, 2020/21; Frankfurt am Main 2020, S. / pp. 59–65

Schmeisser 2025: Iris Schmeisser, „‚So schöne Zeiten und ein so bitteres Ende'. Die letzten Jahre in Frankfurt", in: *Legende und Realität. Max Beckmann in der Zeit des Nationalsozialismus. Tagungsband zum gleichnamigen Symposium vom 6.–8.5.2024 in der Pinakothek der Moderne in München*, hrsg. von / ed. Oliver Kase und / and Cathrin Klingsöhr-Leroy, Berlin 2025, S. / pp. 10–21

Schwarz 2013: Birgit und / and Michael Viktor Schwarz, „Dix und Beckmann. Welterkenntnis versus Weltüberwindung", in: *Dix – Beckmann. Mythos Welt*, hrsg. von / ed. Ulrike Lorenz, Beatrice von Bormann und / and Roger Diederen, Ausst.-Kat. / exh. cat., Kunsthalle Mannheim, 2013/14; Kunsthalle der Hypo-Kulturstiftung, München / Munich, 2014; München / Munich 2013, S. / pp. 10–21

Spieler 1994: Reinhard Spieler, *Max Beckmann, 1884–1950. Der Weg zum Mythos*, Köln / Cologne 1994

Spieler 2023: Reinhard Spieler, „Picasso – Beckmann: Vom Suchen, Finden und Festhalten. Ein Streifzug durch zwei künstlerische Lebenswelten“, in: *Picasso – Beckmann. Mensch, Mythos, Welt*, hrsg. von / ed. Roland Mönig und / and Reinhard Spieler, Ausst.-Kat. / exh. cat., Von der Heydt-Museum, Wuppertal, 2023/24; Sprengel Museum Hannover, 2024; Berlin 2023, S. / pp. 33–49

Swarzenski 1927: Georg Swarzenski, „Um Max Beckmann“, in: *Das Neue Frankfurt*, 1. Jg. / vol. 1, Nr. / no. 4 (1927), S. / pp. 78–85

Volhard 2001: Rüdiger Volhard, „Dank an Lilly von Schnitzler“, in: *Spektakel des Lebens. Max Beckmann – Arbeiten auf Papier*, hrsg. von / ed. Andrea Firmenich und / and Martina Padberg, Ausst.-Kat. / exh. cat., Sinclair-Haus, Kulturforum Altana, Bad Homburg v. d. Höhe, 2001; Museum Folkwang, Essen, 2002; Ulmer Museum, 2002; Köln / Cologne 2001, S. / pp. 10–12

Von Manstein 2025: Marianne von Manstein, „Lilly von Schnitzler. Sammlerin und Unterstützerin Max Beckmanns vor und nach 1933“, in: *Legende und Realität. Max Beckmann in der Zeit des Nationalsozialismus. Tagungsband zum gleichnamigen Symposium vom 6.–8.5.2024 in der Pinakothek der Moderne in München*, hrsg. von / ed. Oliver Kase und / and Cathrin Klingsöhr-Leroy, Berlin 2025, S. / pp. 33–47

Von Wiese 1979 a: Stephan von Wiese, „Eine ‚Caritas‘ der Weimarer Republik. Zu zwei Arbeiten von Max Beckmann aus dem Jahr 1922“, in: *Neue Zürcher Zeitung*, 10./11.3.1979, Nr. / no. 58, S. / p. 65

Von Wiese 1979 b: Stephan von Wiese, „Eine ‚Caritas‘ der Weimarer Republik“, in: *Der Zeichner und Grafiker Max Beckmann*, Ausst.-Kat. / exh. cat., Kunstverein in Hamburg, 1979; Hamburg 1979, S. / pp. 17–21

Von Wiese 1987: Stephan von Wiese, „‚Somnambulismus und Bewußtseinshell‘. Zu Max Beckmanns ‚Auferstehung‘ (1916/18)“, in: *Max-Beckmann-Symposium, 15. und 16. Mai 1984, veranstaltet von der Josef-Haubrich-Kunsthalle, Köln*, hrsg. von / ed. Siegfried Gohr, Köln / Cologne 1987, S. / pp. 79–96

Von Wiese 2001: Stephan von Wiese, „Ein Fang aus der Urzeit. Bemerkungen zu Max Beckmanns Kohlezeichnung ‚Junge mit Hummer‘ von 1926“, in: *Spektakel des Lebens. Max Beckmann – Arbeiten auf Papier*, hrsg. von / ed. Andrea Firmenich und / and Martina Padberg, Ausst.-Kat. / exh. cat., Sinclair-Haus, Kulturforum Altana, Bad Homburg v. d. Höhe, 2001; Museum Folkwang, Essen, 2002; Ulmer Museum, 2002; Köln / Cologne 2001, S. / pp. 134–141

Von Wiese 2015: Stephan von Wiese, „Alte Mythen – neue Bilder. Max Beckmanns Berliner Triptychen ‚Departure‘ und ‚Versuchung‘“, in: *Max Beckmann und Berlin*, hrsg. von / ed. Thomas Köhler und / and Stefanie Heckmann, Ausst.-Kat. / exh. cat., Berlinische Galerie, 2015/16; Bielefeld 2015, S. / pp. 218–232

Walldorf 2007 a: Esther Walldorf, „Der Maler Ugi Battenberg. Biografie und Einblick in sein künstlerisches Werk“, in: Hilke Peckmann und / and Esther Walldorf, *Die Künstlerfamilie Battenberg. Schüler O. W. Roedersteins und Freunde Max Beckmanns*, Ausst.-Kat. / exh. cat., Kundenzentrum der Frankfurter Sparkasse, 2007; Frankfurt am Main 2007, S. / pp. 40–74

Walldorf 2007 b: Esther Walldorf, „Von Weimar in die Schweizer Straße 3“, in: Hilke Peckmann und / and Esther Walldorf, *Die Künstlerfamilie Battenberg. Schüler O. W. Roedersteins und Freunde Max Beckmanns*, Ausst.-Kat. / exh. cat., Kundenzentrum der Frankfurter Sparkasse, 2007; Frankfurt am Main 2007, S. / pp. 75–84

Westheim 1923: Paul Westheim, *Für und Wider. Kritische Anmerkungen zur Kunst der Gegenwart*, Potsdam 1923

Wieg 2005: Cornelia Wieg, *Max Beckmann seiner Liebsten – Ein Doppelporträt. Briefwechsel zwischen Minna Beckmann-Tube und Max Beckmann*, Ausst.-Kat. / exh. cat., Stiftung Moritzburg, Kunstmuseum des Landes Sachsen-Anhalt, Halle, 2005; Staatliche Museen zu Berlin, Alte Nationalgalerie, 2005/06; Ostfildern 2005

Zeiller 2006: Christiane Zeiller, „‚Es ist sehr eigentümlich hier man kann sich sehr auf sich selbst concentrieren‘. Max Beckmann in Straßburg“, in: *Max Beckmann. Beiträge 2004–2005* (= Hefte des Max Beckmann Archivs 8), hrsg. von / ed. Christian Lenz, München / Munich 2006, S. / pp. 95–107

Zeiller 2014: Christiane Zeiller, „Farbiger Abglanz. Max Beckmanns Zeichnungen zu Goethes Faust II“, in: *Beckmann – Goethe – Faust*, hrsg. von / ed. Roman Zieglgänsberger, Ausst.-Kat. / exh. cat., Museum Wiesbaden, 2014/15; München / Munich 2014, S. / pp. 13–37

Zeiller 2022: Christiane Zeiller, „Meer“, in: *Max Beckmann. Departure*, hrsg. von / ed. Oliver Kase, Sarah Louisa Henn und / and Christiane Zeiller, Ausst.-Kat. / exh. cat., Bayerische Staatsgemäldesammlungen, Pinakothek der Moderne, München / Munich, 2022/23; Berlin 2022, S. / pp. 149–152

Zervos 1949: Christian Zervos, *Pablo Picasso*, Bd. 3 / vol. 3: *Œuvres de 1917 à 1919*, Paris 1949

Bildnachweis und Copyrights
Image Credits and Copyrights

Alistair Overbruck: Kat. / cat. 2, 4, 40, 76
Bayerische Staatsgemäldesammlungen: Kat. / cat. 23; Fotoabteilung: Kat. / cat. 24; Sibylle Forster: Kat. / cat. 78
bpk/Kunstsammlung Nordrhein-Westfalen, Düsseldorf/Walter Klein: Abb. / fig. 7, S. 147 / p. 169
bpk/The Art Institute of Chicago/Art Resource, NY: Kat. / cat. 28
Courtesy Arnoldi-Livie, München: Kat. / cat. 50
Courtesy Galerie Thomas, München: Kat. / cat. 71
Courtesy National Gallery of Art, Washington: Abb. / fig. 11, S. 151 / p. 173
Digital image, The Museum of Modern Art, New York/Scala, Florence: Kat. / cat. 46
Dr. Moeller & Cie.: Kat. / cat. 68
Elisa Carl: Kat. / cat. 10
Eskenazi Museum of Art/Kevin Montague: Kat. / cat. 58
Fotostudio Bartsch: Kat. / cat. 26, 72
Galerie Kornfeld, Bern: Kat. / cat. 36
Germanisches Nationalmuseum, Monika Runge: Kat. / cat. 1, 6, 15; Georg Janßen: Kat. / cat. 39
Grisebach, Berlin: Kat. / cat. 48
Hamburger Kunsthalle/bpk/Christoph Irrgang: Kat. / cat. 75
Hannes Auer, Salzburg: Kat. / cat. 35
Hessen Kassel Heritage, Graphische Sammlung, Städtische Kunstsammlung, Ute Brunzel: Kat. / cat. 20
Horst Ziegenfusz PHOTOGRAPHIE: Kat. / cat. 63
Jean-Luc Ikelle-Matiba, Bonn: Kat. / cat. 17
Ketterer Kunst GmbH & Co. KG, München: Kat. / cat. 49
Kunstmuseum Basel, Martin P. Bühler: Kat. / cat. 53
Lothar Schnepf, Köln: Kat. / cat. 34
Martin Url, Frankfurt: Kat. / cat. 4
Mathilde Q. oder / or Max Beckmann: Abb. / fig. 4, S. 141 / p. 163
Max Yawney: Kat. / cat. 70, 74
Meisen, Frankfurt am Main: Kat. / cat. 19, 73
Musées de la ville de Strasbourg, M. Bertola: Kat. / cat. 22
Museum der bildenden Künste Leipzig: Kat. / cat. 11, 12, 25, 47; Abb. / fig. 9, S. 149 / p. 171
Museum Wiesbaden/Bernd Fickert: Kat. / cat. 59–62; Abb. / fig. 10, S. 150 / p. 172
© President and Fellows of Harvard College: Kat. / cat. 42, 64
Rare Book & Manuscript Library, Columbia University in the City of New York: Abb. / fig. 6, S. 144 / p. 166
Reto Rodolfo Pedrini/Copyright Syquali Crossmedia AG: Kat. / cat. 57
Saint Louis Art Museum: Kat. / cat. 7
Staatliche Kunsthalle Karlsruhe: Abb. / fig. 5, S. 143 / p. 165
Staatliche Museen zu Berlin, Kupferstichkabinett/Dietmar Katz: Kat. / cat. 8, 9; Volker-H. Schneider: Kat. / cat. 3
© Staatsgalerie Stuttgart: Kat. / cat. 5, 18; Abb. / fig. 1, S. 138 / p. 160
Städel Museum, Frankfurt am Main: Kat. / cat. 13, 14, 16, 27, 29–31, 37, 38, 41, 44, 51, 52, 55, 56, 65, 67, 69, 79, 80; Abb. / fig. 2, S. 139 / p. 161; Abb. / fig. 8, S. 148 / p. 170; Abb. / fig. 12–16, S. 153–156, 158 / pp. 175–179; aus der Zeitschrift / from the magazine *Der Querschnitt*, 7. Jg. / vol. 7, Nr. / no. 8 (August 1927), S. / p. 31: Abb. / fig. 3, S. 140 / p. 162
© The Trustees of the British Museum: Kat. / cat. 45
Tim Nighswander: Kat. / cat. 77
Tom Haartsen: Kat. / cat. 66
Walter Bayer: Kat. / cat. 32, 33, 43
Watzek Photographie: Kat. / cat. 21

Umschlagvorderseite / Front cover:
Max Beckmann, *Selbstbildnis mit Fisch* / *Self Portrait with Fish*, 1949 (Ausschnitt aus Kat. / detail from cat. 75, Abb. S. / fig. p. 81)

Das Städel Museum dankt allen Rechteinhabern für die Abdruckgenehmigung der abgebildeten Werke und Fotografien. Nicht in allen Fällen war es möglich, die Rechteinhaber ausfindig zu machen. Berechtigte Ansprüche werden selbstverständlich im Rahmen der üblichen Vereinbarungen abgegolten. / The Städel museum would like to thank all rights holders for granting permission to reproduce the illustrated works and photographs. In some cases, it was not possible to identify rights holders. Legitimate claims will, of course, be settled in accordance with standard agreements.

Impressum
Colophon

Diese Publikation erscheint anlässlich der Ausstellung *Beckmann. Zeichnungen*

This catalogue has been published in conjunction with the exhibition *Beckmann. Drawings*

Städel Museum, Frankfurt am Main
3. Dezember 2025–15. März 2026
3 December 2025–15 March 2026

Herausgeber / Editors
Hedda Finke, Regina Freyberger, Stephan von Wiese

Text- und Bildredaktion / Editing and Picture Editing
Regina Freyberger

Katalogmanagement / Catalogue Management
Eva Mongi-Vollmer

Grafik / Graphics and Corporate Design
Sandra Adler-Krause, Martin Kaufmann

Gestaltung und Satz / Graphic Design and Typesetting
formfellows Kommunikations-Design, Regina Schauerte und Thomas Klöß

Projektmanagement Hirmer Verlag / Project Management Hirmer Publishers
Jutta Allekotte, Katja Durchholz

Lektorat (deutsch) / Copyediting (German)
Almut Otto

Übersetzung ins Englische / Translations from the German
Judith Rosenthal

Lektorat (englisch) / Copyediting (English)
Sarah Quigley

Herstellung / Production
Katja Durchholz

Lithografie / Pre-press and Repro
Repro Achter GmbH, Unterföhring

Schriften / Typefaces
Freight Text
Elza

Papier / Paper
Munken Lynx, 150 g/m²

Druck und Bindung / Printing and Binding
Beltz Grafische Betriebe Gmbh, Bad Langensalza

Bibliografische Information der Deutschen Nationalbibliothek
Die Deutsche Nationalbibliothek verzeichnet diese Publikation in der Deutschen Nationalbibliografie; detaillierte bibliografische Daten sind im Internet über http://dnb.dnb.de abrufbar.

Bibliographic information published by the Deutsche Nationalbibliothek
The Deutsche Nationalbibliothek lists this publication in the Deutsche Nationalbibliografie; detailed bibliographic data are available online at https://www.dnb.de.

© 2025 Städel Museum, Frankfurt am Main; Hirmer Verlag GmbH, München / Munich, und die Autorinnen und Autoren / and the authors

Alle zitierten Internetquellen (oder: externen Links) waren zum Zeitpunkt der Drucklegung dieses Katalogs aktuell, doch haben Verlag und Herausgeber keinen Einfluss auf spätere Veränderungen. Eine Haftung ist somit ausgeschlossen.
All Internet sources cited (or: external links) were current at the time this catalogue went to press. The publisher and editors have no influence on subsequent changes. Any liability is therefore excluded.

Dieses Werk einschließlich seiner Teile ist urheberrechtlich geschützt. Untersagt ist die automatisierte Analyse von einzelnen oder mehreren digitalen oder digitalisierten Werken, um daraus Informationen insbesondere über Muster, Trends und Korrelationen zu gewinnen (Text und Data Mining, § 44b UrhG).
All rights reserved. The automated analysis of individual or multiple digital or digitized works for the purpose of obtaining information, in particular about patterns, trends and correlations, is prohibited (German Copyright Act § 44b: Text and Data Mining).

FSC www.fsc.org MIX Papier | Fördert gute Waldnutzung FSC® C089473

Museumsausgabe / Museum Edition
ISBN 978-3-947879-38-0

Buchhandelsausgabe / Trade Edition
ISBN 978-3-7774-4622-6

HIRMER VERLAG
Geschäftsführerin / Managing Director
Kerstin Ludolph
Bayerstraße 57–59
80335 München / Munich

www.hirmerverlag.de
www.hirmerpublishers.com
www.hirmerpublishers.co.uk

Städel Museum

Direktor / Director
Philipp Demandt

Assistenz des Direktors / Assistants to the Director
Susanne Lorenz, Johanna Schick

Kuratoren / Curators
Hedda Finke, Regina Freyberger, Stephan von Wiese

Graphische Sammlung / Prints and Drawings
Regina Freyberger, Astrid Reuter; Jan Bielau-To, Corina Meyer, Jutta Pfister

Ausstellungsorganisation / Exhibition Organization
Katja Hilbig-Bergmann, Sven Lubinus; Ela Dutta, Irina Smirnova, Beatrice Sorn, Martin Steinmüller, Hannah Vietoris-Strohofer, Albrecht Wild

Konservatorische Betreuung / Conservation
Papierarbeiten / Works on Paper: Jutta Keddies; Katrin Ratuschny

Gemälde und Skulptur / Paintings and Sculptures: Stephan Knobloch; Eva-Maria Bader, Lilly Becker, Linda Schmidt

Technik und Aufbau / Technical Department and Installation Crew
Thomas Pietrzak, Nils Jahnke; Michael Götz, Thorsten Knapp, Thomas König, Ralf Lappe, Andreas Wendel

Externe Partner und Kooperationen / External Partners and International Relations
Johanna Schick

Bildung & Vermittlung sowie Digitale Sammlung / Department of Education and Digital Collection
Chantal Eschenfelder, Anna Huber, Gabi Schulte-Lünzum, Anne Sulzbach; Janine Burnicki, Anne Dribbisch, Vivien Kühl, Antje Lindner, Alexandra Reißer, Leon Rosier

Marketing
Bernadette Mildenberger, Annabell Hurle; Antonia Berghäuser, Theresa Weise

Grafik / Graphics and Corporate Design
Sandra Adler-Krause, Martin Kaufmann

Presse und Onlinekommunikation / Press and Online Communication
Pamela Rohde, Franziska von Plocki; Carolin Fuhr, Alina Hock, Elisabeth Pallentin

Engagement
Stefanie Jerger, Adrienne von Hochberg, Hannah Honig, Claudia Kaschube, Hannah Ruiz; Andrea Canthal, Laetitia Hamel, Anna Heilmann, Mariana Martins, Isabella Pastora, Trixi Sophia Schmidtchen

Verwaltung / Administration
Heinz-Jürgen Bokler, Iris Sauer; Victoria Diefenbach, Elisabeth Graczyk, Jutta Okos, Anja Pontoriero, Vanessa Schäfer, Susann Schürer, Weronika Szarafin-Jouini, Sophie Voß

EDV / IT Department
Sebastian Heine; Tihomir Kukic, Benjamin Schiller

Veranstaltungen / Events
Kerstin Schultheis; Joshua Glöckler, Lysann Kling

Museumsshop / Shop
Anke Gordon; Anette Riede

Museumscafé / Café
Hammam Alshami; Mohammad Joumma, Jahan Mohammadi, Felicia-Nicoleta Popa, Kaoutar Rabhane Jabani, Mohammed Qasim Shakir, Sarah Seefelder, Boim Yang

Aufsichtsdienst und Kasse / Supervisory Service and Cashier Desk
Edwin Cifuentes Montenegro, Jolanta Radtke, Catrin Röttinger-Zengel

Bibliothek / Library
Elena Ganzlin; Michael Mohr

Provenienzforschung und Archiv / Provenance Research and Archives
Iris Schmeisser

Administration / Board of Trustees Städel Museum
Wolfgang Kirsch,
Vorsitzender / Chairperson
Hubertus von Baumbach
Bernd Knobloch
Dr. Kersten von Schenck
Dr. Chiara Zilioli Fabritius

Kuratorium / Advisory Board Städel Museum
Karl von Rohr,
Vorsitzender / Chairperson
Ralf J. Baukloh
Michael Baum
Dr. Werner Brandt
Antje Conzelmann
Dr. Michael Endres
Ulrike Hattendorff
Donatus Landgraf von Hessen
Prof. Carl-Heinz Heuer
Johannes P. Huth
Hartmuth A. Jung
Prof. Dr. h. c. mult. Roland Koch
Frank Mattern
Dr. Dirk Notheis
Dr. Nicolas Peter
Dr. Ina Petzschke-Lauermann
Henriette Peucker
Dr. Cornelius Riese
Dr. Joachim von Schorlemer
Steffen Seibert
Jerry I. Speyer
Prof. Christian Strenger
Dr. Susanne Völker
Dr. Jens Weidmann
Martin Wiesmann
Dr. Eckart Windhagen
Prof. Norbert Winkeljohann
Eva Wunsch-Weber
Susanne Zeidler
Dr. Matthias Zieschang

Vorstand / Executive Board Städelscher Museums-Verein e.V.
Sylvia von Metzler,
Vorsitzende / Chairperson
Priv.-Doz. Dr. Andreas Schmidt-Matthiesen,
stellv. Vorsitzender / Deputy Chairperson
Dr. Christoph Schücking,
stellv. Vorsitzender / Deputy Chairperson
Jörg H. Becker
Philip Burchard
Dr. Philipp Demandt
Dr. Andrea C. Hansert
Dr. Stephan Hutter
Wolfgang Kirsch
Bettina Mäckler
Fritz P. Mayer
Julia Wirtz

Städelkomitee
Katrin und Rick van Aerssen
Maria-Theresia Artmann
Michael Baum
Marco und Dr. Helen Brockhaus
Kilian Bumiller
Jürgen H. und Antje Conzelmann
Dr. Oliver Dany
Michael Denk und
Natascha Gehrke-Denk
Dr. Andreas Dombret
Dr. Andreas Fabritius und
Dr. Chiara Zilioli Fabritius
Ursula Felten
Florian und Maria Fenner
Michael Fuchs
Jan-Hendrik und Friederike Goldbeck
Hans T. und Jutta Gonder
Claudia Varvelli und Jürgen Gross
Dr. Hans-Christian und Ina Hauck
Philip Holzer
Christopher und Stefanie von Hugo
Helene und Johannes Huth
Gabriela und Stefan Jaecker
Dr. Matthias Jaletzke
Dr. Thomas Jetter
Roswitha Keppler Junius
Dr. Elke Göttmann und
Dr. Johannes Kremer
Ann Kathrin Linsenhoff
Ralf und Kathrin Lochmüller
Fritz P. Mayer
Sylvia von Metzler
Dr. Petra und Stephen Orenstein
Dr. Ana und Reinfried Pohl
Dr. Hans-Jürgen und Monika Reichardt
Dr. Martin und Charlotte Reitz
Barbara Riese
Dr. Helmut Rothenberger
Thomas und Simone
Schlytter-Henrichsen
Christine und Prof. Dr. Gerhard Schmidt
Julie Burgermeister-Schmitz und
Jan Philipp Schmitz
Boris und Katrin Schran
Dr. Diana und Dr. Peter Sewing
Sonja Terraneo und Philip F. W. Harting
Tanja und Harry Thomsen
Eberhard und Sabine Weiershäuser
Prof. Norbert und Maria Winkeljohann

Städelfreunde 1815
Uwe und Bettina Arnold
Anke und Oliver Clasen
Uwe Eilers und Petra Gerstner-Eilers
Prof. Dr. Elke Eller
Kai Franke
Dr. Hendrik Haag und
Sybille Franzmann-Haag
Hans-Georg Hägele und
Marcus Kohlhaas
Sigrid Herr und Vojislav Pantelic
Anke Sabine und Hans-Joachim Kleinert
Helga Knoll
Dr. Julian und Andrea-Regina Lemor
Sabine und Thomas Linker
Susanne Luick-Nijboer
Dr. Katarzyna Mazur-Hofsäß
James E. McGoldrick und
Marie Andrée Daoust
Dr. Ina Petzschke-Lauermann
Dr. Klaus und Angela Riehmer
Dr. Klaus Schmitte und
Petra Doutheil-Schmitte
Dr. Gregor Seikel und
Gabriele Fischer-Seikel
Jürgen und Ursula Thamm
Christina und Tilman Wittershagen
Karsten Wöckener und Tereza Šipkova

Partner / Partners Städel Museum
ADAC Hessen-Thüringen e. V.
Allianz Global Investors
Bloomberg L. P.
BMW AG
Brunswick Group GmbH
Deutsche Bank AG
Deutsche Börse AG
d-fine GmbH
DZ BANK
EY Deutschland
Fraport AG
Fresenius
KPMG AG
PPI AG

Kulturpartner / Cultural Partner
hr2-kultur

Städel Museum
Städelsches Kunstinstitut und Städtische Galerie
Schaumainkai 63
60596 Frankfurt am Main
Tel. +49 69 60 50 98-0
Fax +49 69 60 50 98-111
www.staedelmuseum.de